Physik

Bayern Gymnasium

Lehrbuch für die Klasse 12

D1665622

Duden Schulbuchverlag

Berlin · Mannheim

Autoren
Ferdinand Hermann-Rottmair
Prof. Detlef Hoche
Dr. Josef Küblbeck
Prof. Dr. habil. Lothar Meyer
Prof. Dr. habil. Oliver Schwarz
Dr. Christian Spitz

Dieses Werk enthält Vorschläge und Anleitungen für Untersuchungen und Experimente.
Vor jedem Experiment sind mögliche Gefahrenquellen zu besprechen. Die Gefahrstoffe sind durch die entsprechenden Symbole gekennzeichnet. Experimente werden nur nach Anweisung der Lehrkraft durchgeführt. Solche mit Gefahrstoffen dürfen nur unter Aufsicht durchgeführt werden. Beim Experimentieren sind die Richtlinien zur Sicherheit im naturwissenschaftlichen Unterricht einzuhalten.

Die genannten Internetangebote wurden von der Redaktion sorgfältig zusammengestellt und geprüft. Für die Inhalte der Internetangebote Dritter, deren Verknüpfung zu anderen Internetangeboten und Änderungen der unter der jeweiligen Internetadresse angebotenen Inhalte übernimmt der Verlag keinerlei Haftung.
Für die Nutzung des kostenlosen Internetangebots zum Buch gelten die allgemeinen Geschäftsbedingungen (AGB) des Internetportals www.schuelerlexikon.de, die jederzeit unter dem entsprechenden Eintrag abgerufen werden können.

1. Auflage
1 ^{5} ^{4} ^{3} ^{2} ^{1} | 2014 2013 2012 2011 2010
Alle Drucke dieser Auflage können im Unterricht nebeneinander benutzt werden.
Die letzte Zahl bezeichnet das Jahr des Druckes.

© 2010 DUDEN PAETEC GmbH, Berlin

Internet www.duden.de

Redaktion Prof. Dr. habil. Lothar Meyer
Gestaltungskonzept und Umschlag Britta Scharffenberg
Layout Claudia Kilian
Grafik Claudia Kilian, Christin Kopenhagen, Manuela Liesenberg, Jens Prockat, Walther-Maria Scheid
Titelbild Universum, Fotolia/Elen
Druck und Bindung Těšínská tiskárna, Český Těšín

ISBN 978-3-8355-3105-5 (Duden Schulbuchverlag)
ISBN 978-3-7661-6752-1 (C. C. Buchners Verlag)

Methoden

Interessantes aus ...

Bildquellenverzeichnis

1 Eigenschaften von Quantenobjekten

Der Begründer der **Quantentheorie** ist MAX PLANCK (1858 bis 1947), der 1900 als Professor für theoretische Physik an der Berliner Universität wirkte.

Die **Quantenphysik** oder **Quantentheorie** ist ein relativ junges Teilgebiet der Physik, das das Verhalten von Quantenobjekten (z. B. Photonen, Elektronen, Atomen) beschreibt. Damit ist die Deutung vieler Effekte möglich, die von der klassischen Physik nicht erklärt werden können oder die gar den klassischen Vorstellungen widersprechen. Die Bezeichnung „Quantenphysik" rührt daher, dass viele physikalische Objekte und Größen in der Mikrophysik nur portionsweise, also gequantelt, vorkommen.

Als Geburtstag der Quantenphysik gilt der 14. Dezember 1900. Das ist der Tag, an dem der deutsche Physiker MAX PLANCK (1858–1947) auf einer Sitzung der Berliner Physikalischen Gesellschaft seine Strahlungsformel theoretisch begründete und dabei die fundamentale Naturkonstante h, das plancksche Wirkungsquantum, in die Physik einführte, um das Leuchten heißer Körper richtig beschreiben zu können.

Wir betrachten nachfolgend ausgewählte Eigenschaften von Quantenobjekten genauer.

1.1   Teilchencharakter von Photonen

Aus dem bisherigen Physikunterricht ist bereits bekannt:
– Die Träger der Energieportionen, die in der Atomhülle beim Übergang von einem Energieniveau zu einem anderen abgegeben oder aufgenommen werden, nennt man **Lichtquanten** oder **Photonen**.

$1\ eV = 1{,}602 \cdot 10^{-19}\ J$

– Für sichtbares Licht liegt die Energie der Photonen zwischen 1,5 eV (rotes Licht) und 3,3 eV (violettes Licht). Sie nimmt mit steigender Frequenz zu.
– Photonen kann man sich als winzige Teilchen vorstellen, die sich stets mit Lichtgeschwindigkeit ausbreiten.

Der äußere lichtelektrische Effekt

Entdeckt wurde der äußere lichtelektrische Effekt im Jahr 1888 durch WILHELM HALLWACHS (1859 bis 1922). Er wird deshalb auch als Hallwachs-Effekt bezeichnet.

Der äußere lichtelektrische Effekt, auch **äußerer Fotoeffekt** genannt, war das erste Phänomen mit Licht, bei dem man einen Quanteneffekt beobachtete. Er wurde bei der Bestrahlung von geschmirgelten Zinkplatten mit Licht entdeckt. Die Abbildung links zeigt die grundsätzliche Versuchsanordnung, rechts ist ein Ausschnitt mit den Vorgängen auf der Plattenoberfläche dargestellt.

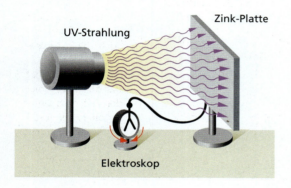

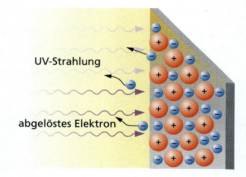

Bei experimentellen Untersuchungen macht man folgende Beobachtungen:
– Wenn man eine negativ geladene Zinkplatte mit ultraviolettem Licht (UV-Licht) bestrahlt, dann wird die Platte augenblicklich entladen.
– Verwendet man statt UV-Licht sichtbares Licht, so wird die negativ geladene Zinkplatte nicht entladen, selbst wenn man die Lichtintensität sehr hoch wählt.
– Bestrahlt man eine positiv geladene Zinkplatte mit beliebigem Licht, so tritt kein Effekt auf.

> Die Erscheinung, dass bei der Bestrahlung mit geeignetem Licht aus der Oberfläche von Festkörpern Elektronen austreten können, wird als **äußerer Fotoeffekt** bezeichnet.

Neben dem äußeren Fotoeffekt gibt es auch einen **inneren Fotoeffekt.** So nennt man die Erscheinung, dass durch den Einfluss von Strahlung Elektronen im Innern eines Festkörpers ihre Bindung verlassen und dann als Leitungselektronen zur Verfügung stehen.

Die Erklärung für die experimentellen Ergebnisse ist:
– Licht kann nur die beweglichen Elektronen aus der Platte herauslösen, die positiven Atomrümpfe jedoch nicht.
– Zur Ablösung der Elektronen aus einem Festkörper ist eine bestimmte Energie erforderlich, die als **Ablöseenergie** oder als **Austrittsarbeit** W_A bezeichnet wird.
– Licht mit hoher Frequenz, also z. B. UV-Licht, gibt seine Energie in größeren Portionen (Quanten) ab als Licht mit niedrigerer Frequenz, also z. B. sichtbares Licht. Bei einer bestimmten Frequenz haben die Photonen gerade die zur Ablösung von Elektronen erforderliche Energie.
– Wenn die Energie E eines Photons größer ist als die Austrittsarbeit W_A für ein Elektron, dann ist die restliche Energie gleich der kinetischen Energie dieses herausgelösten Elektrons.

UV-Licht besitzt größere Energieportionen als sichtbares Licht und deshalb auch eine größere biologische Wirksamkeit. So wird z. B. durch übermäßige UV-Bestrahlung ein Sonnenbrand hervorgerufen. Durch sichtbares Licht passiert das nicht.

> Für die Energiebilanz beim äußeren Fotoeffekt gilt:
>
> $E = W_A + E_{kin}$
>
> E Energie eines Lichtquants
> W_A Austrittsarbeit
> E_{kin} kinetische Energie des herausgelösten Elektrons

Die Lichtintensität beeinflusst lediglich die Anzahl der herausgelösten Elektronen, nicht aber deren kinetische Energie.

Energie E des Lichts ist größer als die Austrittsarbeit	Energie E des Lichts ist gleich der Austrittsarbeit	Energie E des Lichts ist kleiner als die Austrittsarbeit
UV-Licht (f_{UV} groß)	blaues Licht ($f_{blau} < f_{UV}$)	rotes Licht ($f_{rot} < f_{blau}$)
$E = W_A + E_{kin}$	$E = W_A$	$E < W_A$

Ein Teil der Energie des Lichts kann auch an die **Atome** des Festkörpers abgegeben werden. Wir betrachten hier den Fall, dass dieser Anteil null ist und damit die kinetische Energie der Elektronen den maximal möglichen Wert hat.

Modelle für das Licht und zur Erklärung des Fotoeffekts

A. EINSTEIN schloss 1905 aus dem Fotoeffekt, dass Licht aus Energieportionen, den Lichtquanten, bestehen müsse. Sie wurden später Photonen genannt. Er bekam für diese unter Physikern zunächst sehr umstrittene Hypothese 1921 den Nobelpreis für Physik.
Der experimentelle Nachweis einzelner Photonen gelang allerdings erst in den 80er-Jahren des letzten Jahrhunderts.

Mit der einsteinschen Deutung des Fotoeffekts wurde die in der Geschichte der Physik bereits mehrfach heftig diskutierte Frage erneut aktuell, was Licht ist. Ist es eine elektromagnetische Welle? Ist es ein Strom von Photonen? Eine einfache Antwort auf diese Fragen ist nicht möglich.

Aus erkenntnistheoretischer Sicht ist entscheidend: Wir haben es bei den verschiedenen Beschreibungen des Lichts mit Modellen zu tun. Für ein Modell gilt immer:

> Ein Modell ist ein vom Menschen geschaffenes Ersatzobjekt. Es ermöglicht die Erklärung und Voraussage von Vorgängen und Erscheinungen.

Dabei kann es für ein und dasselbe Objekt verschiedene Modelle geben, etwa die unterschiedlichen Modelle für das Licht (↗ Übersicht unten). Welches Modell jeweils genutzt wird, hängt davon ab, welche experimentellen Befunde damit erklärt werden sollen.

Grundsätzlich gilt für beliebige Modelle die Aussage:

> Ein gutes Modell ermöglicht plausible Erklärungen und beobachtungsnahe Voraussagen.

Beispiele dafür sind in der Übersicht unten genannt. Bezüglich des Fotoeffekts sind zwei anschauliche Modelle denkbar:

Modell 1
Sowohl Licht als auch die stoffliche Materie haben Teilchencharakter. Die Teilchen des Lichts „schießen" die Elektronen aus der Oberfläche.
Analogie: Mit Bällen werden Blätter aus einem Baum „geschossen".

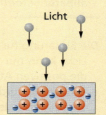

Modell 2
Kontinuierliches Licht (ein Lichtstrom) trifft auf eine Oberfläche mit Teilchencharakter. Durch das Licht werden Elektronen herausgelöst.
Analogie: Durch Wind fallen Blätter eines Baums.
Modell 2 hat sich allerdings als nicht zweckmäßig erwiesen, weil mit ihm z. B. die Energiebilanz (↗ S. 9) nicht erklärbar ist.

Verschiedene Modelle für das Licht		
Modell Lichtstrahl	Wellenmodell	Photonenmodell
eignet sich zur Beschreibung von Reflexion und Brechung.	eignet sich zur Erklärung von Beugung und Interferenz.	eignet sich zur Erklärung des Fotoeffekts.
Keine Aussage zur Natur des Lichts.	Licht hat Wellencharakter.	Licht hat Teilchencharakter.

Zusammenhang zwischen der Energie von Photonen und der Frequenz

Mithilfe einer Vakuum-Fotozelle kann man quantitativ untersuchen, wie die kinetische Energie der Elektronen von der Frequenz des verwendeten Lichts abhängt. Licht fällt auf eine Katode aus Alkalimetall. Die austretenden Elektronen besitzen eine bestimmte maximale kinetische Energie E_{kin}. Es fließt ein Strom. Vergrößert man die Gegenspannung

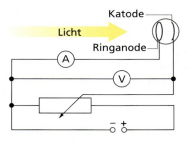

Alkalimetalle haben eine relativ geringe Austrittsarbeit, sodass schon bei sichtbarem Licht Elektronen aus der Katode austreten können.

zwischen Katode und Anode, so werden die Elektronen in dem Gegenfeld abgebremst. Wenn die kinetische Energie der Elektronen nicht mehr ausreicht, um das Gegenfeld zu überwinden, ist die Stromstärke null. Für diesen Grenzfall gilt:

$$e \cdot U = E_{kin} = \tfrac{1}{2} m \cdot v^2$$

Dabei ist U die Spannung zwischen Anode und Katode bei $I = 0$ und damit $e \cdot U$ die Arbeit gegen das elektrische Feld.
Bestrahlt man die Katode der Fotozelle mit Licht unterschiedlicher Frequenz, dann erhält man einen Zusammenhang zwischen der Energie und der Frequenz, der als **Einstein-Gerade** bezeichnet wird und der in der nachfolgenden grafischen Darstellung für die Alkalimetalle Natrium und Caesium dargestellt ist.

Wir gehen davon aus, dass die Austrittsarbeit aus der Katode genau so groß ist wie die Eintrittsarbeit in die Anode, sich also beide Effekte aufheben.
Die beschriebene Methode wird als **Gegenfeldmethode** bezeichnet.

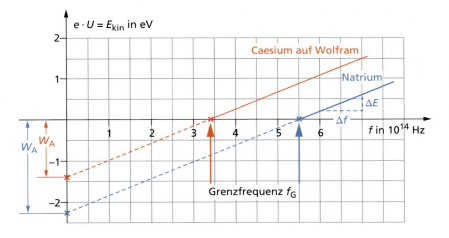

Es gilt:
$1\text{ eV} = 1{,}602 \cdot 10^{-19}\text{ J}$
Ein Elektron besitzt diese **Energie,** wenn es aus dem Ruhezustand eine Spannung von 1 V durchläuft.

Die Steigung der Geraden ergibt sich als Quotient $\Delta E : \Delta f$. Sie ist für alle Festkörper gleich und wird als **plancksches Wirkungsquantum** oder als **Planck-Konstante** bezeichnet.

Ein Produkt aus Energie und Zeit wird in der Physik häufig als **Wirkung** bezeichnet. Daher stammt die Bezeichnung „Wirkungsquantum" für die Konstante h.

> Das plancksche Wirkungsquantum h ist eine fundamentale Naturkonstante. Sie hat einen Wert von $h = 6{,}626 \cdot 10^{-34}\text{ J} \cdot \text{s}$.

Die Achsenabschnitte auf der Ordinatenachse sind die stoffabhängigen Austrittsarbeiten W_A. Damit lautet die Geradengleichung: $E_{kin} = h \cdot f - W_A$

Das Produkt $h \cdot f$ ist nach EINSTEIN die Energie, die ein Photon von Licht der Frequenz f besitzt. Für sichtbares Licht beträgt sie 1,5 bis 3,3 eV.

Ein Vergleich mit der Energiebilanz $E_{kin} = E - W_A$ (↗ S. 9) zeigt:
Die Energieportionen E von Licht der Frequenz f betragen $E = h \cdot f$. Berücksichtigt man, dass für den Zusammenhang zwischen Frequenz f, Wellenlänge λ und Ausbreitungsgeschwindigkeit c die Gleichung $f = \frac{c}{\lambda}$ oder $c = f \cdot \lambda$ gilt, dann ergibt sich:

> Licht der Frequenz f (der Wellenlänge λ) überträgt seine Energie in Portionen der Größe:
>
> $$E = h \cdot f = h \cdot \frac{c}{\lambda}$$

■ Das gelbe Licht einer Natriumdampflampe hat eine Wellenlänge von 589 nm. Wie groß ist die Energie der betreffenden Photonen?

Analyse:
Bei bekannter Wellenlänge und Ausbreitungsgeschwindigkeit in Luft kann man die oben genannte Gleichung anwenden.
Gesucht: E
Gegeben: $\lambda = 589 \text{ nm} = 5{,}89 \cdot 10^{-7} \text{ m}$
$c = 3{,}0 \cdot 10^8 \text{ m/s}$
$h = 6{,}626 \cdot 10^{-34} \text{ J} \cdot \text{s}$

Lösung:

$$E = h \cdot \frac{c}{\lambda}$$

$$E = 6{,}626 \cdot 10^{-34} \text{ J} \cdot \text{s} \cdot \frac{3{,}0 \cdot 10^8 \frac{m}{s}}{5{,}89 \cdot 10^{-7} \text{ m}}$$

$$\underline{E = 3{,}375 \cdot 10^{-19} \text{ J} = 2{,}1 \text{ eV}}$$

Ergebnis:
Die Energieportionen des gelben Lichts einer Natriumdampflampe betragen 2,1 eV.

Berücksichtigt man den Term $h \cdot f$ in der Energiebilanz für den Fotoeffekt, dann ergibt sich:

> Für die Energiebilanz beim äußeren lichtelektrischen Effekt gilt:
>
> $$h \cdot f = W_A + E_{kin}$$
>
> h plancksches Wirkungsquantum
> f Frequenz des Lichts
> W_A Austrittsarbeit
> E_{kin} kinetische Energie der Elektronen

In der grafischen Darstellung auf S. 11 ist der Schnittpunkt der Geraden mit der f-Achse diejenige Frequenz, die Licht mindestens haben muss, um Elektronen aus dem jeweiligen Metall herauszulösen. Sie wird als **Grenzfrequenz** bezeichnet.

Die Grenzfrequenz f_G für einen Stoff ergibt sich aus der stoffabhängigen Austrittsarbeit:

$$f_G = \frac{W_A}{h}$$

W_A Austrittsarbeit
h plancksches Wirkungsquantum

Die **Grenzfrequenz** ist damit ebenfalls materialabhängig. Sie beträgt z. B. für Natrium $5,5 \cdot 10^{14}$ Hz (grünes Licht) und für Caesium $4,7 \cdot 10^{14}$ Hz (rotes Licht).

Für spezielle Anwendungen, z. B. für den Nachweis von IR-Licht und Wärmestrahlung mittels Detektoren, nutzt man Stoffkombinationen mit besonders geringer Austrittsarbeit und damit auch kleiner Grenzfrequenz, z. B. Barium auf Wolframoxid ($f_G = 3,1 \cdot 10^{14}$ Hz) oder Caesium auf Wolfram ($f_G = 3,4 \cdot 10^{14}$ Hz).

■ Ist es möglich, aus einer Wolframkatode durch Bestrahlung mit Licht einer Wellenlänge von 410 nm Elektronen herauszulösen?

Analyse:
Damit Elektronen aus Wolfram herausgelöst werden, muss das Licht mindestens die für diesen Stoff erforderliche Grenzfrequenz besitzen. Diese ergibt sich aus der oben genannten Gleichung. Die Frequenz des verwendeten Lichts kann man aus Wellenlänge und Lichtgeschwindigkeit mit der Gleichung $c = f \cdot \lambda$ berechnen.

Der Wert für die Austrittsarbeit ist einem Tabellenwerk zu entnehmen.

Gesucht: f_G, f
Gegeben: $\lambda = 410$ nm $W_A = 4,54$ eV
            $h = 6,626 \cdot 10^{-34}$ J · s $c = 3,0 \cdot 10^8 \frac{m}{s}$

Lösung:
Für die Grenzfrequenz von Wolfram erhält man:

$$f_G = \frac{W_A}{h}$$

$$f_G = \frac{4,54 \cdot 1,602 \cdot 10^{-19}\ J}{6,626 \cdot 10^{-34}\ J \cdot s} = \underline{1,1 \cdot 10^{15}\ Hz}$$

Für die Einheiten gilt:
1 eV $= 1,602 \cdot 10^{-19}$ J
$\frac{1}{s} = 1$ Hz

Als Frequenz des verwendeten Lichts ergibt sich:

$$f = \frac{c}{\lambda}$$

$$f = \frac{3,0 \cdot 10^8\ m}{410 \cdot 10^{-9}\ m} = \underline{7,3 \cdot 10^{14}\ Hz}$$

Ergebnis:
Da die Frequenz des verwendeten Lichts mit $7,3 \cdot 10^{14}$ Hz kleiner ist als die Grenzfrequenz für Wolfram ($11 \cdot 10^{14}$ Hz), werden aus der Wolframkatode durch dieses Licht keine Elektronen herausgelöst.

Herstellung von einzelnen Photonen

Jahrzehntelang versuchten Experimentalphysiker, einzelne Photonen kontrolliert herzustellen. Mit dem Nachweis von einzelnen Photonen kann die Quantennatur von Licht eindeutig bewiesen werden. Nachfolgend sind einige der Versuche beschrieben.

Ein vielversprechender Versuch

1956 führten die englischen Physiker R. HANBURY BROWN (1916–2002) und R. TWISS (1920–2005) ein Experiment durch, bei dem sie sehr schwaches Licht auf einen Strahlteiler schickten und dahinter mit Detektoren versuchten, einzelne Photonen nachzuweisen. Dazu nutzten sie die folgende Anordnung:

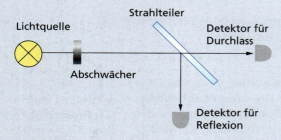

Sie schwächten das Licht so stark ab, dass stets einige Zeit zwischen zwei Emissionen bzw. Absorptionen vergehen sollte. Sie erwarteten, dass stets nur einer der beiden Detektoren ein Signal geben würde. Ein solches Ergebnis würde die Vorstellung, dass Licht aus einzelnen Photonen besteht, stark stützen.
Zu ihrer Überraschung stellten sie fest, dass die Detektoren häufiger beide gleichzeitig ein Signal geben als nur einer allein. Dabei wurde von jedem Detektor jeweils die volle Energie $h \cdot f$ nachgewiesen.
Dies kann man nur so deuten, dass das Licht, auch wenn es sehr schwach ist, zum Klumpen (englisch: „bunching") neigt. Eine Stütze für die Photonenvorstellung ist das Experiment nicht.

Einzelne Photonen aus nichtlinearen Kristallen

Wenn man Licht mit geeigneter Wellenlänge in einem bestimmten Winkel auf spezielle Kristalle (z. B. aus Calcium oder Bariumborat) treffen lässt, so hat ein geringer Teil des Lichts, das den Kristall verlässt, nur noch die halbe Frequenz bzw. die doppelte

Wellenlänge. Solche speziellen Kristalle werden als **nichtlineare Kristalle** bezeichnet. Die Umwandlung in Licht anderer Frequenz erfolgt durch Wechselwirkungen in dem optischen Material. Dabei kann ein Photon mit größerer Energie in zwei Photonen mit niedrigerer Energie zerfallen.

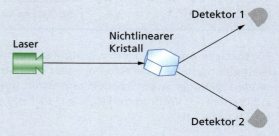

Dieses Licht wird in ganz bestimmte Richtungen abgestrahlt. Wenn man dort zwei Detektoren aufstellt (↗ Abb. oben), so geben diese stets zur gleichen Zeit ein Signal.

Die nachgewiesenen Energieportionen sind jeweils halb so groß wie die Portionen, die bei dem ursprünglichen Laserlicht nachgewiesen werden. Es gilt also:
$$h \cdot f_{Laser} = 2\,h \cdot f_{Detektor}$$
Wenn man z. B. Detektor 2 entfernt und Detektor 1 ein Signal gibt, dann kann man sich sicher sein, dass im unteren Bereich ebenfalls ein Lichtquant der Energie $h \cdot f_{Detektor}$ unterwegs ist.

Auf diese Weise erzeugt man kontrolliert ein einzelnes Photon, mit dem man weitere Experimente durchführen kann. Die nachfolgende Anordnung zeigt das Prinzip der Erzeugung solcher einzelner Photonen.

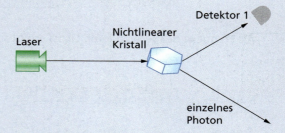

Jedes Mal, wenn Detektor 1 ein Signal gibt, verlässt rechts unten ein einzelnes Photon die Anordnung. Damit hat man eine Quelle für einzelne Photonen.

Nachweis einzelner Photonen

Experimente mit einzelnen Photonen werden heute in zahlreichen Quantenoptik-Labors auf der ganzen Welt durchgeführt, z. B. bei der Arbeitsgruppe Zeilinger in Wien oder auch – für Schülergruppen besuchbar – beim Institut für Physikdidaktik der Universität Erlangen.
So lässt man z. B. einzelne Photonen kontrolliert auf einen Strahlteiler auftreffen:

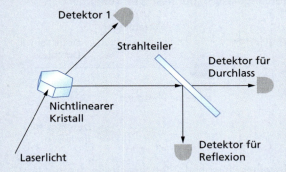

Bei diesem Experiment erhält man nie gleichzeitig Signale von den beiden Detektoren für Reflexion und Durchlass. Entweder der Detektor für Durchlass gibt ein Signal oder der für Reflexion. Welcher von beiden es gibt, ist rein zufällig.
Das kann nur mit der Vorstellung erklärt werden, dass im nichtlinearen Kristall ein Paar von Photonen entsteht. Während das eine Photon vom Detektor 1 nachgewiesen wird, trifft das andere Photon auf den Strahlteiler. Dort wird es entweder durchgelassen oder reflektiert.

Scheinbarer und wirklicher Zufall

Ob das einzelne Photon im oben beschriebenen Strahlteiler-Experiment durchgelassen oder reflektiert wird, ist zufällig im wahrsten Sinne des Wortes. Notiert man für jedes durchgelassene Photon eine „1" und für jedes reflektierte Photon eine „0", so erhält man eine völlig zufällige Folge von Ergebnissen, die nicht vorhergesagt werden können, z. B. „0010111010011000".
Zufallszahlen im Computer werden hingegen durch einen Algorithmus erzeugt. Sie sind also gar nicht wirklich zufällig.

Auch das Ergebnis eines Münzwurfs ist eigentlich nicht wirklich zufällig: Wenn man nur die Anfangsbedingungen des Wurfs genau genug kennen würde, so könnte man das Ergebnis vorhersagen.

In der Quantenphysik sind viele Ergebnisse nur vom Zufall abhängig. Die Quantenphysik selbst fordert, dass man die Anfangsbedingungen gar nicht genau genug kennen kann, um Ergebnisse genau vorherzusagen.
Mit dieser Unbestimmtheit wollte sich A. EINSTEIN nicht abfinden. 1926 schrieb er in einem Brief an MAX BORN:
„Jedenfalls bin ich überzeugt, dass der Alte (gemeint ist Gott – d. A.) nicht würfelt."

Diese Zufälligkeit tritt sehr häufig in der Quantenphysik auf, ganz egal, ob man Energien, Orte, Impulse oder sonstige Größen misst.
Sie ist auch eine der Voraussetzungen für das Funktionieren der Quantenverschlüsselung, mit der man Informationen abhörsicher übermitteln kann. Damit kann der Missbrauch von Daten verhindert werden. Herkömmliche Verschlüsselungen erhöhen die Sicherheit, können aber Missbrauch nicht völlig ausschließen. Die Quantenphysik ermöglicht eine neue Art der Verschlüsselung mit Quantenobjekten, z. B. mit Photonen. Diese Photonen kann man in verschiedene Zustände bringen, aus denen der Empfänger die Information herauslesen kann. Ein möglicher Abhörer beeinflusst die Photonen so stark, dass die Information unkenntlich wird.

Allgemein gilt für Quantenobjekte und damit auch für Photonen: Versuchsergebnisse mit einzelnen Quantenobjekten können nicht vorausgesagt werden. Bei einer sehr großen Anzahl von Quantenobjekten sind Wahrscheinlichkeitsaussagen möglich.

Energie und Impuls des Photons

Analog dazu kann man einen Wasserstrahl so präparieren, dass er aus einzelnen Wassertropfen besteht.

P. GRANGIER, G. ROGER und A. ASPECT haben 1986 das erste Experiment durchgeführt, in dem Quanteneffekte des Lichts nicht mit der Quantennatur der Materie erklärt werden können. Ihnen gelang es, Licht so zu präparieren, dass es aus einer definierten Anzahl einzelner Quanten, den Photonen, bestand (↗ S. 14).

Wenn man Licht auf einen Strahlteiler (z. B. eine Glasplatte) fallen lässt, so wird ein Teil des Lichts hindurchgelassen, der Rest wird reflektiert.

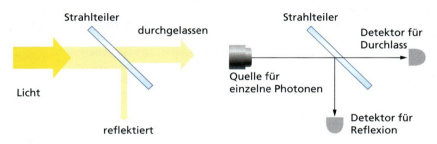

Wenn man dagegen ein einzelnes Photon auf den Strahlteiler treffen lässt, so wird nicht etwa ein Teil des Photons am Detektor für Durchlass und der Rest am Detektor für Reflexion nachgewiesen. Jedes Photon wird nur an genau einem der beiden Detektoren nachgewiesen.

Bei sichtbarem Licht liegt die Energie der Photonen zwischen 1,5 und 3,3 eV.

> Photonen werden stets in ganzen Portionen nachgewiesen. Die Energie eines Photons beträgt:
>
> $E = h \cdot f$ $\quad h \quad$ plancksches Wirkungsquantum
> $\qquad\qquad\qquad f \quad$ Frequenz des Lichts

Für diese Äquivalenz gilt die berühmte, 1905 von ALBERT EINSTEIN (1879–1955) angegebene Beziehung $E = m \cdot c^2$.

Nach der speziellen Relativitätstheorie sind Energie und Masse äquivalent. Kennt man die Energie eines Photons, so kann man die dazu äquivalente Masse angeben.

> Die Masse eines Photons hängt von seiner Energie ab. Es gilt:
>
> $m = \dfrac{E}{c^2} = \dfrac{h \cdot f}{c^2} = \dfrac{h}{c \cdot \lambda}$
>
> $f \quad$ Frequenz $\qquad\qquad\qquad c \quad$ Vakuumlichtgeschwindigkeit
> $E \quad$ Energie $\qquad\qquad\qquad\; h \quad$ plancksches Wirkungsquantum
> $\lambda \quad$ Wellenlänge

■ Für Licht im mittleren Bereich des sichtbaren Spektrums (gelbgrüner Bereich) beträgt die Energie eines Photons 2,3 eV. Demzufolge kann ihm folgende Masse zugeordnet werden:

$$m = \frac{2{,}3 \cdot 1{,}602 \cdot 10^{-19}\,\text{J}}{(3{,}0 \cdot 10^8\,\frac{\text{m}}{\text{s}})^2} = 4{,}1 \cdot 10^{-36}\,\text{kg}$$

Photonen breiten sich stets mit Lichtgeschwindigkeit aus. Ihre Ruhemasse ist null. Aufgrund ihrer Geschwindigkeit und ihrer Masse kann ihnen auch ein Impuls zugeordnet werden. Allgemein ist der Impuls $\vec{p}$ so definiert:
$$\vec{p} = m \cdot \vec{v}$$
Dabei sind m die Masse und $\vec{v}$ die Geschwindigkeit. Die Anwendung dieser Definition auf ein Photon ergibt:

Der Impuls p eines Photons kann folgendermaßen berechnet werden:
$$p = \frac{E}{c} = \frac{h \cdot f}{c} = \frac{h}{\lambda}$$

E	Energie des Photons	c	Vakuumlichtgeschwindigkeit
f	Frequenz	h	plancksches Wirkungsquantum
λ	Wellenlänge		

Die Gleichung ergibt sich so:
$$p = m \cdot c$$
$$= \frac{m \cdot c^2}{c}$$
$$= \frac{E}{c}$$

Bei Reflexion oder Absorption erzeugt Licht wegen seines Impulses einen Druck, der als **Strahlungsdruck** bezeichnet wird.
Energie und Impuls eines Lichtblitzes können experimentell bestimmt werden. Sie hängen zusammen über die Formel $E = c \cdot p$.

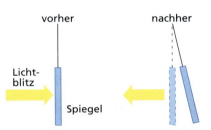

vorher   nachher

Lichtblitz

Spiegel

Der Photonen-Impuls ist auch für den **Sonnenwind** mitverantwortlich. Dessen Wirkung zeigt sich z. B. in der Krümmung von Kometenschweifen und in der Verformung des Erdmagnetfelds.

■ Eine Lichtquelle sendet Lichtblitze mit einer Wellenlänge von 630 nm und einer Energie von 100 J aus. Wie viele Photonen enthält ein solcher Lichtblitz?

Analyse:
Die Anzahl der Photonen ergibt sich aus der Energie eines Photons und der Energie des Lichtblitzes.

Gesucht: Anzahl n der Photonen, p
Gegeben: $\lambda = 630$ nm $h = 6{,}626 \cdot 10^{-34}$ J $\cdot$ s
             $E_B = 100$ J $c = 300\,000$ km $\cdot$ s^{-1}

Lösung:
Ein Photon hat die Energie $E = h \cdot f = h \cdot \frac{c}{\lambda}$. Damit erhält man für die Anzahl n der Photonen:
$$n = \frac{E_B}{E} = \frac{E_B \cdot \lambda}{h \cdot c}$$
$$n = \frac{100 \text{ J} \cdot 630 \cdot 10^{-9} \text{ m} \cdot \text{s}}{6{,}626 \cdot 10^{-34} \text{ J} \cdot \text{s} \cdot 3 \cdot 10^8 \text{ m}}$$
$$\underline{n = 3{,}2 \cdot 10^{20}}$$

Ergebnis:
Ein Lichtblitz mit einer Energie von 100 J enthält bei Licht mit einer Wellenlänge von 630 nm (rotes Licht) etwa $3{,}2 \cdot 10^{20}$ Photonen.

1.2 Wellencharakter von Elektronen

Sehr kleine Objekte wie Atome, Elektronen, Protonen, Neutronen oder auch Moleküle werden in der Physik oft „Teilchen" genannt. Häufig werden sie als kleine Kügelchen dargestellt. Sie zeigen jedoch in zahlreichen Experimenten Eigenschaften, die nicht mit dem Kügelchen-Modell erklärt werden können. Insbesondere können mit Elektronen Beugungsexperimente durchgeführt werden.

Elektronenbeugung

Der französische Physiker Louis de Broglie (1892–1987) formulierte 1923 in seiner Doktorarbeit eine kühne Hypothese:
„Wenn Licht mit Elementen des Teilchenmodells beschrieben werden muss, dann sollte auch Materie mit Elementen der Wellentheorie zu beschreiben sein."

Zu den **Quantenobjekten** zählen u. a. Elektronen, Protonen, Neutronen, Photonen, Atome und Moleküle.

Er gab darüber hinaus in dieser Arbeit, ausgehend von theoretischen Überlegungen, eine Gleichung für die Wellenlänge von Quantenobjekten an. Ihm zu Ehren wird sie heute als **de-Broglie-Wellenlänge** bezeichnet.

Für die de-Broglie-Wellenlänge von Quantenobjekten gilt:

$$\lambda = \frac{h}{m \cdot v} = \frac{h}{p}$$

h plancksches Wirkungsquantum
m Masse des Quantenobjekts
v Geschwindigkeit des Quantenobjekts
p Impuls

Nach dieser Theorie kann man z. B. Elektronen eine Wellenlänge zuordnen. Dann müssten bei Elektronen typische Welleneigenschaften wie Beugung und Interferenz nachweisbar sein.

Der experimentelle Nachweis gelang erstmals 1927 den amerikanischen Physikern C. J. Davisson (1881–1958) und L. H. Germer (1896–1971) durch die Beugung eines Elektronenstrahls an Kristallen, die wie ein Gitter auf die Elektronen wirken. Die Skizze unten zeigt eine mögliche Versuchsanordnung. Rechts ist ein typisches Interferenzbild zu sehen, wie man es bei der Durchstrahlung einer dünnen, kristallinen Folie erhält.

Davisson und Germer registrierten die an einem Kristall reflektierten Elektronen in Abhängigkeit vom Streuwinkel.

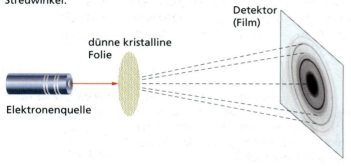

Detektor (Film)
dünne kristalline Folie
Elektronenquelle

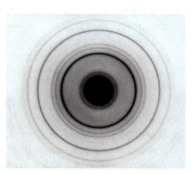

■ In einem Experiment werden Elektronen an einer dünnen kristallinen Folie gebeugt. Auf einem Leuchtschirm beobachtet man Beugungsringe. Das Foto links zeigt eine schulische Experimentieranordnung, das Foto rechts die Beugungsringe auf dem Bildschirm der Röhre.

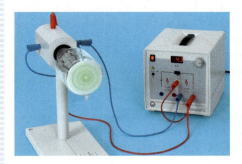 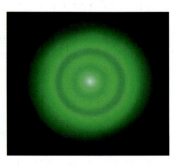

Die links dargestellte Röhre wird als Elektronenbeugungsröhre bezeichnet. Die Beugung von Elektronen erfolgt an einer dünnen Grafitfolie.

Wenn man die Beschleunigungsspannung verändert, dann ändern sich auch die Radien der Beugungsringe auf dem Bildschirm.
Sagen Sie voraus, wie sich die Ringradien ändern werden, wenn die Beschleunigungsspannung verkleinert wird!

Analyse:
Der Radius der Beugungsringe hängt ab von der Geschwindigkeit und damit von der Wellenlänge der Elektronen, von der Gitterkonstante des Kristalls und vom Abstand des Schirms vom Kristall. Von diesen Größen ändert sich beim Verkleinern der Beschleunigungsspannung nur die Geschwindigkeit und damit die Wellenlänge der Elektronen.

Lösung:
Für die Geschwindigkeit der Elektronen folgt aus $e \cdot U = \frac{1}{2} m \cdot v^2$ die Gleichung:

$$v = \sqrt{\frac{2\,e \cdot U}{m}}$$

Daraus ist ablesbar:
Mit Verkleinerung der Beschleunigungsspannung U verkleinert sich die Geschwindigkeit v der Elektronen. Aufgrund der de-Broglie-Beziehung

$$\lambda = \frac{h}{m \cdot v}$$

bedeutet eine Verkleinerung der Geschwindigkeit v eine Vergrößerung der Wellenlänge λ. Analog zu einem optischen Gitter gilt auch für Elektronen: Je größer die Wellenlänge ist, desto weiter liegen die Maxima auf einem Schirm auseinander.

Bei $U = 100$ V beträgt die Geschwindigkeit von Elektronen $v = 5{,}9 \cdot 10^6 \frac{m}{s}$. Das sind etwa 2 % der Vakuumlichtgeschwindigkeit.

Für ein optisches Gitter gilt:

$$\sin \alpha = \frac{k \cdot \lambda}{d}$$

Ergebnis:
Folglich müssten sich die Radien der Beugungsringe vergrößern, wenn man die Beschleunigungsspannung verkleinert. Das Experiment mit einer Elektronenbeugungsröhre bestätigt die getroffene Voraussage. Quantitative Untersuchungen ergeben den rechts genannten Zusammenhang, der als Bragg-Beziehung bezeichnet wird.

Für die Elektronenbeugung gilt:

$$\sin \alpha = \frac{k \cdot \lambda}{2d}$$

(↗ S. 76)

Experimentelle Untersuchungen mit anderen Quantenobjekten (Protonen, Neutronen, Atome) belegen: Die von L. DE BROGLIE durch theoretische Überlegungen gefundene Gleichung für die Wellenlänge gilt nicht nur für Elektronen, sondern für beliebige Quantenobjekte. Man kann also auch Protonen, Neutronen, Atomen oder Molekülen eine Wellenlänge zuordnen.

Eine solche Beschleunigungsspannung wird z. B. bei Elektronenmikroskopen (↗ S. 21) genutzt.

■ Elektronen werden durch eine Spannung von $U = 1{,}0$ kV beschleunigt. Welche Wellenlänge ist diesen Elektronen zuzuordnen? Vergleichen Sie diese mit der Wellenlänge von grünem Licht (500 nm)!

Analyse:
Die Geschwindigkeit der Elektronen kann mit einem energetischen Ansatz ermittelt werden. Es gilt: $e \cdot U = \frac{1}{2} m \cdot v^2$
Bei bekannter Geschwindigkeit kann man die Gleichung für die de-Broglie-Wellenlänge anwenden.

Gesucht: λ
Gegeben: $U = 1{,}0$ kV $= 1{,}0 \cdot 10^3$ V
           $e = 1{,}602 \cdot 10^{-19}$ C
          $m = 9{,}109 \cdot 10^{-31}$ kg
          $h = 6{,}626 \cdot 10^{-34}$ J $\cdot$ s

Für die Einheiten gilt:
$$\frac{\text{J} \cdot \text{s}}{\sqrt{\text{C} \cdot \text{V} \cdot \text{kg}}} = \frac{\text{J} \cdot \text{s}}{\sqrt{\text{V} \cdot \text{A} \cdot \text{s} \cdot \text{kg}}}$$
$$= \frac{\frac{\text{kg} \cdot \text{m}^2}{\text{s}^2} \cdot \text{s}}{\sqrt{\frac{\text{kg}^2 \cdot \text{m}^2}{\text{s}^2}}}$$
$$= \text{m}$$

Lösung:
Aus $e \cdot U = \frac{1}{2} m \cdot v^2$ ergibt sich $v = \sqrt{\frac{2 e \cdot U}{m}}$. Damit erhält man für die Wellenlänge:

$$\lambda = \frac{h}{m \cdot v} = \frac{h}{\sqrt{2 e \cdot U \cdot m}}$$

$$\lambda = \frac{6{,}626 \cdot 10^{-34} \text{ J} \cdot \text{s}}{\sqrt{2 \cdot 1{,}602 \cdot 10^{-19} \text{ C} \cdot 1{,}0 \cdot 10^3 \text{ V} \cdot 9{,}109 \cdot 10^{-31} \text{ kg}}}$$

$$\underline{\lambda = 3{,}9 \cdot 10^{-11} \text{ m}}$$

Ergebnis:
Bei einer Beschleunigungsspannung von 1,0 kV kann man Elektronen eine Wellenlänge von $3{,}9 \cdot 10^{-11}$ m zuordnen. Die Wellenlänge von grünem Licht ist etwa 1 300-mal größer.

Aus den Beugungsbildern, die man mit Elektronen erhält, lassen sich Aussagen über die Anordnung von Atomen in einem Kristall ableiten.
Ein Vergleich mit der Optik eröffnete aber noch einen völlig anderen Anwendungsbereich. Aus der Optik ist bekannt: Bei Lichtmikroskopen ist das Auflösungsvermögen prinzipiell durch die Wellenlänge des verwendeten Lichts begrenzt.

Das Auflösungsvermögen eines Mikroskops vergrößert sich mit Verkleinerung der Wellenlänge.

Wenn nun die Wellenlänge von Elektronen wesentlich geringer als die von sichtbarem Licht ist, dann müsste es möglich sein, mithilfe von Elektronenmikroskopen erheblich kleinere Strukturen als mit Lichtmikroskopen aufzulösen. Das ist tatsächlich möglich. Das erste kommerzielle Elektronenmikroskop wurde 1938 von der Firma Siemens entwickelt.

Elektronenmikroskope

Das rechts dargestellte, mit einem Lichtmikroskop vergleichbare Elektronenmikroskop funktioniert so, dass ein Elektronenstrahl das sehr dünne Objekt durchstrahlt. Es wird deshalb auch **Transmissionselektronenmikroskop** (TEM) genannt. Die Wellenlänge, die den Elektronen zugeordnet werden kann, hängt von der Beschleunigungsspannung ab. Mehrere 100 Kilovolt bewirken sehr kleine Wellenlängen im Picometerbereich (↗ S. 20) und damit eine wesentlich höhere Auflösung als bei Lichtmikroskopen.

Die Ausbreitung der Elektronen ist nur im Vakuum möglich, da die Elektronen schon in stark verdünnten Gasen ihre Energie wie in einer Gasentladungslampe durch Stoßionisation an die Gasatome abgeben würden.
Daher kann für die Ablenkung der Elektronenstrahlung nicht wie in der Lichtoptik die Brechung an gekrümmten Linsenoberflächen ausgenutzt werden. Die **Elektronenoptik** bedient sich vielmehr der Ablenkung der Elektronen durch elektrische und magnetische Felder. Diese Technik wurde 1926 erstmals von HANS BUSCH beschrieben und berechnet, der als Begründer der Elektronenoptik gilt.
Das inhomogene Magnetfeld einer kurzen Spule wirkt auf einen Elektronenstrahl beim Hineinlaufen in die Spule bündelnd analog einer Sammellinse und beim Verlassen des Feldes auffächernd analog einer Zerstreuungslinse. Da der bündelnde Effekt überwiegt, kann eine kurze Spule als magnetische Sammellinse im Elektronenmikroskop eingesetzt werden. So kann im Elektronenmikroskop ein Gegenstand durch die Elektronenstrahlung analog zum Licht im Lichtmikroskop abgebildet werden.

Zur Darstellung atomarer Strukturen wird das **Rastertunnelmikroskop** genutzt, das von H. ROHRER und G. BINNING entwickelt wurde. Mit seiner Hilfe können noch Strukturen im Nanometerbereich (bis etwa 0,1 nm) aufgelöst werden. Damit lassen sich einzelne Atome auf der Oberfläche von Bariumtitanat ($BaTiO_3$) darstellen (↗ S. 57).

0,5 nm

Das abgebildete **Rasterelektronenmikroskop** (REM) kann die Oberflächenstrukturen in großer Tiefenschärfe und räumlich darstellen. Bei einem REM wird ein Elektronenstrahl auf einen kleinen Bereich der

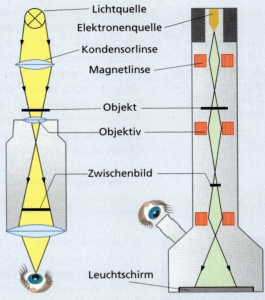

Lichtquelle
Elektronenquelle
Kondensorlinse
Magnetlinse
Objekt
Objektiv
Zwischenbild
Leuchtschirm

1 Vergleich eines Elektronenmikroskops mit einem Lichtmikroskop

Oberfläche des Objekts konzentriert. Der Elektronenstrahl löst aus der Oberfläche sogenannte Sekundärelektronen aus. Durch zeilenweises Abtasten des Objekts erhält man aus dem Sekundärelektronenstrom ein Gesamtbild des Objekts (↗ S. 57).

2 Rasterelektronenmikroskop in Betrieb

Elektronen im Doppelspaltexperiment

Da Elektronen eine Wellenlänge zugeordnet werden kann, lassen sich mit ihnen auch Interferenzexperimente durchführen. Ein Beispiel: Eine Elektronenquelle sendet Elektronen mit einheitlicher Geschwindigkeit auf einen Doppelspalt. Die durchgelassenen Elektronen treffen auf einen Schirm auf. Man erhält das aus der Optik bekannte Doppelspalt-Interferenzmuster.

Das Experiment wurde 1960 erstmalig von dem deutschen Physiker CLAUS JÖNSSON (*1930) durchgeführt.

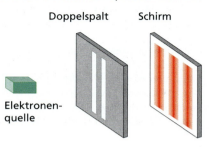

Doppelspalt   Schirm

Elektronenquelle

Elektronen zeigen wie Licht im Doppelspaltversuch ein Interferenzmuster. Sie besitzen Wellencharakter.

Das Foto zeigt das von JÖNSSON gewonnene Beugungsbild mit Elektronen.

■ JÖNSSON gelang es 1960, Doppelspalte mit einer Spaltbreite von $a = 0,3\ \mu m$ und einem Spaltabstand von $b = 1,0\ \mu m$ herzustellen. Wir nehmen eine Beschleunigungsspannung für die Elektronen von 2,5 kV an. Wie eng liegen die Maxima des links vergrößert gezeigten Beugungsbilds auseinander, wenn man annimmt, dass der Abstand zwischen Spalt und Schirm $e = 40$ cm beträgt?

Analyse:

Gesucht: Abstand x des 1. Maximums vom 0. Maximum

Gegeben: $U = 2,5$ kV
$b = 1,0\ \mu m$
$e = 40$ cm

Lösung:

Mithilfe der de-Broglie-Beziehung erhält man für die Wellenlänge:

$$\lambda = \frac{h}{m \cdot v} = \frac{h}{\sqrt{2e \cdot U \cdot m}}$$

$$\lambda = \frac{6,626 \cdot 10^{-34}\ \text{J} \cdot \text{s}}{\sqrt{2 \cdot 1,602 \cdot 10^{-19}\ \text{C} \cdot 2,5 \cdot 10^{3}\ \text{V} \cdot 9,109 \cdot 10^{-31}\ \text{kg}}}$$

$$\lambda = 2,5 \cdot 10^{-11}\ \text{m}$$

Mit der Kleinwinkelnäherung gilt wie bei Licht:

$$\frac{\lambda}{b} = \frac{x}{e} \quad \text{und damit} \quad x = e \cdot \frac{\lambda}{b}$$

$$x = 0,4\ \text{m} \cdot \frac{2,5 \cdot 10^{-11}\ \text{m}}{1,0 \cdot 10^{-6}\ \text{m}}$$

$$\underline{x = 1,0 \cdot 10^{-5}\ \text{m}}$$

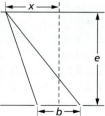

Für die Geschwindigkeit gilt:

$$v = \sqrt{\frac{2e \cdot U}{m}}$$

Für den Impuls $m \cdot v$ erhält man demzufolge:

$$m \cdot v = \sqrt{2e \cdot U \cdot m}$$

In der Optik gilt:

$$\sin \alpha = \frac{k \cdot \lambda}{b} \quad \text{und}$$

$$\sin \alpha = \frac{x}{e}$$

Für $k = 1$ erhält man daraus:

$$\frac{\lambda}{b} = \frac{x}{e}$$

Ergebnis:

Bei den angegebenen Daten betrug der Abstand der Intensitätsmaxima nur etwa 10 μm.

1.3   Beschreibung des Verhaltens von Quantenobjekten

Interferenzexperimente mit Licht oder vielen Elektronen kann man noch gut im klassischen Wellenbild beschreiben. Dagegen sind Experimente mit einzelnen Photonen oder einzelnen Elektronen weder im Wellenmodell noch im Modell der kleinen Kügelchen (Teilchenmodell) zu verstehen. Hier wird die Quantenphysik benötigt. Deshalb nennt man Atome, Elektronen, Protonen, Neutronen oder auch Moleküle **Quantenobjekte.**

Einzelne Quantenobjekte bei Interferenzexperimenten

Die verschiedenen Quantenobjekte verhalten sich in Interferenzexperimenten erstaunlich ähnlich. Man kann sie z. B. durch einen Doppelspalt auf einen Schirm treffen lassen. Dort können sie mit einem Feld von empfindlichen Detektoren nachgewiesen werden.

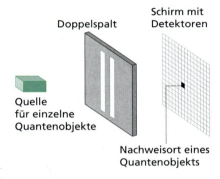

Doppelspalt

Schirm mit Detektoren

Quelle für einzelne Quantenobjekte

Nachweisort eines Quantenobjekts

Der Schirm besteht aus einer großen Anzahl von Detektoren, sodass man den Ort einzelner Quantenobjekte relativ genau nachweisen kann.

Man beobachtet, dass jedes durchgelassene Quantenobjekt von genau einem Detektor nachgewiesen wird.

Bei Wiederholung des Experiments gibt nicht etwa jedes Mal der gleiche Detektor ein Signal, vielmehr streuen die Nachweisorte stark.

In der klassischen Physik können wir für ein Objekt in einem beliebigen Experiment vorhersagen, wie es sich verhalten wird, wenn wir nur den Anfangszustand des Objekts genau kennen. Man sagt: Das Verhalten der klassischen Objekte ist determiniert.

- Wenn wir eine Kugel auf einen Doppelspalt schießen, dann können wir vorhersagen, wie die Kugel auf ihrer Bahn beeinflusst wird, durch welchen Spalt sie fliegt und wo sie schließlich auf einem Schirm auftrifft.

Dagegen sind die Messergebnisse bei Quantenobjekten (hier bei einer Ortsmessung) nicht determiniert. Selbst wenn man Quantenobjekte identisch präpariert, können ihre Nachweisorte stark und zufällig variieren. Der Nachweisort für ein einzelnes Quantenobjekt kann nicht vorhergesagt werden.

Ein Grund dafür ist, dass man den Zustand von Quantenobjekten prinzipiell nicht so präparieren kann, dass alle Größen genau bestimmt sind (↗ Heisenbergs Unbestimmtheitsrelation, S. 32).

Zufallsergebnisse in einem Feld würde man auch mit einer Lottomaschine erhalten, die jeweils eine Kugel zieht und anschließend automatisch auf dem Lottoschein das Kästchen ankreuzt.

1	2	3	4	5	6	7
8	✕	10	11	12	13	14
15	16	17	18	19	20	21
22	23	24	25	26	27	28
29	30	31	32	33	34	35
36	37	38	39	40	41	42
43	44	45	46	47	48	49

> **Für einzelne Quantenobjekte können Messergebnisse in der Regel nicht vorhergesagt werden.**

Man könnte versuchen, die Unbestimmtheit von Quantenobjekten zu simulieren: Ein Schussapparat feuert Kugeln mit leicht veränderlicher Richtung ab. Wenn man damit häufig durch einen Doppelspalt (z. B. durch einen Bretterzaun mit zwei Lücken) schießt, erwartet man, dass sich die Aufschläge auf dem Schirm auf zwei Streifen häufen (↗ Skizze).

Doppelspalt   Schirm

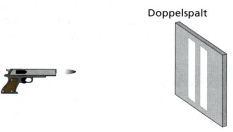
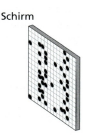

Dagegen zeigt sich bei Quantenobjekten nach vielen Wiederholungen eine Verteilung wie bei Interferenzversuchen mit Licht am Doppelspalt. Dieses Verhalten kann man nicht beschreiben, wenn man sich Quantenobjekte als winzige Kugeln vorstellt.

Selbst mit **Fullerenen,** das sind Kohlenstoffmoleküle mit Fußballstruktur, hat man Interferenz beobachtet.

Interferenz mit Licht am Doppelspalt	mit wenigen Quantenobjekten	mit vielen Quantenobjekten

Das Interferenzmuster kommt nicht dadurch zustande, dass sich die Quantenobjekte unterwegs gegenseitig beeinflussen. Es tritt auch dann auf, wenn sich nacheinander jeweils nur ein Quantenobjekt in der Anordnung befindet. Man sagt: Das Quantenobjekt interferiert mit sich selbst.

Auch für die auf S. 23 beschriebene Lottomaschine, die jeweils nur ein Kreuzchen macht, können wir Wahrscheinlichkeitsaussagen machen: Nach einer großen Anzahl von Wiederholungen erwartet man, dass die Kreuze relativ gleichmäßig verteilt sind.

> Einzelne Quantenobjekte können zu Interferenzmustern beitragen. Das kann nicht mit dem klassischen Teilchenmodell beschrieben werden.

Bei wenigen Quantenobjekten können Verteilungen entstehen, die keine Ähnlichkeit mit dem Interferenzmuster der Optik haben. Je mehr Quantenobjekte aber ein Interferenzexperiment durchlaufen, umso zuverlässiger tritt ein Interferenzmuster auf.
Dies bedeutet: Für das einzelne Quantenobjekt kann man keine Vorhersage machen, sehr wohl aber eine Wahrscheinlichkeitsaussage für eine große Anzahl von ihnen.

> Anders als in der klassischen Physik kann man in der Quantenphysik im Allgemeinen nur Wahrscheinlichkeitsaussagen treffen.

Wenn man sich einzelne Quantenobjekte wie eine klassische Welle vorstellen würde, dann müsste bei einer Ortsbestimmung am Schirm wie bei einer Wasserwelle eine ganze Schar von Detektoren gleichzeitig ausgelöst werden. Es spricht jedoch immer nur ein Detektor an. Allgemein gilt für Quantenobjekte:

Zum Vergleich: Wenn eine Welle in den Bereich eines Bootshafens kommt, fängt nicht nur ein Schiff zu schaukeln an.

> Man kann sich Quantenobjekte weder als Welle noch als Teilchen vorstellen. Es gibt zwar Situationen, in denen das Teilchenmodell oder das Wellenmodell eine gute Näherung darstellt. Aber eigentlich hat ein Quantenobjekt stets
> – etwas Welliges, was seine Ausbreitung bestimmt,
> – etwas Körniges, was sich bei der Ortsmessung zeigt,
> – etwas Stochastisches, was nur Wahrscheinlichkeitsaussagen erlaubt.

✪ Quantitative Beschreibung der Wahrscheinlichkeit *P(x)*

Für ein einzelnes Quantenobjekt lässt sich im Doppelspalt-Experiment der Nachweisort nicht vorhersagen. Nach vielen Wiederholungen registriert man eine Verteilung $P(x)$, die bis auf statistische Schwankungen der Intensitätsverteilung $I(x)$ beim Doppelspalt mit Licht entspricht. Dabei ist x der Abstand von der Schirmmitte. Orte, an denen besonders viele Quantenobjekte erwartet werden, heißen wie in der Optik Maxima. Im Bild gekennzeichnet ist der Ort des ersten Maximums im Abstand x_M auf der linken Seite.

Mit der Quantenphysik kann man für solche Wahrscheinlichkeitsverteilungen $P(x)$ quantitative Vorhersagen machen. Dazu kann man den Zeigerformalismus nutzen.

$P(x)$ ist ein Maß für die Wahrscheinlichkeit, dass an der Stelle x ein Quantenobjekt nachgewiesen wird.

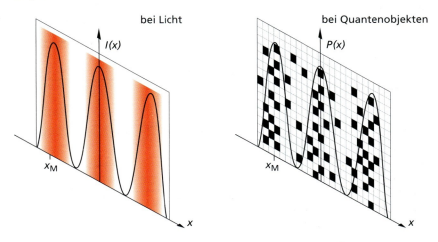

bei Licht   bei Quantenobjekten

Für Maximumstellen x_M ist $P(x)$ besonders groß. Entfernt man sich von der Maximumstelle, so nimmt die Funktion $P(x)$ zunächst ab, bis sie bei einer Minimumstelle 0 ist. Dann nimmt sie wieder zu.

Eine Welle wird durch einen Pfeil (Zeiger) dargestellt. Die Zeigerlänge ist gleich der Amplitude und die Intensität gleich dem Quadrat der Amplitude.

In der Optik erhält man die Intensität $I(x)$ für einen bestimmten Abstand x, indem man die Zeiger für die verschiedenen Elementarwellen mit den richtigen Phasenunterschieden addiert. Das Quadrat des Summenzeigers ist dann ein Maß für die Intensität $I(x)$.

Analog muss man vorgehen, wenn man Vorhersagen für Interferenzexperimente in der Quantenphysik machen will. Allerdings ist das Quadrat des Summenzeigers nun als **Maß für die Wahrscheinlichkeit $P(x)$** zu interpretieren.

Man sagt „Maß für die Wahrscheinlichkeit", weil $P(x)$ eigentlich so normiert werden muss, dass die Gesamtwahrscheinlichkeit für eine Detektion auf dem Schirm 1 ergibt.

Wir betrachten als Beispiel eine Stelle $x_{2/3}$, die sich auf zwei Drittel der Strecke zwischen dem Maximum x_0 und dem Minimum x_m befindet. Die Wahrscheinlichkeit, an der Stelle $x_{2/3}$ ein Elektron zu detektieren, ist sicher beträchtlich kleiner als an der Stelle x_0.

Gesucht ist eine präzise Voraussage für das Verhältnis der Wahrscheinlichkeiten $P(x_{2/3})/P(x_0)$.

Die Lösung ist in der folgenden Tabelle ausgeführt:

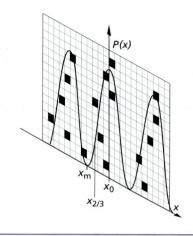

x_0 ist die Stelle, an der sich ein Maximum befindet. Der Phasenunterschied beträgt dort also 0°. Die Zeiger addieren sich zum roten Summenpfeil mit maximaler Länge 2. Für $P(x_0)$ erhalten wir also 4.	$P(x_0) = 4$
x_m ist die Stelle des 1. Minimums; hier liegt also ein Phasenunterschied von 180° vor. Folglich ist die Pfeilsumme 0 und damit auch die Wahrscheinlichkeit $P(x_0) = 0$.	$P(x_m) = 0$ — 180°
$x_{2/3} = \frac{2}{3} x_m$ Der Phasenunterschied an der Stelle $x_{2/3}$ beträgt demnach $\frac{2}{3} \cdot 180° = 120°$. Der Summenzeiger hat die Länge 1, für $P(x_{2/3})$ erhält man $P(x_{2/3}) = 1$. Also ist $P(x_{2/3}) : P(x_0) = 1 : 4$.	$P(x_{2/3}) = 1$ — 120°

Die Wahrscheinlichkeit, ein Elektron am Ort $x_{2/3} = \frac{2}{3} x_m$ zu detektieren, ist 4-mal kleiner als an der Maximumstelle x_0.

Welcher-Weg-Information gegen Interferenzmuster

Doppelspaltexperiment ohne Ortsmessung an den Spalten

Das Doppelspalt-Interferenzmuster widerlegt die klassische Vorstellung, dass das Quantenobjekt stets nur durch den einen oder den anderen Spalt geht.
Wenn ein Quantenobjekt nur durch einen Spalt gehen würde, dann würde es zu der entsprechenden Einzelspaltverteilung beitragen.
Man würde also von allen Quantenobjekten, die durch den linken Spalt gehen, eine Einzelspaltverteilung bekommen, ebenso von allen Quantenobjekten, die durch den rechten Spalt gehen.
Die entsprechenden Verteilungen für das Maß für die Verteilung $P(x)$ lassen sich dann folgendermaßen darstellen:

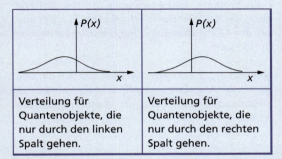

Verteilung für Quantenobjekte, die nur durch den linken Spalt gehen.	Verteilung für Quantenobjekte, die nur durch den rechten Spalt gehen.

Insgesamt würde man die Summe der Einzelspaltverteilungen erhalten (↗ Skizze in der rechten Spalte).
Tatsächlich erhält man jedoch bei solchen Experimenten ein Interferenzmuster (↗ Skizze unten).
Aus diesem Ergebnis kann man schließen, dass das Quantenobjekt nicht durch den einen oder den anderen Spalt geht. Die klassische Teilchenvorstellung versagt an dieser Stelle.

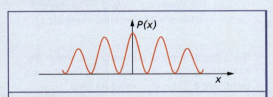

Verteilung für Quantenobjekte, die nicht entweder durch den linken oder durch den rechten Spalt gehen.

Das Interferenzmuster ist zugleich ein Beleg für den Wellencharakter von Quantenobjekten.

Doppelspaltexperiment mit Ortsmessung an den Spalten

Wenn man misst, durch welchen Spalt das Quantenobjekt geht, erhält man stets ein eindeutiges Ergebnis. Dies ist eigentlich überraschend, weil man ohne Ortsmessung nicht sagen kann, dass das Quantenobjekt durch genau einen der beiden Spalte geht. Man hat nun eine sogenannte **Welcher-Weg-Information.**
Es ist logisch konsequent, dass man nun das Interferenzmuster nicht mehr erhält. Stattdessen bekommt man die Summe der Einzelspaltverteilungen, so wie es die nachfolgende Darstellung zeigt.

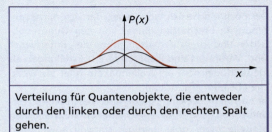

Verteilung für Quantenobjekte, die entweder durch den linken oder durch den rechten Spalt gehen.

Das ist ein Beispiel dafür, dass in der Quantenphysik die Ergebnisse eines Experiments durch eine Messung vollständig verändert werden.
Auch wenn man versucht, das Quantenobjekt möglichst wenig zu stören, gilt stets:
Wenn im Experiment eine Welcher-Weg-Information vorhanden ist, dann kann man das zugehörige Interferenzmuster nicht beobachten.

Dagegen kann man in der klassischen Physik den Einfluss einer Messung im Prinzip beliebig klein machen. Wenn man z. B. die Temperatur eines Körpers mit einem Thermometer misst, wird sie beeinflusst. Je kleiner der Messfühler des Thermometers ist, umso weniger ist das der Fall.

Ein weniger stark ausgeprägtes Interferenzmuster bekommt man, wenn die Welcher-Weg-Information nur unzuverlässig vorhanden ist. Allgemein gilt in der Quantenphysik:

Je mehr Welcher-Weg-Informationen man hat, umso schwächer wird das Interferenzmuster und umgekehrt.

Die anschauliche Darstellung von Quantenobjekten

Quantenobjekte sind weder kleine Kügelchen noch Wellen oder Wölkchen. Sie sind nichts von dem, was wir aus unserer Alltagserfahrung kennen. Es gibt kein klassisches Bild, mit dem man alle Eigenschaften von Quantenobjekten angemessen beschreiben bzw. erklären könnte.

Konsequent wäre es deshalb, wenn man bei der Beschreibung des Verhaltens von Quantenobjekten auf Bilder verzichten würde. Die Vermeidung einer anschaulichen Vorstellung, wie sich Quantenobjekte „unterwegs" verhalten, nennt man nach dem Wirkungsort des dänischen Physikers NIELS BOHR die **Kopenhagener Interpretation.**

Dennoch macht sich wohl jeder, der sich mit Quantenphysik beschäftigt, Bilder von den Quantenobjekten und ihrem Verhalten, wenn sie „unterwegs" sind. Verbreitet sind insbesondere Darstellungen als kleine Kügelchen, als Wellenpakete oder als Wölkchen (↗ Übersicht unten).
Je nachdem, welche Experimente beschrieben werden sollen, sind diese **verschiedenen anschaulichen Modelle** mehr oder weniger sinnvoll anwendbar. Entscheidend ist immer, ob diese vom Menschen ge-

schaffenen Ersatzobjekte plausible Beschreibungen, Erklärungen und beobachtungsnahe Voraussagen ermöglichen.

Betrachten wir als Beispiel das Quantenobjekt Elektron. Um z. B. den elektrischen Leitungsvorgang in einem metallischen Leiter zu beschreiben, ist es sinnvoll, die Elektronen als kleine Kügelchen anzusehen. Dieses Teilchenmodell ermöglicht es z. B., die Temperaturabhängigkeit des Widerstands eines metallischen Leiters zu erklären. Das Teilchenmodell ist auch angemessen, wenn die Bewegung von Elektronen in elektrischen oder magnetischen Feldern beschrieben wird.

Will man das Auflösungsvermögen eines Elektronenmikroskops charakterisieren, ist die Einbeziehung des Wellenmodells erforderlich. Es kann auch bei der Beschreibung von Interferenzexperimenten nützlich sein.

Soll aber z. B. beschrieben werden, wo sich ein Elektron in der Atomhülle aufhält, so ist die heute einzig angemessene Darstellung die Wahrscheinlichkeitswolke.

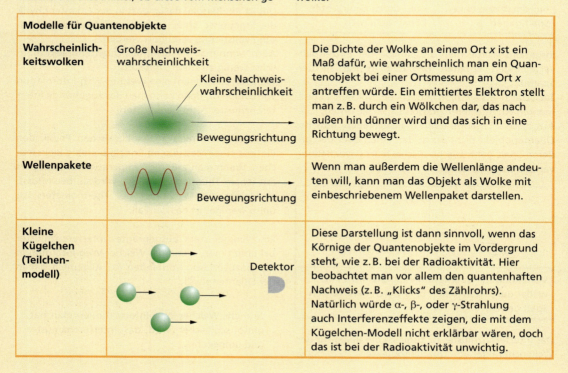

Modelle für Quantenobjekte		
Wahrscheinlichkeitswolken	Große Nachweiswahrscheinlichkeit / Kleine Nachweiswahrscheinlichkeit / Bewegungsrichtung	Die Dichte der Wolke an einem Ort x ist ein Maß dafür, wie wahrscheinlich man ein Quantenobjekt bei einer Ortsmessung am Ort x antreffen würde. Ein emittiertes Elektron stellt man z. B. durch ein Wölkchen dar, das nach außen hin dünner wird und das sich in eine Richtung bewegt.
Wellenpakete	Bewegungsrichtung	Wenn man außerdem die Wellenlänge andeuten will, kann man das Objekt als Wolke mit einbeschriebenem Wellenpaket darstellen.
Kleine Kügelchen (Teilchenmodell)	Detektor	Diese Darstellung ist dann sinnvoll, wenn das Körnige der Quantenobjekte im Vordergrund steht, wie z. B. bei der Radioaktivität. Hier beobachtet man vor allem den quantenhaften Nachweis (z. B. „Klicks" des Zählrohrs). Natürlich würde α-, β-, oder γ-Strahlung auch Interferenzeffekte zeigen, die mit dem Kügelchen-Modell nicht erklärbar wären, doch das ist bei der Radioaktivität unwichtig.

Anschauliche Beschreibung von Interferenzexperimenten mit Wahrscheinlichkeitswolken

Mithilfe der Quantentheorie können die Wahrscheinlichkeitswolken für verschiedene experimentelle Anordnungen berechnet werden. Darüber hinaus können mit diesen Wahrscheinlichkeitswolken viele experimentelle Ergebnisse sehr gut beschrieben werden.

Das gilt ebenfalls für Experimente, die man auch mit dem Wellenmodell beschreiben könnte, etwa für Experimente zur Interferenz. Wir geben hier zwei Beispiele und beschränken uns dabei auf die anschauliche Beschreibung, ohne auf die mathematisch anspruchsvollen Berechnungen einzugehen.

Beispiel 1:   Beschreibung eines Doppelspaltexperiments

Beim Erreichen des Doppelspalts muss die Wahrscheinlichkeitswolke mindestens so breit sein wie der Spaltabstand. Das bedeutet: Bei einer Ortsmessung kann das Quantenobjekt an beiden Spalten nachgewiesen werden.

Hinter dem Doppelspalt beginnt die Wolke zu klumpen. Man könnte bereits hier einen Schirm aufstellen, auf dem die Maxima dichter liegen würden, als wenn man den Abstand größer wählt.

Bei der Detektion zieht sich die Wolke auf Detektorgröße zusammen. Die Klumpen im vorigen Bild zeigen an, an welchen Stellen dies besonders wahrscheinlich ist.

Beispiel 2:   Interferometerexperiment mit Wahrscheinlichkeitswolken

An einem Spiegel wird die Wolke reflektiert, weil das Quantenobjekt anschließend nur noch in der neuen Richtung nachgewiesen werden kann.

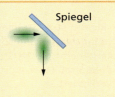
Spiegel

Entsprechend wird die Wolke an einem Strahlteiler geteilt.

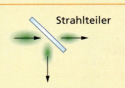
Strahlteiler

Im Interferometerexperiment (↗ S. 30) teilt sich die Wolke am ersten Strahlteiler, breitet sich in zwei Hälften entlang der zwei Wege aus und bildet hinter dem letzten Strahlteiler Klumpen. Das ist in den nachfolgenden Bildern 1–4 dargestellt. Bei der Detektion zieht sich die Wolke wieder auf Detektorgröße zusammen.

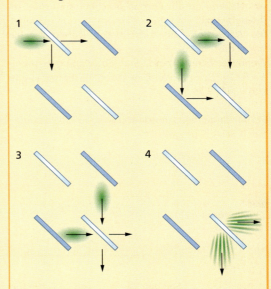

Bei allen solchen Darstellungen muss klar sein: Es handelt sich um ein Modell, mit dem ein realer Vorgang beschrieben bzw. erklärt werden soll. Und jedes Modell ist ein von Menschen für einen bestimmten Zweck geschaffenes Ersatzobjekt, das nur innerhalb bestimmter Grenzen sinnvoll angewendet werden kann.

Photonen im Interferometer

Das Verhalten einzelner Photonen

Ein idealer 50 %-Strahlteiler soll genau 50 % des Lichts durchlassen und 50 % reflektieren.
Hinter einem solchen Strahlteiler kann man einen zweiten Strahlteiler aufstellen, so wie das nachfolgend skizziert ist.

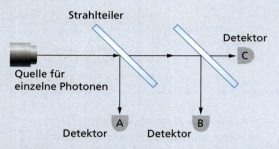

Man könnte vielleicht erwarten, dass ein hindurchgelassenes Photon die Eigenschaft „wird an Strahlteilern durchgelassen" hat. Das ist aber nicht so. An jedem weiteren Strahlteiler entscheidet der Zufall von Neuem, ob das Photon durchgelassen oder reflektiert wird.
Die Wahrscheinlichkeit dafür, dass Detektor A ein Signal gibt, ist P(A) = 50 %.
Wenn Detektor A kein Signal gibt, dann geben entweder Detektor B oder Detektor C ein Signal. Es gilt: P(B) = P(C) = 25 %.

Bei der folgenden Anordnung werden die Photonen durch Spiegel umgelenkt.

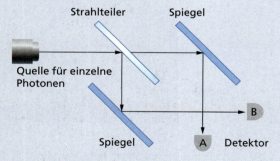

In diesem Fall wird das einzelne Photon am Strahlteiler entweder hindurchgelassen oder reflektiert. Die Wahrscheinlichkeit dafür beträgt 50 %. An den Spiegeln erfolgt Reflexion, sodass für die Wahrscheinlichkeiten an den Detektoren A und B gilt: P(A) = P(B) = 50 %.

Wenn man einen weiteren Strahlteiler wie in der Abbildung unten einbringt, so erhält man eine Anordnung, die man **Interferometer** nennt.

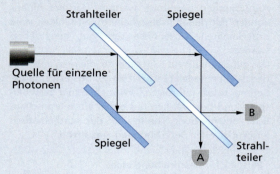

Auch hier erwartet man, dass sich die Detektionshäufigkeiten im Rahmen des Zufalls gleichmäßig auf die beiden Detektoren A und B aufteilen. Photonen, die im Bild von oben auf den zweiten Strahlteiler kommen, sollten zur Hälfte durchgelassen und zur Hälfte reflektiert werden. Genauso sollte das mit den Photonen von links geschehen.
Bei diesem Experiment stellt man jedoch fest, dass Detektor A kein Photon nachweist, Detektor B hingegen alle. Mit der Vorstellung eines Photons als Teilchen ist das nicht zu erklären.

Hier zeigt sich die Wellennatur der Photonen. Wenn die Weglängen über die beiden Spiegel gleich groß sind, gibt es an Detektor B konstruktive Interferenz und damit Verstärkung. Die Photonen, die zum Detektor B gelangen, werden auf jedem der beiden Wege zweimal reflektiert. Im Wellenbild formuliert besteht damit zwischen ihnen keine Phasendifferenz. Gleichzeitig gibt es bei Detektor A aufgrund von Phasensprüngen bei der Reflexion destruktive Interferenz und damit Auslöschung.
Wenn man durch Verschieben eines Spiegels einen der beiden Wege etwas länger macht, dann ist es umgekehrt: Nur Detektor A weist Photonen nach, Detektor B dagegen nicht. Wenn man die Signalhäufigkeit von Detektor B über der Weglänge aufträgt, erhält man ein Interferenzmuster (↗ S. 31, Abb. 1).
Solche Interferometer ermöglichen es, Längenunterschiede sehr genau zu bestimmen, da die Wellenlänge des verwendeten Lichts als Einheit genutzt wird. Bei dem physikhistorisch wichtigen Experiment von MICHELSON zum Nachweis eines Äthers wurde mit einem Interferometer gearbeitet.

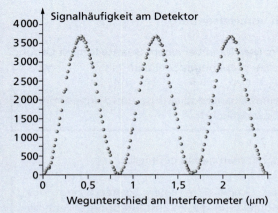

1 Grafik nach Originaldaten aus dem Quantenoptik-Labor der Universität Erlangen.

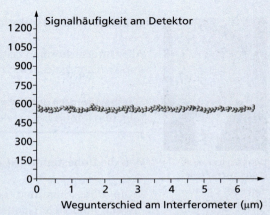

2 Bei einer Detektion mit Welcher-Weg-Information ist kein Interferenzmuster feststellbar.

Experiment mit Welcher-Weg-Information

Nutzt man das auf S. 30 in der rechten Spalte skizzierte Interferometer und verändert man durch Verschieben eines Spiegels die Länge eines der beiden Wege zu den Detektoren, dann erhält man einen Zusammenhang zwischen der Signalhäufigkeit an einem Detektor und dem Wegunterschied. Abb. 1 zeigt den typischen Verlauf des Graphen. Es treten ausgeprägte Minima und Maxima auf, wie das bei Interferenz zu erwarten ist.

Völlig andere Ergebnisse hat ein Experiment mit einer Welcher-Weg-Information. Eine Welcher-Weg-Information kann man erhalten, wenn man das Photon auf dem oberen Weg anders polarisiert als auf dem unteren Weg. Das erreicht man durch Einbringen von Polarisationsfiltern mit unterschiedlicher Ausrichtung in den Strahlengang, so wie es nachfolgend skizziert ist.

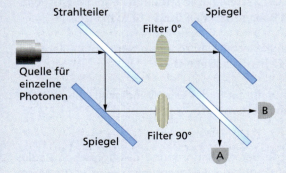

In diesem Fall mit Welcher-Weg-Information kann man tatsächlich kein Interferenzmuster beobachten (↗ Abb. 2).

Das Quantenradierer-Experiment

Wenn nun allerdings die Welcher-Weg-Information gelöscht wird, bevor das Photon den Detektor erreichen kann, dann kann man wieder ein Interferenzmuster beobachten. Erreicht wird das durch ein weiteres Polarisationsfilter, das man in Zwischenstellung (also auf 45°) vor den Detektoren aufstellt.

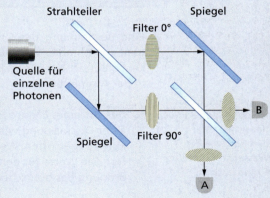

Nun trägt das Photon bei der Detektion keine Welcher-Weg-Information mehr, die Information ist gewissermaßen ausradiert. Man nennt dieses Experiment deshalb **Quantenradierer-Experiment** oder kurz Quantenradierer.

Weitere Hinweise zu Quantenradierern sind im Internet zu finden, darunter auch Hinweise zu Experimenten, die mit schulischen Mitteln realisierbar sind. Entscheidend ist: Für das Auftreten eines Interferenzmusters kommt es darauf an, ob die Apparatur zum Zeitpunkt der Detektion eine Welcher-Weg-Information enthält.

WERNER HEISENBERG (1901–1976) war einer der bedeutendsten theoretischen Physiker des 20. Jahrhunderts. Die berühmte Unbestimmtheitsrelation, auch **Unschärferelation** genannt, stellte er 1927 auf. 1932 erhielt er dafür den Nobelpreis für Physik.

Unbestimmtheitsrelation von Heisenberg

Alle Untersuchungen zeigen: Man kann bei einem Quantenobjekt Ort und Impuls nicht gleichzeitig genau präparieren. Vielmehr gilt:

> Je bestimmter der Ort x eines Quantenobjekts ist, umso unbestimmter ist sein Impuls $p = m \cdot v$ und umgekehrt.

Was die **Unbestimmtheit** ist, hat man genau definiert:

> Die Unbestimmtheit einer Größe G in einem Zustand zeigt sich, wenn man viele Quantenobjekte in diesen Zustand bringt. Wenn die Größe G bestimmt ist, bekommt man immer das gleiche Messergebnis. Je größer die Streuung ΔG der Messergebnisse ist, umso unbestimmter ist der Zustand bezüglich G.

Mit dieser Definition hat WERNER HEISENBERG aus der Quantentheorie die berühmte **Unbestimmtheitsrelation** hergeleitet. Für die Größen Ort x und Impuls p lautet sie:

$$\Delta x \cdot \Delta p \geq \frac{h}{4\pi} \qquad\qquad h = 6{,}626 \cdot 10^{-34}\ \text{J} \cdot \text{s}$$

Eine Bestimmung des Ortes eines Quantenobjekts durch eine Messung geht somit immer zu Lasten der Bestimmtheit seines Impulses und umgekehrt. Betrachten wir als Beispiel Ort und Geschwindigkeit eines Elektrons in der Atomhülle.

Als bohrschen Radius bezeichnet man den Radius eines Wasserstoffatoms im Grundzustand.

■ Der Ort eines Elektrons in der Atomhülle ist nicht genau bestimmt. Bei einer Ortsmessung wird das gebundene Elektron stets in der Nähe des Kerns angetroffen. Wenn man die Messung mehrfach macht, stellt man fest: Die Werte für den Ort x streuen. Die Streuung liegt in der Größenordnung des bohrschen Radius: $\Delta x \approx r_B = 0{,}529 \cdot 10^{-10}$ m.

Wenn man die Geschwindigkeit von Elektronen in der Atomhülle misst, werden die Messergebnisse ebenfalls streuen.

■ Wie groß ist die Unbestimmtheit in der Geschwindigkeit, die ein Elektron in der Atomhülle mindestens hat?

Lösung:
Die Ortsunschärfe liegt in der Größenordnung des bohrschen Radius $\Delta x = 0{,}0529$ nm. Für den Impuls des Elektrons gilt: $p = m \cdot v$. Die Masse des Elektrons zeigt keine Unbestimmtheit. Deshalb kann man für den Impuls schreiben:

$$\Delta p = m \cdot \Delta v$$

Mit der heisenbergschen Unbestimmtheitsrelation folgt:

$$\Delta x \cdot \Delta p = \Delta x \cdot m \cdot \Delta v \geq \frac{h}{4\pi}$$

Die Umstellung nach Δv ergibt:

$$\Delta v \geq \frac{h}{4\pi \cdot m \cdot \Delta x}$$

$$\Delta v \geq \frac{6,626 \cdot 10^{-34}\ \text{J} \cdot \text{s}}{4\pi \cdot 9,109 \cdot 10^{-31}\ \text{kg} \cdot 0,529 \cdot 10^{-10}\ \text{m}} \approx \underline{1\,000\ \tfrac{\text{km}}{\text{s}}}$$

Für die Einheiten gilt:

$$1\ \frac{\text{J} \cdot \text{s}}{\text{kg} \cdot \text{m}} = 1\ \frac{\text{kg} \cdot \text{m}^2 \cdot \text{s}}{\text{s}^2 \cdot \text{kg} \cdot \text{m}} =$$

$$1\ \tfrac{\text{m}}{\text{s}} = 10^{-3}\ \tfrac{\text{km}}{\text{s}}$$

Ergebnis:
Bei Messungen der Geschwindigkeit von Elektronen im Atom würde man im Schnitt Abweichungen von mindestens 1 000 km/s erhalten.

Die unterschiedlichen Messergebnisse liegen nicht daran, dass die Elektronen bereits vorher unterschiedliche Geschwindigkeiten haben.
Auch wenn man sich das nicht vorstellen kann: Die Elektronen hatten vor der Messung keine Geschwindigkeit.

Ein Objekt hat genau dann eine Bahn, wenn zu jedem Zeitpunkt sein Ort bestimmt ist. Daraus kann man auch die Geschwindigkeit und den Impuls des Objekts zu jedem Zeitpunkt ausrechnen. Da Ort und Impuls der Quantenobjekte unbestimmt sind, kann man auch nicht mehr davon sprechen, dass sich Quantenobjekte auf Bahnen bewegen. Somit gilt:

> **Quantenobjekte bewegen sich nicht auf Bahnen.**

Insbesondere bewegen sich Elektronen im Atom nicht auf Kreis- oder anderen Bahnen. Die Frage, wo sich ein Elektron im Atom aufhält, kann nicht beantwortet werden. Man kann nur angeben, mit welcher Wahrscheinlichkeit es an einem bestimmten Ort nachgewiesen wird. Anschaulich lässt sich das mit dem Orbitalmodell (↗ S. 63, 65 f.) darstellen.

Atommodelle, bei denen sich Elektronen auf Bahnen bewegen, widersprechen Erkenntnissen der Quantenphysik. Trotzdem können solche Modelle an bestimmten Stellen nützlich sein.

■ Überprüfen Sie durch eine grobe Abschätzung, ob Heisenbergs Unbestimmtheitsrelation für die Leuchtspur der Elektronen in einem Fadenstrahlrohr gilt!

Analyse:
Die Breite des Fadenstrahls beträgt etwa 1 mm. Das ist auch etwa die Ortsunbestimmtheit quer zur Strahlrichtung: $\Delta x \approx 10^{-3}$ m.
Die Geschwindigkeitsunsicherheit in diese Richtung beträgt etwa eine Strahlbreite pro Umlaufzeit. Damit ist

$$\Delta v \approx \frac{\Delta x}{T} \approx 10^5\ \tfrac{\text{m}}{\text{s}}.$$

Das Produkt der Unbestimmtheiten beträgt mit gerundeten Werten:

$$\Delta x \cdot \Delta p = \Delta x \cdot m \cdot \Delta v \approx 10^{-3}\ \text{m} \cdot 10^{-30}\ \text{kg} \cdot 10^5\ \tfrac{\text{m}}{\text{s}} \approx 10^{-28}\ \text{J} \cdot \text{s}$$

10^{-28} J · s ist wesentlich größer als $\frac{h}{4\pi} \approx 5 \cdot 10^{-35}$ J · s.

Typische Daten sind:

$$v = \tfrac{1}{10}\ c;\ r = 5,0\ \text{cm}$$

Damit beträgt die Umlaufzeit:

$$T = \frac{2\pi \cdot r}{v} \approx 10^{-8}\ \text{s}$$

✪ Interferenzmuster bei makroskopischen Objekten

Ein anderer Grund ist, dass die Wechselwirkung mit der Umgebung ein **Interferenzmuster** verhindert. Je größer ein Objekt ist, desto schlechter kann es von seiner Umgebung isoliert werden.

Interferenzmuster deuten auf die Unbestimmtheit in Spaltexperimenten hin. Sie werden auch bei großen Molekülen, z. B. den Fullerenen, beobachtet. Dagegen wird bei makroskopischen Objekten kein Interferenzmuster festgestellt. Beim Schießen auf eine Torwand mit zwei Öffnungen erhält man mit Sicherheit kein Interferenzmuster hinter der Torwand.

Ein Grund dafür ist: Die de-Broglie-Wellenlängen von makroskopischen Objekten sind außerordentlich klein. Der Abstand zwischen den Spalten kann aber nicht kleiner gewählt werden, als der Atomabstand in Kristallen. Derart kleine Wellenlängen führen dazu, dass die Abstände zwischen den Maxima so klein werden, dass sie nicht beobachtbar sind. Betrachten wir dazu ein Beispiel.

Der Abstand zweier Interferenzmaxima ist in der Optik s_k. In der Quantenphysik wird der Abstand (Ort) mit x bezeichnet, so wie das auch in der Mechanik üblich ist.

■ a) Welche de-Broglie-Wellenlänge haben ein Ball (m = 1,0 kg) und ein Staubkorn (m = 1,0 µg), beide mit der Geschwindigkeit 10 m/s.

b) Welcher Abstand zweier Maxima im Doppelspaltmuster ergibt sich jeweils theoretisch, wenn der Spaltabstand 1 nm und der Abstand Spalt–Schirm 10 m betragen?

Analyse:
Die de-Broglie-Wellenlänge kann nach $\lambda = \frac{h}{p}$ mit $p = m \cdot v$ berechnet werden. Für den Abstand zweier Interferenzmaxima gilt beim Doppelspalt wie in der Optik $x = e \cdot \frac{\lambda}{b}$. Dabei ist e der Abstand Spalt–Schirm, λ die Wellenlänge und b der Spaltabstand.

Gesucht: λ, x
Gegeben: m_1 = 1,0 kg b = 1 nm
          m_2 = 1,0 µg e = 10 m
          $v_1 = v_2$ = 10 m·s^{-1} h = 6,626 · 10^{-34} J·s

Lösung:
a) Für die de-Broglie-Wellenlänge gilt $\lambda = \frac{h}{m \cdot v}$. Damit erhält man:

$$\lambda_1 = \frac{6{,}626 \cdot 10^{-34}\,\text{J} \cdot \text{s}}{1{,}0\,\text{kg} \cdot 10\,\text{m} \cdot \text{s}^{-1}} \approx \underline{10^{-34}\,\text{m}} \qquad \lambda_2 = \frac{6{,}626 \cdot 10^{-34}\,\text{J} \cdot \text{s}}{1{,}0\,\text{µg} \cdot 10\,\text{m} \cdot \text{s}^{-1}} \approx \underline{10^{-28}\,\text{m}}$$

b) Für den Abstand zweier Maxima gilt die oben genannte Gleichung:

$$x_1 = 10\,\text{m} \cdot \frac{10^{-34}\,\text{m}}{10^{-9}\,\text{m}} \approx \underline{10^{-24}\,\text{m}} \qquad x_2 = 10\,\text{m} \cdot \frac{10^{-28}\,\text{m}}{10^{-9}\,\text{m}} \approx \underline{10^{-18}\,\text{m}}$$

Der Grund für die kleinen Wellenlängen ist, dass das **plancksche Wirkungsquantum** so klein ist. Nur für Objekte, deren Masse deutlich kleiner als 10^{-20} kg ist, existieren Spaltsysteme, die ein auflösbares Interferenzmuster erzeugen.

Ergebnis:
Die de-Broglie-Wellenlängen würden für den Ball etwa 10^{-34} m und für das Staubkorn etwa 10^{-28} m betragen. Bei Interferenz am Doppelspalt würde der Abstand der Interferenzmaxima 10^{-24} m bzw. 10^{-18} m betragen. Das ist erheblich weniger als der Durchmesser eines Atomkerns.

Ausnahmen sind z. B. supraleitende Ringe, Bose-Einstein-kondensierte Gase oder Mikromagnete.

> Für makroskopische Objekte sind in der Regel keine Quanteneffekte beobachtbar.

Eigenschaften von Quantenobjekten

Ein Effekt, der nur quantenphysikalisch erklärt werden kann, ist der **äußere Fotoeffekt**. Die Energiebilanz für diesen Effekt lautet:

$$h \cdot f = W_A + E_{kin}$$

In Verbindung mit dem Diagramm (Einstein-Gerade) ergeben sich folgende Zusammenhänge:

$$f_G = \frac{W_A}{h} \qquad h = \frac{\Delta E_{kin}}{\Delta f}$$

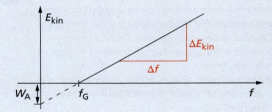

Photonen oder **Lichtquanten** sind Quantenobjekte mit Energie und Impuls. Photonen haben Teilchencharakter.

Energie eines Photons	Masse eines Photons	Impuls eines Photons
$E = h \cdot f$	$m = \frac{E}{c^2} = \frac{h \cdot f}{c^2} = \frac{h}{\lambda \cdot c}$	$p = \frac{E}{c} = \frac{h \cdot f}{c^2} = \frac{h}{\lambda}$

Bei der Bestrahlung von Kristallen mit Elektronen tritt Interferenz auf. Elektronen haben Wellencharakter. Interferenz tritt auch bei anderen Quantenobjekten auf.

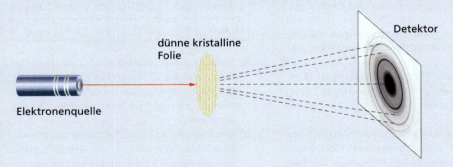

Quantenobjekten kann eine Wellenlänge zugeordnet werden, die als **de-Broglie-Wellenlänge** bezeichnet wird.

$$\lambda = \frac{h}{p} = \frac{h}{m \cdot v}$$

Für Quantenobjekte (Elektronen, Protonen, Neutronen, Photonen, Atome, Moleküle) gilt:
– Das Verhalten einzelner Quantenobjekte kann in der Regel nicht vorhergesagt werden. Für eine größere Anzahl von Quantenobjekten kann man Wahrscheinlichkeitsaussagen treffen.
– Quantenobjekte bewegen sich nicht auf Bahnen.
– Je bestimmter der Ort x eines Quantenobjekts ist, umso unbestimmter ist sein Impuls p. Die **heisenbergsche Unbestimmtheitsrelation** lautet:

$$\Delta x \cdot \Delta p \geq \frac{h}{4\pi}$$

– Quantenobjekte sind weder Wellen noch Teilchen. Sie haben vielmehr stets gleichzeitig etwas Welliges, etwas Körniges und etwas Stochastisches. Trotzdem gibt es Situationen, in denen als gute Näherung das Teilchenmodell oder das Wellenmodell angewendet werden kann.

Aufgaben

1. Licht kann mit dem Strahlenmodell, dem Wellenmodell oder einem Teilchenmodell beschrieben werden. Die Modelle sind jeweils für die Beschreibung unterschiedlicher Effekte geeignet.
   a) Welche Aufgaben hat allgemein ein Modell in der Physik?
   b) Nennen und erläutern Sie Phänomene, die jeweils mit einem der Modelle beschrieben werden können!
   c) Es gibt Phänomene, die mit dem Strahlen- und dem Wellenmodell beschrieben werden können (↗ S. 10). Erläutern Sie ein Beispiel!
   d) Argumentieren Sie, wieso das Wellenmodell beim Fotoeffekt versagt! Gehen Sie darauf ein, welches experimentelle Ergebnis man im Wellenbild nicht erklären kann!

*2. In der Geschichte der Physik hat es immer wieder heftigen Streit darüber gegeben, was Licht eigentlich ist. Als Beispiele seien die Namen NEWTON, HUYGENS, YOUNG, FRESNEL und EINSTEIN genannt.
   a) Erkunden Sie, welche Auffassungen die genannten Wissenschaftler über das Wesen von Licht hatten!
   b) Stellen Sie zum Thema „Auffassungen über das Wesen des Lichts in der Geschichte" eine Präsentation zusammen!

3. Eine Fotokatode wird mit monochromatischem Licht bestrahlt. Dadurch werden Elektronen emittiert. In systematischen Versuchen werden die Frequenz und die Intensität variiert.
   a) Es wird Licht gleicher Frequenz, aber höherer Intensität verwendet. Sagen Sie voraus, was dadurch bewirkt wird!
   b) Es wird Licht höherer Frequenz, aber gleicher Intensität verwendet. Welche Effekte sind damit verbunden?

4. Licht mit einer Wellenlänge von 400 nm löst aus einem Metall Elektronen mit einer Maximalenergie von 1,8 eV heraus.
   a) Berechnen Sie die Austrittsarbeit für das Metall sowie die Grenzfrequenz!
   b) Begründen Sie, wieso sich das Auftreten einer Grenzfrequenz physikalisch nicht deuten lässt, wenn man vom Wellencharakter des Lichts ausgeht!

5. Die fundamentale Naturkonstante plancksches Wirkungsquantum h kann mithilfe des äußeren lichtelektrischen Effekts bestimmt werden.
   a) Was versteht man unter dem äußeren lichtelektrischen Effekt?
   b) Wie kann man den äußeren lichtelektrischen Effekt experimentell nachweisen? Beschreiben Sie ein Experiment!
   c) Beschreiben Sie eine Experimentieranordnung zur Bestimmung des planckschen Wirkungsquantums sowie das experimentelle Vorgehen!
   Leiten Sie eine Gleichung ab, mit der das plancksche Wirkungsquantum berechnet werden kann!

6. Bestrahlt man die Katode einer Vakuumfotozelle mit Licht verschiedener Wellenlängen, so werden die in der Tabelle angegebenen Gegenspannungen gemessen. Das sind die Spannungen, bei denen jeweils gerade kein Fotostrom mehr fließt.

λ in nm	400	450	500	550	600
U_G in V	1,25	0,90	0,62	0,40	0,17

   a) Stellen Sie den Zusammenhang zwischen der Frequenz des einfallenden Lichts und der Bewegungsenergie der schnellsten Fotoelektronen grafisch dar! Interpretieren Sie das Diagramm!
   b) Ermitteln Sie aus dem Diagramm das plancksche Wirkungsquantum, die Grenzfrequenz und die für das Katodenmaterial charakteristische Austrittsarbeit!
   c) Berechnen Sie die Geschwindigkeiten der Fotoelektronen!

7. Licht der Wellenlänge 300 nm trifft auf eine Caesiumschicht, die eine Fläche von 1,0 cm^2 und eine Austrittsarbeit von 2,0 eV hat. Die Stärke der Bestrahlung beträgt 2,0 W·m^{-2}.
   a) Berechnen Sie die Energie eines Lichtquants!
   b) Wie viele Photonen treffen jede Sekunde auf die bestrahlte Fläche?
   c) Welche maximale kinetische Energie besitzt ein durch Fotoeffekt aus dem Caesium herausgelöstes Elektron? Geben Sie die Energie in J und eV an!
   d) Welche maximale Gegenspannung könnte das Elektron überwinden?

8. Praktisch ruhende Elektronen werden in einem elektrischen Feld auf eine Geschwindigkeit von $v = 2{,}65 \cdot 10^7\ \frac{m}{s}$ beschleunigt.
    a) Welche elektrische Spannung müssen diese Elektronen dabei durchlaufen?
    *b) Angenommen, man wollte Elektronen dieser Geschwindigkeit in einem Fotoeffekt-Experiment erzeugen. Welche Wellenlänge müsste die einfallende elektromagnetische Strahlung haben?

*9. Auf ein Metallplättchen der Masse 0,5 g wird ein Lichtblitz geschossen. Das Plättchen schwingt um einen gewissen Winkel nach oben. Daraus wird ermittelt, dass das Plättchen mit 1,0 m/s angestoßen wurde.
    a) Wie groß ist der übertragene Impuls p_L?
    b) Wie groß ist die Energie eines Photons, wenn das Licht die Wellenlänge 500 nm hat?
    c) Wie viele Photonen enthielt der Lichtblitz?
    d) Wenn der Gesamtimpuls des Lichtblitzes p_L ist, welchen Impuls hat dann ein Photon dieses Lichtblitzes? Verwenden Sie die Ergebnisse von a) und c)!
    e) Welche Energie enthielt der Lichtblitz?

10. Inwiefern verhält sich ein Elektron in einem Doppelspaltexperiment anders als ein klassisches Teilchen? Fertigen Sie eine vergleichende Übersicht an! Gehen Sie dabei auf die „Welcher-Weg-Frage" ein und entwerfen Sie dazu ein Gedankenexperiment!

11. Protonen werden durch eine Spannung von 200 kV beschleunigt.
    a) Wie groß ist dann ihre kinetische Energie?
    b) Welche Wellenlänge kann diesen Protonen zugeordnet werden? Vergleichen Sie diese Wellenlänge mit der Wellenlänge von grünem Licht (500 nm)!

12. Ein monochromatischer Elektronenstrahl wird auf einen Doppelspalt gelenkt. Hinter dem Doppelspalt registriert man eine bestimmte Verteilung.

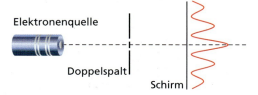

Elektronenquelle
Doppelspalt
Schirm

a) Welche Schlussfolgerungen kann man aus diesem Experiment ziehen?
b) Die den Elektronen zugeordnete Wellenlänge beträgt $4{,}3 \cdot 10^{-12}$ m. Wie groß ist die kinetische Energie der Elektronen?
c) Stellen Sie für Spannungen bis 10 kV die Abhängigkeit der Wellenlänge, die man Elektronen zuordnen kann, von dieser Beschleunigungsspannung grafisch dar! Interpretieren Sie das Diagramm!

13. Vorher ruhende Elektronen werden mit der Spannung 1,5 kV beschleunigt.
    a) Welche Energie und welche Geschwindigkeit haben sie danach?
    b) Berechnen Sie die de-Broglie-Wellenlänge dieser Elektronen!
    c) Die Elektronen werden von einem Gitter mit 528 Spalten/mm gebeugt und treffen auf einen Leuchtschirm. Skizzieren Sie den Sachverhalt! Unter welchem Winkel erwartet man das 1. Beugungsmaximum? Welchen Abstand haben die hellen Stellen, wenn der Leuchtschirm 10 m vom Gitter entfernt ist?

14. Durch die abgebildete Anordnung von Strahlteilern werden Photonen geschickt und durch die Detektoren A, B und C registriert. Beide Strahlteiler lassen jeweils 50 % des Lichts hindurch und reflektieren 50 %.

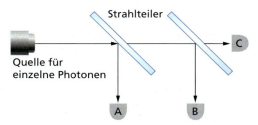

Strahlteiler
Quelle für einzelne Photonen
C
A
B

a) Es werden vier einzelne Photonen durch die Anordnung geschickt. Welche Messergebnisse können dabei auftreten?
b) Anschließend schickt man nacheinander 4 000 einzelne Photonen durch die Anordnung. Welche Messergebnisse sind nun zu erwarten? Begründen Sie!

*15. Informieren Sie sich im Internet über das Experiment von ARNDT und ZEILINGER zur Interferenz von Fulleren-Molekülen! Bereiten Sie ein Referat vor, in dem Sie auf den Aufbau des Experiments und auf seine Ergebnisse eingehen!

*16. In einem Artikel in den „Physikalischen Blättern" Jahrgang 2000/56 von Prof. MARKUS ARNDT und Prof. wANTON ZEILINGER von der Universität Wien heißt es (Text leicht verändert):

„In einem Experiment in unserer Gruppe in Wien haben wir vor kurzem Interferenzen von de-Broglie-Wellen der Fullerene C_{60} bei Beugung an einem materiellen Gitter beobachtet. Dabei traten die Moleküle aus einem Ofen, der auf einer Temperatur von rund 900 K gehalten wurde, und zwar mit einer breiten Geschwindigkeitsverteilung mit einem Maximum bei 200 m/s.

Gebeugt wurden die Fullerene durch ein Gitter in einer Entfernung von etwa 1,2 m hinter dem Ofen. Das Gitter bestand aus einer freitragenden SiN_x-Struktur mit 50 nm breiten Spalten und einer Periode [= Gitterkonstante] von 100 nm. Der Detektor war 1,25 m hinter dem Gitter angebracht und hatte eine Ortsauflösung von etwa 5 µm. [Der Detektor konnte parallel zum Gitter verschoben werden und registrierte einzelne Fullerenmoleküle.] Ein experimentelles Beugungsbild ist in dem Diagramm wiedergegeben. [Aufgetragen ist die Zahl der Detektionen eines einzelnen Fullerens in Abhängigkeit von der Detektorposition.]"

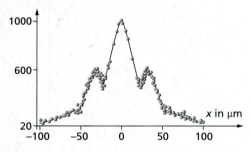

a) Berechnen Sie mithilfe der Daten, die in Text und Diagramm gegeben sind, so genau wie möglich die de-Broglie-Wellenlänge und die Masse der verwendeten Fulleren-Moleküle! Vergleichen Sie diesen Wert mit der Masse von C_{60} (60 Kohlenstoffatome)!

b) Zeigen Sie, dass mit der gegebenen Anordnung die Maxima 2. Ordnung nicht beobachtet werden konnten!

c) Inwiefern weicht die Kurve von der theoretisch nach dem Wellenmodell erwarteten Intensitätskurve eines Gitters ab und wie kann man die beobachtete Abweichung durch die Geschwindigkeitsverteilung der Fullerene erklären?

17. Die heisenbergsche Unbestimmtheitsrelation lautet: $\Delta x \cdot \Delta p \geq \dfrac{h}{4\pi}$
Dabei sind x der Ort und p der Impuls.
a) Interpretieren Sie diesen Ausdruck!
b) In der heisenbergschen Unbestimmtheitsrelation möge das Gleichheitszeichen gelten. Stellen Sie für diesen Fall Δx in Abhängigkeit von Δp grafisch dar! Wählen Sie dazu sinnvolle Achseneinteilungen! Interpretieren Sie das Diagramm!
c) Die Geschwindigkeit eines 500 g schweren Balls lässt sich bestenfalls bis auf ±1 mm·s⁻¹ genau bestimmen.
Welche Größenordnung ergibt sich daraus für die Ortsunschärfe des Balls? Diskutieren Sie das Ergebnis!

*18. Mit einzelnen senkrecht polarisierten Photonen wird ein Doppelspaltexperiment durchgeführt. Vor jedem Spalt befindet sich je ein Polarisationsfilter. Deren Vorzugsrichtungen stehen senkrecht aufeinander.

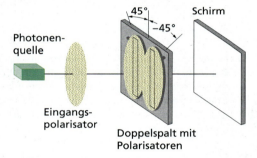

Begründen Sie, warum die Photonen nicht zu einem Doppelspalt-Interferenzmuster beitragen!

*19. Wassermoleküle werden auf einen Dreifachspalt geschossen und dahinter auf einem Schirm aufgefangen.
Warum müssen die Wassermoleküle alle etwa die gleiche Geschwindigkeit haben, damit nach vielen Wiederholungen des Versuchs ein deutliches Interferenzmuster entsteht?

20. Der Wellencharakter von Elektronen wird bei der Elektronenmikroskopie genutzt.
Fertigen Sie zum Aufbau und zur Wirkungsweise eines Elektronenmikroskops eine Präsentation an! Gehen Sie dabei auch auf die historische Entwicklung ein!

2 Ein Atommodell der Quantenphysik

2.1 Beschreibung eines Elektrons im eindimensionalen Potenzialtopf

Entwicklung der Vorstellungen vom Atom

Vorstellungen über den **Aufbau der Stoffe** aus kleinsten Teilchen gab es bereits in der Antike. Ein Vertreter dieser Auffassung war der griechische Philosoph DEMOKRIT (5. Jh. v. Chr.). Fundierte Vorstellungen über Atome (abgeleitet vom griechischen *atomos* = das Unteilbare) entwickelten sich erst ab Beginn des 20. Jahrhunderts.

Alle Stoffe um uns herum und auch wir selbst sind aus Atomen aufgebaut. Anknüpfend an antike Vorstellungen entwickelte der englische Naturforscher JOHN DALTON (1766–1844) eine Atomhypothese zur Erklärung der Gesetze für chemische Reaktionen. Eine Präzisierung dieser Vorstellungen aus physikalischer Sicht erfolgte in der zweiten Hälfte des 19. Jahrhunderts in der kinetischen Theorie der Wärme. Dabei ging es zunächst um die grundlegende Frage, ob es Atome wirklich gibt oder ob sie nur eine hilfreiche Modellvorstellung sind. Diese Frage wurde erst zu Beginn des 20. Jahrhunderts geklärt.

In der zweiten Hälfte des 19. Jahrhunderts waren weder die Quantentheorie noch die Relativitätstheorie bekannt. Es gab keine Elektronenmikroskope und keine Computer zur Auswertung von Experimenten. Und trotzdem waren – vor allem aus elektrochemischen Untersuchungen – erste Vorstellungen darüber vorhanden, wie die kleinsten Bausteine der Materie beschaffen sein könnten. Aus chemischen Untersuchungen ergab sich:

In einem Gramm eines Stoffs sind ca. 10^{22} Atome enthalten. Die Anzahl von Atomen je Mol beträgt $6{,}022 \cdot 10^{23}$.

Ein Beispiel ist der aus dem bisherigen Physikunterricht bereits bekannte **Ölfleckversuch.**

Durch verschiedene Experimente kam man auch zur Abschätzung der Größe und der Masse von Atomen.

Die Masse von Atomen liegt zwischen 10^{-27} kg und 10^{-24} kg, ihr Radius in einer Größenordnung von 10^{-10} m.

Informationen zu diesen Versuchen finden Sie im Internet.

Gegen Ende des 19. Jahrhunderts machten Physiker Experimente, die darauf hinwiesen, dass die Atome nicht unteilbar, sondern zusammengesetzt sind. Genannt seien als Beispiele der von HALLWACHS entdeckte lichtelektrische Effekt (↗ S. 8 f.), die Versuche von LENARD mit Katodenstrahlen oder die Streuversuche von RUTHERFORD. Hinzu kam die Entdeckung verschiedener Strahlungen (Röntgenstrahlung, radioaktive Strahlung), deren Quellen im atomaren Bereich vermutet wurden.

Die dabei entwickelten Vorstellungen vom Aufbau der Atome nennt man **Atommodelle.** Zwei historisch bedeutsame Atommodelle sind in der Übersicht auf S. 41 oben dargestellt. Ein zentrales Anliegen war bei allen diesen Modellen, die Emission und die Absorption von Licht angemessen beschreiben zu können.

Um 1920 gelang es Physikern wie E. SCHRÖDINGER, W. HEISENBERG, M. BORN und P. DIRAC, mit der Quantenphysik eine mathematische Beschreibung für die Atome zu entwickeln.

Rutherfordsches Atommodell (1911)	Bohrsches Atommodell (1913)	Atommodell der Quantenphysik (um 1920)
Elektronen kreisen auf elliptischen Bahnen um den Atomkern (Planetenmodell).	Es existieren stabile Bahnen, auf denen sich Elektronen strahlungsfrei bewegen.	Die Elektronen halten sich mit bestimmter Wahrscheinlichkeit in einem Raumbereich auf.
Es beschreibt richtig die räumliche Verteilung der Masse und der Ladung.	Es ermöglicht die Abschätzung des Atomradius und die Berechnung des Wasserstoffspektrums. Es werden Erkenntnisse der Quantenphysik genutzt.	Es steht im Einklang mit dem Wellencharakter der Elektronen. Es erklärt das Periodensystem der Elemente.
Es kann die Stabilität von Atomen und die Entstehung von Spektrallinien nicht erklären.	Es geht im Widerspruch zur Quantenphysik von Bahnen aus und führt nur bei Wasserstoff zu richtigen Ergebnissen.	Es ist ein mathematisches Modell und nur sehr bedingt anschaulich zu deuten.

(Atomkern, Atomhülle — Bildbeschriftung im Quantenphysik-Modell)

Damit war es möglich, Messergebnisse für Atome in den verschiedensten Experimenten mit großer Genauigkeit vorherzusagen.
Wenn man die mathematischen Ergebnisse anschaulich deutet, dann erhält man folgendes Bild (↗ Übersicht oben rechts):
– Atome bestehen aus einem Atomkern und einer Atomhülle.
– Der Atomkern ist im Vergleich zur Atomhülle sehr klein, trägt aber fast die gesamte Masse (> 99,99 %) des Atoms.
– Die Atomhülle ist negativ geladen. Zwischen positiv geladenem Atomkern und Atomhülle wirken anziehende Kräfte.
– Die Atomhülle bestimmt die Größe des Atoms. Ihre Dichte nimmt nach außen hin ab. Die Dichte ist bei schweren Atomen größer als bei leichten Atomen.
– Die Atomhülle besteht aus Elektronen. Wenn man genug Energie zuführt, kann man ein oder mehrere Elektronen entfernen.

Beim Atom haben die positive Ladung des Atomkerns und die negative Ladung der Atomhülle den gleichen Betrag.

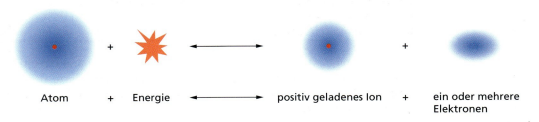

Atom   +   Energie   ⟷   positiv geladenes Ion   +   ein oder mehrere Elektronen

Emission und Absorption von Licht

Aus dem bisherigen Physikunterricht ist bereits bekannt, dass die Emission und die Absorption von Licht mit Vorgängen in der Atomhülle verbunden ist. Wir betrachten dazu als Beispiel atomare Gase, z. B. Wasserstoff, weil sich an diesem Beispiel die Vorgänge in der Atomhülle übersichtlich beschreiben lassen. Dazu wissen wir bereits:

– Jedem Elektron in der Atomhülle lassen sich bestimmte Energien zuordnen, z. B. die Energie E_0, E_1, E_2, ... (↗ Abb. unten). In jedem Atom gibt es mehrere Energieniveaus. Die Gesamtheit dieser Niveaus wird als **Energieniveauschema** des betreffenden Atoms bezeichnet.

– Für die Atome eines Elements sind die Energieniveaus gleich. Sie unterscheiden sich aber für die Atome verschiedener Elemente.

– Springt ein Elektron von einem höheren auf ein niedrigeres Energieniveau, so verringert sich seine Energie um ΔE. Es wird ein Photon mit dieser Energie emittiert.

– Wird ein Elektron durch Energiezufuhr von außen, z. B. durch Bestrahlung mit Licht, auf ein höheres Energieniveau gehoben, so vergrößert sich seine Energie um ΔE. Es wird ein Photon mit dieser Energie absorbiert.

Die Skizzen zeigen einige der prinzipiell möglichen Übergänge in der Atomhülle.

Der energetische Zustand E_0 bedeutet den Grundzustand ($n = 1$).

Emission eines Photons	Absorption eines Photons
Es wird mit dem Photon Energie abgegeben.	Es wird mit dem Photon Energie aufgenommen.

Nimmt man die Kenntnisse über Photonen (↗ S. 12) hinzu, dann lässt sich zusammenfassend formulieren:

> Der Übergang eines Elektrons von einem Energieniveau zu einem anderen ist mit der Abgabe bzw. der Aufnahme von Energie verbunden. Für die emittierten bzw. die absorbierten Photonen gilt:
>
> $$\Delta E = h \cdot f = h \cdot \frac{c}{\lambda}$$

Da die Atome verschiedener Elemente ein jeweils charakteristisches Energieniveauschema besitzen, bedeutet das für das emittierte bzw. absorbierte Licht: Jedes Element emittiert Licht ganz bestimmter Wellenlängen. Es sendet ein für das Element charakteristisches Linienspektrum aus.

Betrachten wir dazu das Energieniveauschema von Wasserstoff.

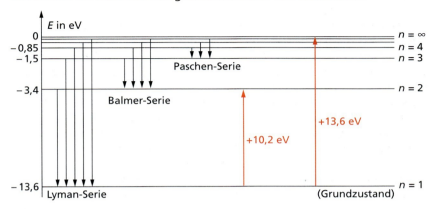

Die Festlegung des Nullniveaus für die Energie ist willkürlich. Häufig wird das gerade abgelöste Elektron auf $E = 0$ gesetzt.

Für die Umrechnung der Energieeinheiten gilt:
$1\,\text{eV} = 1{,}602 \cdot 10^{-19}\,\text{J}$
$1\,\text{J} = 1\,\text{Ws}$

Aus einem solchen Energieniveauschema lässt sich ablesen:
– Die Energie eines Photons, das emittiert oder absorbiert wird, ist gleich der Differenz der Energieniveaus. Die Anzahl möglicher Energiewerte ist relativ groß.

■ Wird ein Photon absorbiert und dadurch das Elektron aus dem Grundzustand ($n = 1$) auf das Niveau $n = 2$ gehoben, so entspricht das bei Wasserstoff einem Energiezuwachs von +10,2 eV. Der Übergang von $n = 4$ auf $n = 2$ entspricht einer Energieabnahme von –2,55 eV.

Mit der Differenz $\Delta E = E_E - E_A$ zwischen Endzustand E_E und Anfangszustand E_A erhält man die genannten Vorzeichen.

– Aus den Energien bzw. den Energiedifferenzen lässt sich ablesen, welchem Frequenzbereich das Licht, das emittiert oder absorbiert wird, zuzuordnen ist.

■ Für sichtbares Licht liegt die Energie der Photonen zwischen 1,5 eV (rotes Licht) und 3,3 eV (blaues Licht). Beim Wasserstoff liegt nur die Balmer-Serie weitgehend im sichtbaren Bereich. Energien von mehr als 3,3 eV bedeuten ultraviolettes Licht, Energien von weniger als 1,5 eV infrarotes Licht.
Für den Übergang von $n = 3$ auf $n = 2$ ergibt sich eine Energieabnahme von –1,9 eV. Dem emittierten Photon ist damit folgende Wellenlänge zuzuordnen:

$$\lambda = \frac{h \cdot c}{\Delta E}$$

$$\lambda = \frac{6{,}626 \cdot 10^{-34}\,\text{J}\cdot\text{s} \cdot 3{,}00 \cdot 10^{8}\,\frac{\text{m}}{\text{s}}}{1{,}9 \cdot 1{,}6 \cdot 10^{-19}\,\text{J}}$$

$$\lambda = 654\,\text{nm}$$

Es handelt sich demzufolge um rotes Licht.

– Ein Atom wird ionisiert, wenn es ein Hüllenelektron an die Umgebung verliert. Die notwendige **Ionisierungsenergie** lässt sich ablesen.

■ Für ein Wasserstoffatom im Grundzustand ($n = 1$) beträgt die Ionisierungsenergie +13,6 eV.

Die Ionisierung entspricht dem Übergang nach $n = \infty$ mit $r \longrightarrow \infty$.

Linienspektren – ein Beleg für die quantenhafte Emission bzw. Absorption von Licht

Eine Erklärung liefert erst das Energieniveauschema eines Atoms (↗ S. 43).

Bereits 1814 machte der Optiker und Physiker JOSEPH VON FRAUNHOFER (1787 bis 1826) eine bemerkenswerte Entdeckung: Bei der Untersuchung von Sonnenlicht fand er im Spektrum zahlreiche dunkle Linien. Sie werden heute als **fraunhofersche Linien** bezeichnet.
Bei der Zerlegung des Lichts von leuchtenden Gasen fand man im Unterschied dazu charakteristische, scharf begrenzte farbige Linien.
In der nachfolgenden Übersicht sind die beiden Arten von Linienspektren gekennzeichnet.

Die Zerlegung von Licht in seine Bestandteile kann mithilfe von Prismen oder von optischen Gittern erfolgen.

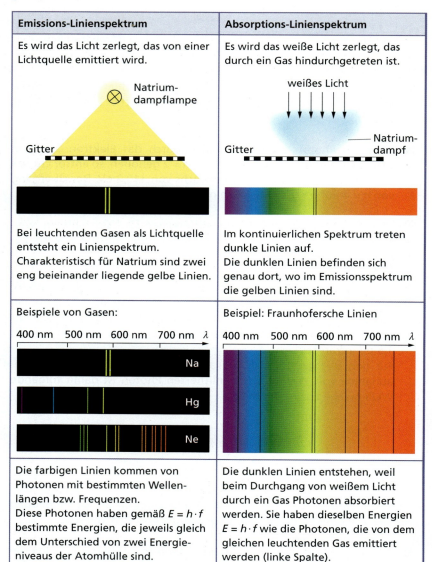

Emissions-Linienspektrum	Absorptions-Linienspektrum
Es wird das Licht zerlegt, das von einer Lichtquelle emittiert wird.	Es wird das weiße Licht zerlegt, das durch ein Gas hindurchgetreten ist.
Bei leuchtenden Gasen als Lichtquelle entsteht ein Linienspektrum. Charakteristisch für Natrium sind zwei eng beieinander liegende gelbe Linien.	Im kontinuierlichen Spektrum treten dunkle Linien auf. Die dunklen Linien befinden sich genau dort, wo im Emissionsspektrum die gelben Linien sind.
Beispiele von Gasen:	Beispiel: Fraunhofersche Linien
Die farbigen Linien kommen von Photonen mit bestimmten Wellenlängen bzw. Frequenzen. Diese Photonen haben gemäß $E = h \cdot f$ bestimmte Energien, die jeweils gleich dem Unterschied von zwei Energieniveaus der Atomhülle sind.	Die dunklen Linien entstehen, weil beim Durchgang von weißem Licht durch ein Gas Photonen absorbiert werden. Sie haben dieselben Energien $E = h \cdot f$ wie die Photonen, die von dem gleichen leuchtenden Gas emittiert werden (linke Spalte).

Emissions- und Absorptionsspektroskopie

1860 legten der deutsche Physiker G. R. KIRCHHOFF und der Chemiker R. W. BUNSEN mit der Arbeit „Chemische Analyse durch Spektralbeobachtungen" die wissenschaftlichen Grundlagen der **Spektralanalyse** vor. Das Grundprinzip besteht in Folgendem: Jedes leuchtende Gas unter niedrigem Druck sendet ein Linienspektrum aus, das für dieses Gas charakteristisch ist. Damit kann man umgekehrt folgern: Wenn im Linienspektrum einer Lichtquelle die Spektrallinien eines bestimmten Gases auftauchen, dann muss dieses Gas in der Lichtquelle vorhanden sein.

Entsprechend kann man für ein Absorptionslinienspektrum folgern: Wenn im Spektrum für ein Gas charakteristische Absorptionslinien auftreten, dann ist weißes Licht durch dieses Gas hindurchgetreten. Das ist das Wesen der **Spektralanalyse**: Durch Vergleichen eines experimentell aufgenommenen Linienspektrums mit Linienspektren bekannter Elemente kann man herausfinden, welche Elemente in der Lichtquelle oder auf dem Weg von der Lichtquelle zum Beobachter vorhanden sind.

Durch spektralanalytische Untersuchungen hat man nicht nur das Gas Helium entdeckt (↗ S. 44), sondern auch zahlreiche Informationen über die Zusammensetzung der Sonne und anderer Sterne gewonnen.

In umfangreichen Untersuchungen erkannte man bereits zu Beginn des 20. Jahrhunderts, dass sich ähnliche Sternspektren in Gruppen zusammenfas-

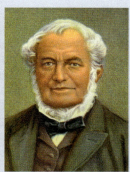

1 GUSTAV ROBERT KIRCHHOFF (1834–1887, Abb. links) und ROBERT WILHELM BUNSEN (1811–1899) sind die Begründer der Spektralanalyse.

sen und systematisieren lassen. Das Ergebnis dieser Untersuchungen waren die heute üblichen Spektralklassen der Sterne, die mit Buchstaben bezeichnet werden (↗ Übersicht unten). Später wurde diese Einteilung durch Unterklassen verfeinert, die durch Anhängen der Ziffern 0 bis 9 an die Buchstaben kenntlich gemacht wurden. So ist z. B. unsere Sonne ein Stern der Spektralklasse G2.
Inzwischen sind die Spektraluntersuchungen so weit verfeinert, dass man auch halbe Klassen definiert, etwa die Klasse O9.5.
Heute ist es auch möglich, Rotations- und Schwingungsspektren von Molekülen zu erfassen und so spektroskopisch die Existenz von bestimmten Molekülen nachzuweisen.

Stern	Spektrum	Farbe	Temperatur
Spica		bläulich	25 000 K
Sirius		weiß	10 000 K
Sonne		gelblich	6 000 K
Arktur		rötlich gelb	4 700 K
Beteigeuze		rötlich	3 300 K

O — blau
B
A — weiß
F
G — gelb
K — orange
M — rot

✪ Eine weitere Beschreibungsmöglichkeit von Emission und Absorption

Hinweise zur Interpretation der Orbitale sind auf S. 63 zu finden.

Im Energieniveauschema (↗ S. 42 f.) sind die Energieniveaus dargestellt, die Elektronen der Atomhülle einnehmen können. Die verschiedenen Energiezustände lassen sich auch als verschiedene Formen der Atomhülle beschreiben.

So kann durch ein Photon mit der passenden Energie die Atomhülle vom Grundzustand (Kugelform) in einen angeregten Zustand (z. B. Hantelform) überführt werden. Das Photon wird dabei absorbiert. Das so angeregte Atom kann durch Emission eines Photons der gleichen Energie wieder in den Grundzustand zurückkehren.

Die angeregten Atomhüllen gehen in der Regel nach sehr kurzer Zeit (10^{-8} s) wieder in den Grundzustand über.

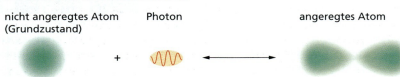

nicht angeregtes Atom (Grundzustand)   Photon   angeregtes Atom

+

Vergleichbar ist dieser Vorgang mit dem Verhalten von Hüpfscheiben (Halbflummis). Eine solche Hüpfscheibe kann durch Energiezufuhr verformt werden. Sie bleibt ein paar Sekunden im angeregten Zustand, bevor sie wieder in die Ausgangsform zurückschnellt. Dabei wird die vorher aufgewendete Energie wieder abgegeben.

Mit solchen Orbitalen lässt sich die Emission und Absorption von Photonen anschaulich beschreiben. Die Abbildung unten zeigt die zwei Darstellungsmöglichkeiten (Energieniveauschema, Orbitale) im Vergleich.
Und trotzdem muss man sich immer folgender Tatsache bewusst sein: Die Frage, wie ein Atom aussieht, kann man nicht beantworten. Atome haben keine Farbe und keine Oberflächenbeschaffenheit wie Gegenstände unserer Umgebung. Wir machen uns lediglich zweckmäßige Bilder von Atomen, mit denen wir experimentelle Ergebnisse beschreiben und erklären können.

Der Nullpunkt des Energieniveauschemas kann beliebig gewählt werden.

Emission eines Photons	Absorption eines Photons
E_2 ─── E_1 ─── E_0 ─── Photon	E_2 ─── E_1 ─── E_0 ─── Photon
Ein Photon der Energie $\Delta E_{21} = E_1 - E_2$ wird von der Atomhülle abgegeben.	Ein Photon der Energie $\Delta E_{12} = E_2 - E_1$ wird von der Atomhülle aufgenommen.

Funktionsprinzip des Lasers und Anwendungen

Werden die Elektronen eines Atoms durch Energiezufuhr angeregt, so gehen sie unter Aufnahme von Energie in einen energetisch höheren Zustand über. Solche angeregten Atome kehren aber schon nach etwa 10^{-8} s in einen energetisch niedrigeren Zustand, meist den Grundzustand, zurück. Dieser Vorgang, bei dem Strahlung ausgesendet wird, erfolgt spontan, ohne irgendwelche äußeren Einflüsse. Er wird deshalb als **spontane Emission** bezeichnet.

Es gibt auch Atome mit angeregten Zuständen, die über längere Zeit bestehen können. Nach Anregung aus dem Grundzustand E_0 auf ein Energieniveau E_2 ($\nearrow$ Skizze unten) fallen die Elektronen auf ein metastabiles Energieniveau E_1, in dem sie zunächst verbleiben. Trifft auf ein solches angeregtes Atom ein Photon, das genau die Energie $E_1 - E_0$ besitzt, z.B. weil es von einem gleichartig angeregten Atom stammt, so geht auch das angeregte Atom mit großer Wahrscheinlichkeit wieder in den Grundzustand über. Da diese Emission durch Anregung von außen erfolgt, wird sie als **induzierte Emission** bezeichnet.

Spontane Emission erfolgt bei allen herkömmlichen Lichtquellen, z.B. bei der Sonne, Glühlampen, Leuchtstofflampen oder Leuchtdioden.

Spontane Emission	Induzierte Emission
E ▲ ●————— E_1 ΔE 〰〰〰→ ⊕————— E_0	E ▲ ●————— E_2 〰〰→ ●————— E_1 〰〰〰→ 〰〰〰→ ΔE 〰〰〰→ ⊕————— E_0
Die Emission erfolgt ohne äußere Einwirkung.	Die Emission wird durch Photonen stimuliert.

Die induzierte Emission wird bei **Lasern** genutzt.
Der erste funktionsfähige Prototyp eines Lasers wurde 1958 konstruiert und erprobt.

> Bei Atomen kann spontane oder induzierte Emission auftreten.

Die wichtigste Anwendung der induzierten Emission sind Laser. Im linken Bild ist ein Laser in Aktion zu sehen. Den prinzipiellen Aufbau zeigt die Skizze unten rechts.

Das Kunstwort **Laser** ist abgeleitet vom englischen light amplification by stimulated emission of radiation.

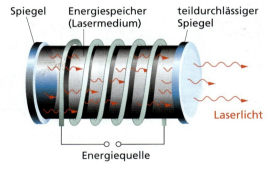

Spiegel   Energiespeicher (Lasermedium)   teildurchlässiger Spiegel

Laserlicht

Energiequelle

Die Abbildungen zeigen einen Laser für Experimente (links) und eine Lasershow in einer Diskothek (rechts).

An der Entwicklung des Lasers waren die Amerikaner CHARLES T. TOWNES (geb. 1915), NIKOLAI G. BASSOW (1922 bis 2001) und ALEXANDER M. PROCHOROW (1916 bis 2002) maßgeblich beteiligt. Diese drei Wissenschaftler erhielten dafür 1964 den Nobelpreis für Physik. Weitere Nobelpreise für Arbeiten im Bereich der Laserphysik wurden 1981 und 1997 verliehen.

Durch eine Energiequelle wird das Lasermedium in einen angeregten Zustand versetzt. Geeignete Photonen rufen die induzierte Emission im Lasermedium hervor. Zwischen den beiden Spiegeln (↗ Skizze S. 47) laufen die Photonen hin und her und verstärken die induzierte Emission. Durch den teildurchlässigen Spiegel verlässt ständig ein Teil der Photonen als Laserstrahlung die Anordnung.

Laserstrahlung (Laserlicht) unterscheidet sich in einigen Eigenschaften vom natürlichen Licht:
– Laserlicht ist nahezu paralleles Licht.
– Laserlicht kann eine hohe Leistungsdichte von bis zu einigen Megawatt je cm^2 haben. Es kann gut auf kleine Flächen fokussiert werden.
– Laserlicht ist monochromatisch, hat also eine ganz bestimmte Frequenz bzw. Wellenlänge, die vom Lasermedium abhängig ist.
– Laserlicht ist linear polarisiert, schwingt also in einer Ebene.
– Laserlicht hat eine hohe Kohärenz und ist damit gut interferenzfähig.

Als Lasermedium werden Festkörper, Flüssigkeiten oder Gase genutzt.

Achtung! Nie direkt in Laserlicht blicken.

Breit angewendet werden Laser seit Beginn der 90er-Jahre des 20. Jahrhunderts. Bei CD-Playern (↗ S. 49), DVD-Laufwerken oder Strichcodelesern erfolgt die Abtastung mit Laserstrahlung. In der **Medizin** werden Laser in der Augenheilkunde (↗ Abb. links), in der Chirurgie und in der Zahnmedizin genutzt. Bei der **Materialbearbeitung** (↗ Abb. Mitte) kann Laserlicht zum Schweißen, Schneiden oder Bohren angewendet werden. Es lassen sich damit auch feinste Strukturen erzeugen. Gut eignet sich Laserlicht für Längen- oder Entfernungsmessungen (↗ Abb. rechts). So erlauben die Präzisionsmessungen Tunnel und Brückenbauwerke, bei denen von beiden Seiten aus einigen Kilometern Entfernung aufeinander zugebaut wird.

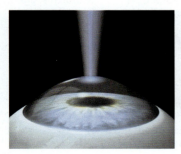

Laserphysik im Alltag

Seit der Entwicklung der ersten Laser durch den Amerikaner CHARLES T. TOWNES sowie die Russen NIKOLAI G. BASSOW und ALEXANDER M. PROCHOROW im Jahr 1958 hat sich die Laserphysik zu einer eigenständigen Disziplin der modernen Physik entwickelt. Aus dem alltäglichen Leben sind zahlreiche Anwendungen des Lasers kaum mehr wegzudenken, so z.B. aus dem Bereich der Material- verarbeitung, der Messtechnik oder auch der Chirurgie. Das verbreitetste Beispiel ist sicherlich das CD- oder DVD- Laufwerk bzw. der CD-Player, dessen Funktions- weise im Folgenden erläutert werden soll.

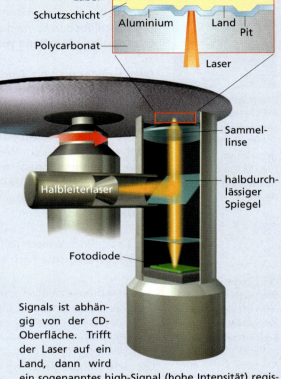

Eine handelsübliche CD (Compact Disc) ist 1,2 mm dick und hat einen Durchmesser von 12 cm. Die Daten werden durch das Einprägen mikroskopisch kleiner Vertiefungen im Kunststoff (Pits) gespeichert. Die Pits sind 0,12 µm tief, 0,6 µm breit und haben eine Länge von 0,8–3,1 µm.

Spiralförmig von innen nach außen angeordnet können bis zu 2 Milliarden solcher Vertiefungen auf einer CD eingeprägt werden, was einer Spieldauer von ca. 74 Minuten entspricht. Bei einer DVD sind diese Muster noch wesentlich feiner, das Speicher- vermögen damit erheblich größer.

Die zwischen den Pits liegenden Flächen nennt man Lands. Eingeprägt wird das Pit-Land-Muster auf eine Polycarbonatscheibe, die mit einer dünnen reflektie- renden Aluminiumschicht überzogen und abschlie- ßend zum Schutz versiegelt wird. Eine letzte Schicht stellt das Etikettenschild (Label) dar. Die Daten auf einer CD sind nicht analog, sondern in digitaler Form gespeichert, d. h. als eine Folge aus Nullen und Einsen. Dabei entspricht nicht ein Pit oder ein Land einer Eins, sondern der Übergang von Pit nach Land und umgekehrt. Die Länge eines Pits bzw. Lands gibt die Anzahl der Nullen an.

Zum Lesen der gespeicherten Informationen wird die rotierende CD mithilfe eines Halbleiterlasers ($\lambda = 0{,}8$ µm) von innen nach außen abgetastet. Um einen konstanten Datenstrom zu erhalten, muss die Bahngeschwindigkeit der Pits konstant gehal- ten werden. Für eine Audio-CD beträgt sie 1,3 m/s. Infolgedessen variiert die Drehzahl zwischen 200 (außen) und 500 (innen) Umdrehungen pro Minute. Der Laserstrahl trifft nach Umlenkung an einem halbdurchlässigen Spiegel auf eine Sammellinse, wird von ihr auf die CD fokussiert und nach anschlie- ßender Reflexion an der Aluminiumschicht von einer Fotodiode registriert. Die Intensität des reflektierten Signals ist abhän- gig von der CD- Oberfläche. Trifft der Laser auf ein Land, dann wird ein sogenanntes high-Signal (hohe Intensität) regis- triert. Trifft der Laser dagegen auf ein Pit, so nimmt die Helligkeit des reflektierten Lichts ab. Der Grund für diesen Intensitätsverlust ist: Beim Auftreffen des Lasers auf die Pit-Land-Struktur entspricht dessen Fo- kusdurchmesser etwa der doppelten Pitbreite, wes- halb die Zurückstreuung des Lichts an zwei Ebenen erfolgt. Infolge der optischen Wegdifferenz führt der Gangunterschied der so reflektierten Strahlen zu destruktiver Interferenz und somit zu einem low- Signal. Trifft der Laser auf ein Land, so wird er ohne Interferenzerscheinung reflektiert und als high-Si- gnal wahrgenommen.

Bei dem Übergang eines low- in ein high-Signal (oder umgekehrt) registriert die Elektronik des CD- Players eine Eins. Bleibt das Signal konstant, so er- zeugt sie Nullen.

Abschließend erfolgt mithilfe eines Digital-Analog- Wandlers (kurz: DA-Wandler) eine Übersetzung der digitalen in analoge Daten in Form eines elektrischen Stroms, der von einem Lautsprecher in Schall umge- wandelt wird.

ERWIN SCHRÖDINGER
(1887–1961) erhielt
für seine Arbeiten
zur Atomtheorie
gemeinsam mit
P. A. M. DIRAC 1933
den Nobelpreis für
Physik.

Das Elektron im Potenzialtopf

Im Wasserstoffatom besteht die Atomhülle nur aus einem Elektron, das vom positiv geladenen Kern festgehalten wird.
Die verschiedenen Formen und Energieniveaus der Atomhülle können mithilfe der Quantenphysik vorhergesagt werden.

Dazu wendet man die Schrödinger-gleichung (↗ S. 51) auf das Elektron im Feld des Atomkerns an. Die Lösungen sind bestimmte Funktionen $\Psi_n(x, y, z)$, die zu bestimmten Energieniveaus E_n gehören. Wenn man diese **Eigenfunktionen** quadriert und dann räumlich darstellt, so erhält man die verschiedenen Bilder für die Orbitale.

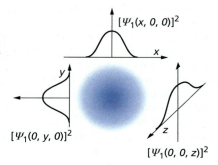

Das Orbital des Wasserstoffatoms im Grundzustand ist eine kugelförmige Wolke, deren Dichte nach außen hin abnimmt.

Die beschriebene Wahrscheinlichkeit wird oft auch **Aufenthaltswahrscheinlichkeit** genannt.

> Die Dichte der Wolke gibt für jeden Ort (x, y, z) die Wahrscheinlichkeit an, bei einer Ortsmessung das Elektron in einem kleinen Raumbereich um den Ort (x, y, z) herum nachzuweisen.

Die Schrödingergleichung für das Wasserstoffatom zu lösen ist eine mathematisch anspruchsvolle Aufgabe, welche die schulischen Möglichkeiten übersteigt. Man kann sich aber ein Modell schaffen, das sich wesentlich einfacher beschreiben lässt. Dazu nehmen wir an, dass sich ein Elektron in einer Art Topf mit zwei unendlich hohen Wänden befindet. Darüber hinaus kann es sich nur in x-Richtung bewegen, also senkrecht zu den Topfwänden.

In der Nähe des Atomkerns ist das Elektron wie in einem Topf eingesperrt. Für die potenzielle Energie werden bestimmte Werte angenommen. Daher rührt die Bezeichnung **Potenzialtopf.**

Für ein Elektron im Potenzialtopf wird die potenzielle Energie mit null angenommen. Das ist eine willkürliche, aber zweckmäßige Festlegung.
Für einen solchen Potenzialtopf bekommt man bestimmte Eigenfunktionen $\Psi_n(x)$, die zu bestimmten Energieniveaus E_n gehören.

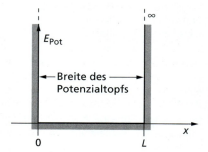

> Der lineare Potenzialtopf mit unendlich hohen Wänden ist ein einfaches Modell für das Wasserstoffatom. Die potenzielle Energie ist für $0 \leq x \leq L$ null und für alle anderen Werte von x unendlich.

Die Schrödingergleichung – die quantenphysikalische Grundgleichung

Der österreichische Physiker ERWIN SCHRÖDINGER (1887 bis 1961) entwickelte auf der Grundlage der Vorstellungen von L. DE BROGLIE über Materiewellen einen aufwendigen mathematischen Apparat zur Beschreibung des Verhaltens von Quantenobjekten. Herzstück ist die **Schrödingergleichung,** mit der das Atom mathematisch beschrieben wurde.

Seine Ergebnisse veröffentlichte SCHRÖDINGER unter dem Titel „Quantisierung als Eigenwertproblem" im Frühjahr 1926 in mehreren Artikeln in den „Annalen der Physik". Diese Aufsätze enthalten die berühmt gewordene Differenzialgleichung für das Wellenfeld eines Wasserstoffatoms, die heute Schrödingergleichung genannt wird.

Nach den Worten von MAX PLANCK führte diese Gleichung dazu, dass *„die bis dahin etwas mysteriöse Wellenmechanik auf eine feste Grundlage gestellt wurde".*

Die Schrödingergleichung ist die **Grundgleichung der Quantenphysik.** So wie man mit dem newtonschen Grundgesetz $F = m \cdot a$ aus den wirkenden Kräften die Bewegung eines klassischen Objekts voraussagen kann, so kann man mit der Schrödingergleichung die weitere Entwicklung eines Quantenobjekts bis zur nächsten Messung vorausberechnen. Dazu ist in der Regel anspruchsvolle Mathematik nötig.

Bereits wesentlich einfacher wird die Schrödingergleichung, wenn man sie zeitunabhängig und nur für eine Dimension formuliert. Sie lautet dann:

$$-\frac{h^2}{8\pi^2 \cdot m}\,\Psi_n''(x) + V(x) \cdot \Psi_n(x) = E_n \cdot \Psi_n(x)$$

Dabei sind m die Masse des Quantenobjekts und h das plancksche Wirkungsquantum.

Das Potenzial $V(x)$ beschreibt die Kräfte, die auf das Quantenobjekt wirken. $\Psi_n(x)$ sind die Eigenfunktionen, E_n die zugehörigen Energiewerte des Quantenobjekts. Die Lösungen einer solchen Differenzialgleichung sind Eigenfunktionen $\Psi_n(x)$.

Für Elektronen im Potenzialtopf ist vereinbarungsgemäß $V(x) = 0$. Die Schrödingergleichung lautet dann:

$$-\frac{h^2}{8\pi^2 \cdot m}\,\Psi_n''(x) = E_n \cdot \Psi_n(x) \qquad (1)$$

Gesucht sind in diesem Fall also Funktionen, deren zweite Ableitung bis auf einen Faktor wieder die gleiche Funktion liefert. Das sind im Fall des Potenzialtopfs Sinus- und Kosinusfunktionen.

Da auch die Randbedingungen erfüllt werden müssen (↗ S. 52), erhält man als mögliche Lösungen die Funktionen:

$$\Psi_n(x) \sim \sin\left(\frac{x \cdot n \cdot \pi}{L}\right)$$

Dass diese Funktionen $\Psi_n(x)$ Eigenfunktionen der Differenzialgleichung sind, kann man durch Einsetzen zeigen. Man bildet

$$\Psi_n''(x) \sim -\left(\frac{n \cdot \pi}{L}\right)^2 \cdot \sin\left(\frac{x \cdot n \cdot \pi}{L}\right)$$

und erhält durch Einsetzen in Gleichung (1):

$$-\frac{h^2}{8\pi^2 \cdot m}\left(-\frac{n \cdot \pi}{L}\right)^2 \cdot \sin\left(x \cdot \frac{n \cdot \pi}{L}\right) = E_n \cdot \sin\left(x \cdot \frac{n \cdot \pi}{L}\right)$$

Daraus erhält man eine Gleichung für die Energien E_n:

$$E_n = \frac{h^2}{8\pi^2 \cdot m}\left(\frac{n \cdot \pi}{L}\right)^2 = \frac{h^2}{8 \, m \cdot L^2} \cdot n^2$$

Das stimmt mit den Überlegungen auf ↗ S. 52 überein und zeigt: Ein Elektron in der Atomhülle kann nur bestimmte Energiewerte annehmen.

Teilgebiet der Physik	Klassische Mechanik	Quantenphysik
Grundgleichung	Newtonsches Grundgesetz $F = m \cdot a$	Schrödingergleichung in ihrer allgemeinen Form
Einfluss der Umgebung	Summe aller auf den Körper wirkenden Kräfte	Potenzial, in dem sich das Quantenobjekt (Elektron) befindet
Lösung	Bahnkurve $x(t)$, $y(t)$, $z(t)$	Eigenfunktion $\Psi_n(x, y, z, t)$
Interpretation	(x, y, z) ist der Ort des Körpers zur Zeit t.	Das Quadrat der Eigenfunktion ist ein Maß für die Wahrscheinlichkeit, ein Teilchen im betreffenden Raumbereich nachzuweisen.

Die Lösungen der Schrödingergleichung für den Potenzialtopf

Die Lösungen $\Psi_n(x)$ der Schrödingergleichung für den unendlich hohen Potenzialtopf haben die gleiche Form wie stehende Wellen bei maximaler Auslenkung.

Eine solche stehende Welle ist dadurch gekennzeichnet, dass sich ortsfeste Schwingungsbäuche und Schwingungsknoten herausbilden.

Das Quadrat $[\Psi_n(x)]^2$ der Eigenfunktionen gibt an, wie wahrscheinlich das Elektron bei einer Ortsmessung am Ort x nachgewiesen wird.

Da das Elektron nicht in die Begrenzungswände eindringen kann, ist dort $[\Psi_n(0)]^2 = [\Psi_n(L)]^2 = 0$ und damit auch $\Psi_n(0) = \Psi_n(L) = 0$.

*Diese Bedingungen nennt man **Randbedingungen**.*

Die Eigenfunktionen sind also stehende Wellen, die an den Wänden den Wert 0 annehmen. Dort befinden sich Schwingungsknoten.

Die jeweilige Energie des Elektrons kann man über seine de-Broglie-Wellenlänge berechnen. Dazu wird von der Bedingung für stehende Wellen ausgegangen. Sie lautet für den Potenzialtopf der Breite L:

λ ist die de-Broglie-Wellenlänge.

$$L = n \cdot \frac{\lambda}{2} \qquad (n = 1, 2, 3, \ldots)$$

Die Umstellung nach der Wellenlänge λ ergibt: $\quad \lambda = \frac{2L}{n}$

Mit $\quad \lambda = \frac{h}{m_e \cdot v} \quad$ erhält man $\quad \frac{h}{m_e \cdot v} = \frac{2L}{n} \quad$ oder $\quad v = \frac{h \cdot n}{2L \cdot m_e} \qquad (1).$

Mit $E_{pot} = 0$ ist die Gesamtenergie gleich der kinetischen Energie:

$$E_n = E_{kin} = \frac{1}{2} m_e \cdot v^2 \qquad (2)$$

Einsetzen von (1) in (2) ergibt: $\quad E_n = \frac{h^2}{8\,m_e \cdot L^2} \cdot n^2 \qquad (n = 1, 2, 3, \ldots)$

Daraus ist erkennbar: Das Elektron kann nur bestimmte Energiewerte annehmen. Die Energiewerte sind abhängig von der Topfbreite L und von n. Für drei Eigenfunktionen ist der Sachverhalt nachfolgend dargestellt.

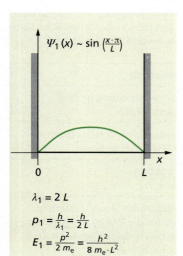

$\Psi_1(x) \sim \sin\left(\frac{x \cdot \pi}{L}\right)$

$\lambda_1 = 2L$

$p_1 = \frac{h}{\lambda_1} = \frac{h}{2L}$

$E_1 = \frac{p^2}{2\,m_e} = \frac{h^2}{8\,m_e \cdot L^2}$

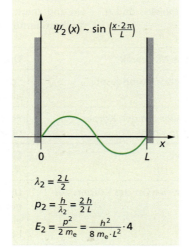

$\Psi_2(x) \sim \sin\left(\frac{x \cdot 2\pi}{L}\right)$

$\lambda_2 = \frac{2L}{2}$

$p_2 = \frac{h}{\lambda_2} = \frac{2h}{2L}$

$E_2 = \frac{p^2}{2\,m_e} = \frac{h^2}{8\,m_e \cdot L^2} \cdot 4$

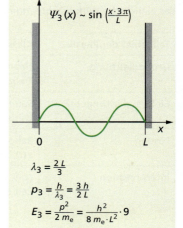

$\Psi_3(x) \sim \sin\left(\frac{x \cdot 3\pi}{L}\right)$

$\lambda_3 = \frac{2L}{3}$

$p_3 = \frac{h}{\lambda_3} = \frac{3h}{2L}$

$E_3 = \frac{p^2}{2\,m_e} = \frac{h^2}{8\,m_e \cdot L^2} \cdot 9$

Die Analogiemethode

In der Physik werden häufig Analogien genutzt, um von einfacheren Systemen auf komplizierte zu schließen oder um unanschauliche Sachverhalte mithilfe von vertrauten Situationen zu veranschaulichen.

Ein solcher unanschaulicher Sachverhalt ist zunächst einmal, dass das Elektron im Wasserstoffatom nur ganz bestimmte Energiewerte annehmen kann. Um das Schritt für Schritt zu verstehen, sperrt man das Elektron nicht im Coulombpotenzial des Atomkerns, sondern in einen eindimensionalen Potenzialtopf ein.

Die daraus resultierende vereinfachte Schrödingergleichung hat die gleiche Form wie die Wellengleichung für eine Saite.

Zur Veranschaulichung der Situation können wir uns die Analogie zwischen einer eingespannten Saite und dem Potenzialtopf zunutze machen.

Diese Analogie ist in der Übersicht unten zusammengestellt.

Mithilfe der Analogie können wir verstehen, wieso ein Elektron im Potenzialtopf und damit auch im Wasserstoffatom nur ganz bestimmte Energien hat. Jede Analogie hat aber auch Grenzen: Im betrachteten Fall liegt ein wichtiger Unterschied darin, dass der Bewegung der Saite keine Bewegung des Elektrons entspricht.

Die Eigenfunktionen sind lediglich mathematische Hilfsmittel, um das Quadrat $[\Psi_n(x)]^2$ zu berechnen. Die $[\Psi_n(x)]^2$-Funktionen, welche die räumliche Verteilung der Zustände des Elektrons im Potenzialtopf bzw. im Wasserstoffatom beschreiben, sind **stationär**, wenn nicht gerade ein Übergang zwischen zwei Niveaus erfolgt.

Eigenschwingungen einer Saite	Eigenfunktionen im Potenzialtopf
Eine Saite wird zwischen zwei festen Enden (Abstand L) eingespannt und durch einen Erreger mit verschiedenen Frequenzen zum Schwingen gebracht.	Ein Elektron wird in einen Potenzialtopf der Breite L mit unendlich hohen Wänden eingesperrt. Anders als im klassischen Fall gibt es keinen Zustand, bei dem das Elektron die Energie null hat.
Nur bei bestimmten sogenannten Eigenfrequenzen f_n, also bei bestimmten Wellenlängen λ_n, bilden sich stehende Wellen aus.	Nur bei bestimmten Wellenlängen λ_n bzw. Energien $E_n > 0$ hat die Schrödingergleichung mit den Randbedingungen eine Lösung.
$\lambda_1 = 2\,L;\ f_1 = 100$ Hz 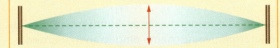	$\lambda_1 = 2\,L;$ $$E_1 = \frac{h^2}{8\,m\cdot L^2}$$ 
$\lambda_2 = L;\ f_2 = 200$ Hz 	$\lambda_2 = L;$ $$E_2 = \frac{h^2}{8\,m\cdot L^2}\cdot 4$$
$\lambda_3 = \frac{2L}{3};\ f_3 = 300$ Hz 	$\lambda_3 = \frac{2L}{3};$ $$E_3 = \frac{h^2}{8\,m\cdot L^2}\cdot 9$$ 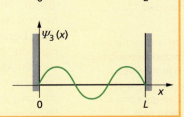

Elektronen können im linearen Potenzialtopf mit unendlich hohen Wänden nur bestimmte Energien E_n annehmen:

$$E_n = \frac{h^2}{8\,m_e \cdot L^2} \cdot n^2 \quad \text{mit} \quad n = 1, 2, 3, \dots$$

m_e　Masse des Elektrons
h　plancksches Wirkungsquantum
L　Breite des Potenzialtopfs

Zu den auf S. 52 unten darstellten Eigenfunktionen kann man auch ihre Quadrate darstellen:

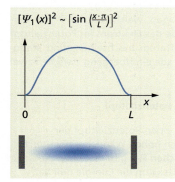

$[\Psi_1(x)]^2 \sim \left[\sin\left(\frac{x \cdot \pi}{L}\right)\right]^2$

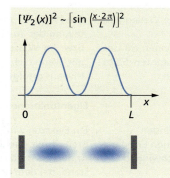

$[\Psi_2(x)]^2 \sim \left[\sin\left(\frac{x \cdot 2\pi}{L}\right)\right]^2$

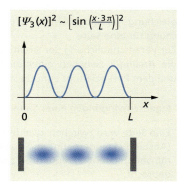

$[\Psi_3(x)]^2 \sim \left[\sin\left(\frac{x \cdot 3\pi}{L}\right)\right]^2$

Die $[\Psi_n(x)]^2$-Funktionen ergeben, anschaulich gesprochen, eine Dichteverteilung des Elektrons im Potenzialtopf.
Die Eigenfunktionen $\Psi_n(x)$ können nicht direkt durch Messungen überprüft werden. Dagegen sind die Funktionen $[\Psi_n(x)]^2$ ein Maß für die Wahrscheinlichkeit, bei einer Ortsmessung das Elektron am Ort x nachzuweisen.

Durch Energiezufuhr kann man zu einem Zustand mit mehr Einschnürungen als vorher kommen. Beim Übergang von einem höheren zu einem niedrigeren Energieniveau kann ein Photon emittiert werden.

Im Unterschied zu bisher betrachteten Energieniveauschemas ist die Energie für $n = 1$ nicht null.

Die Energien der verschiedenen Elektronenzustände können wie die Zustände der Atomhülle in ein Energieniveauschema eingetragen werden.
Dabei zeigt sich, dass der Abstand zwischen den Energieniveaus (anders als im Wasserstoffatom) mit steigender Energie immer größer wird. Das liegt daran, dass das Coulombpotenzial des Atomkerns eine andere Form hat als ein Potenzialtopf, der ein stark vereinfachtes Modell ist. Der Vorteil dieses Modells besteht vor allem darin, dass man in ihm relativ einfache Lösungen der Schrödingergleichung bekommt und damit eine erste Vorstellung darüber, wie die diskreten Energieniveaus zustande kommen.

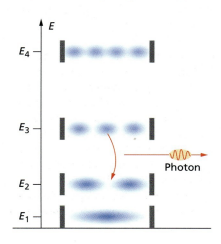

Elektronen im endlich hohen Potenzialtopf

In der Realität sind Potenzialtöpfe für Elektronen stets von endlicher Höhe. Die Höhe des Potenzialtopfs ist die Energie, die ein klassisches Objekt haben muss, um aus dem Topf entweichen zu können.

Die $[\Psi_n(x)]^2$-Funktionen für den Potenzialtopf mit endlicher Höhe unterscheiden sich auf den ersten Blick kaum von denen für den Topf mit unendlicher Höhe. Auch die Energieniveaus sind ähnlich.

Die Skizzen zeigen eine Analogie aus der Mechanik.

Der Ball kann nicht aus dem Topf entweichen:

Der Ball kann aus dem Topf entweichen:

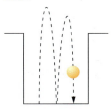

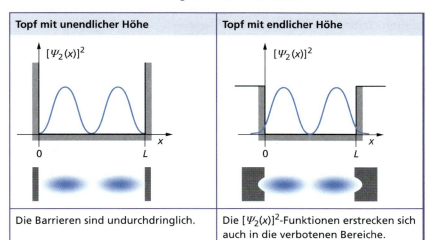

Topf mit unendlicher Höhe	Topf mit endlicher Höhe
Die Barrieren sind undurchdringlich.	Die $[\Psi_2(x)]^2$-Funktionen erstrecken sich auch in die verbotenen Bereiche.

Der größte Unterschied besteht in Folgendem: Wenn der Topf nicht zu niedrig ist, dann gibt es $[\Psi_n(x)]^2$-Funktionen mit Energien, die kleiner als die Topfhöhe sind. Diese haben eine auffällige Eigenschaft: Sie erstrecken sich deutlich bis in den klassisch verbotenen Bereich. Das bedeutet z. B., dass bei einer Ortsmessung das Elektron mit einer gewissen Wahrscheinlichkeit in einem Bereich außerhalb des Potenzialtopfs nachgewiesen werden könnte. Wie groß die Aufenthaltswahrscheinlichkeit außerhalb des Potenzialtopfs ist, hängt von der Höhe der Wände und von der Energie des Elektrons ab.

■ Potenzialtöpfe mit fast beliebiger Breite kann man durch Aufdampfen verschieden dünner Halbleiterschichten erzeugen. Als Materialien eignen sich Galliumarsenid und Aluminiumgalliumarsenid. Die Topfwände für die Elektronen befinden sich an den Materialgrenzen.
Über das Mischungsverhältnis von Aluminium und Gallium kann man die Höhe der Topfwände einstellen.

AlGaAs   GaAs   AlGaAs

Der Tunneleffekt

Für ein klassisches Objekt ist es unmöglich, aus einem Bereich in einen anderen Bereich vorzudringen, wenn seine Energie nicht ausreicht, einen dazwischen liegenden Potenzialwall zu überwinden. Das Beispiel in der Randspalte verdeutlicht diesen Sachverhalt. Bei einem Quantenobjekt ist es aber sehr wohl möglich, einen Potenzialwall zu überwinden.

Der Ball kann den Bereich rechts von der Barriere nicht erreichen.

Wir betrachten einen Topf endlicher Höhe, dessen Wand auf der rechten Seite sehr dünn ist. Die $[\Psi(x)]^2$-Funktion kann auch hier wieder anschaulich als Dichteverteilung des Elektrons bzw. als seine Aufenthaltswahrscheinlichkeit interpretiert werden.
Dann kann man das Elektron bei einer Ortsmessung mit einer bestimmten Wahrscheinlichkeit auch

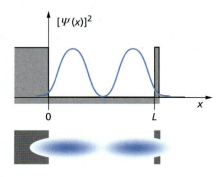

rechts von dieser dünnen Barriere nachweisen. Das ist auch dann der Fall, wenn die Energie des Elektrons kleiner als die Höhe des Potenzialwalls ist. Diesen Effekt nennt man **Tunneleffekt.**

> Je dünner und je niedriger der Potenzialwall ist, umso wahrscheinlicher tritt bei einem Elektron der Tunneleffekt auf.

Der Tunneleffekt ist ein quantenphysikalischer Effekt, für den es in der klassischen Physik kein Analogon gibt. Er ist nicht auf Elektronen beschränkt, sondern ist ein Effekt, der bei verschiedenen Quantenteilchen auftreten kann.

Genauere Erläuterungen dazu sind auf S. 115 zu finden.

So ermöglicht der Tunneleffekt erst den α-Zerfall. Eigentlich haben α-Teilchen im Atomkern nicht genug Energie, um ihn zu verlassen. Der durch die starken Kernkräfte verursachte Potenzialwall ist jedoch dünn genug und nicht zu hoch, um immer wieder α-Teilchen hindurchzulassen.
Sogar die Kernfusion in der Sonne funktioniert nur mithilfe des Tunneleffekts. Damit Protonen zu Heliumkernen verschmelzen können, müssen sie mit viel Energie ihre elektrischen Abstoßungskräfte überwinden. Eigentlich ist die Temperatur der Sonne zu niedrig, als dass dies in ausreichendem Maße passieren würde. Durch den Tunneleffekt kann die elektrische Barriere häufig genug überwunden werden. Die Wahrscheinlichkeit dafür ist allerdings immer noch sehr klein. Für das Leben auf der Erde hat das den Vorteil, dass die Wasserstoffvorräte der Sonne noch einige Milliarden Jahre lang reichen werden.
Der Tunneleffekt wird heute in der modernen Technik umfangreich genutzt. Als Beispiele seien das Feldelektronenmikroskop, das Rastertunnelmikroskop (↗ S. 57), die Tunneldiode oder Flash-Speichermedien wie USB-Sticks genannt.

Die Energiefreisetzung im Innern der Sonne erfolgt durch Kernfusion (↗ S. 147 ff.).

Das Rastertunnelmikroskop

Eine wichtige Anwendung des Tunneleffekts ist das Rastertunnelmikroskop (RTM). Es wurde durch den Deutschen G. BINNIG (*1947) und den Schweizer H. ROHRER (*1933) entwickelt. Beide erhielten dafür 1986 den Nobelpreis für Physik.

Bei einem Rastertunnelmikroskop wird im Ultrahochvakuum eine Oberfläche mit einer feinen Metallspitze in einem gewissen Abstand zeilenweise abgetastet. Die Skizze zeigt stark vereinfacht die grundsätzliche Anordnung.

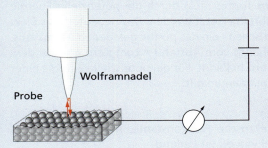

Das Ultrahochvakuum bildet für die Elektronen eine Potenzialbarriere, die jedoch durch Tunneln überwunden werden kann. Je kleiner der zu überwindende Abstand ist, umso größer ist der Tunnelstrom, der gemessen werden kann.
So können beim Abtasten die Höhen und Tiefen der Oberfläche mithilfe des Tunnelstroms registriert werden. Die nachfolgende Skizze zeigt das genutzte Prinzip.

Abtastweg der Spitze

Stromstärke, dargestellt durch Hell- und Dunkelwerte

Umsetzen der Stromstärke in Erhebungen und Senken

Sowohl die Spitze als auch die Probe müssen elektrisch leitend sein. Die Spannung zwischen Probe und Spitze beträgt wenige 100 mV.
Beim zeilenweisen Abtasten der Oberfläche werden die Stromstärken aufgezeichnet und in Abstände umgerechnet. Auf diese Weise erhält man beeindruckende Bilder von Metalloberflächen.

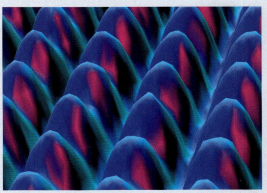

1 Rastertunnelmikroskopaufnahme einer Nickeloberfläche. Hier meint man, die einzelnen Atome direkt zu sehen. Doch was man sieht, ist lediglich eine dreidimensionale Darstellung der Tunnelstromstärken an verschiedenen Stellen der Oberfläche.

2 Aufnahme einer Kupferoberfläche mit Verunreinigungen mit einem Rastertunnelmikroskop

2.2   Quantenphysikalisches Modell des Wasserstoffatoms

Beim linearen Potenzialtopf wird die potenzielle Energie im Innern mit $E_{pot} = 0$ angenommen.

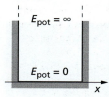

Mit dem Modell des linearen Potenzialtopfs kann man verstehen, wieso sich das Elektron im Wasserstoffatom nur in Zuständen mit bestimmten Energien befinden kann. Die Lösungen der Schrödingergleichung haben für dieses Modell die gleiche Form wie stehende Wellen bei maximaler Auslenkung (↗ S. 52). Das mechanische Analogon sind die Schwingungen einer Saite (↗ S. 53).

Um Orbitale und Energieniveaus genau zu beschreiben, sind zwei Verbesserungen des Modells nötig:

– Die potenzielle Energie muss nicht nur eindimensional, sondern in drei Dimensionen, also räumlich, betrachtet werden.
– Die potenzielle Energie des Topfes muss durch die potenzielle Energie eines Elektrons im Coulombfeld ersetzt werden. Das bedeutet: Das Elektron befindet sich im elektrischen Feld des positiv geladenen Atomkerns. Seine potenzielle Energie hängt vom Abstand x vom Kern ab. Aus dem bisherigen Physikunterricht ist bekannt: Für die potenzielle Energie einer punktförmigen Ladung e im Vakuum gilt:

Die potenzielle Energie hat folgenden Verlauf:

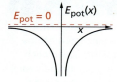

$$E_{pot} = -\frac{1}{4\pi \cdot \varepsilon_0} \cdot \frac{e^2}{x}$$

Dabei bedeuten ε_0 die elektrische Feldkonstante, e die Ladung eines Elektron und x der Abstand von dieser Ladung.

Nimmt man an, dass ein gerade freies Elektron die potenzielle Energie null hat, so ergibt sich der links skizzierte Verlauf.

Der zweidimensionale Potenzialtopf

Zweidimensionale Darstellung der potenziellen Energie:

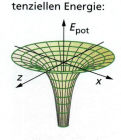

Die Schrödingergleichung für den zweidimensionalen Potenzialtopf lässt sich in zwei eindimensionale Schrödingergleichungen zerlegen. Die Eigenfunktionen für die verschiedenen Richtungen können unterschiedlich sein. Im Folgenden sind zwei mögliche Verteilungen für ein Elektron im zweidimensionalen Topf aufgezeichnet:

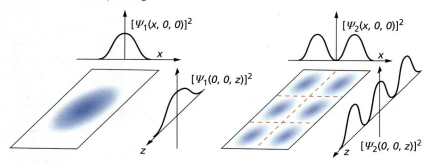

In der rechten Verteilung sind rot gestrichelte Linien eingezeichnet. Das sind Linien, auf denen die Wahrscheinlichkeit, ein Elektron bei einer Ortsmessung zu finden, null ist. Diese Linien werden in der Physik als **Knotenlinien** bezeichnet.

Der zweidimensionale Potenzialtopf lässt sich durch ein Analogieexperiment veranschaulichen, das man mit schulischen Mitteln durchführen kann.

Eine Platte wird mit einem Lautsprecher oder einem Geigenbogen zu Schwingungen angeregt. Wenn man Sand auf die schwingende Platte streut, dann sammelt sich der Sand längs bestimmter Linien, den **Knotenlinien**. Das sind die Orte der Platte, die nicht schwingen. Wir haben es mit zweidimensionalen stehenden Wellen zu tun. Je nach der Form der Platte und der Frequenz der Anregung kann man sehr unterschiedliche Muster beobachten.

Die Figuren, die durch zweidimensionale stehende Wellen hervorgerufen werden, nennt man **Chladni-Figuren** oder chladnische Klangfiguren. Benannt sind sie nach dem deutschen Physiker E. F. F. CHLADNI (1756–1827), dem Begründer der experimentellen Akustik.

Auch im Zweidimensionalen hat die Analogie Grenzen: Während die Platte bei den Chladni-Figuren zwischen den Knotenlinien auf- und abschwingt, sind die Elektronenzustände stationär.

> In einem zweidimensionalen Potenzialtopf erhält man zweidimensionale stehende Wellen (Dichteverteilungen) mit Knotenlinien.

Der dreidimensionale Potenzialtopf

Wenn man ein Elektron in einen dreidimensionalen Potenzialtopf einsperrt, erhält man dreidimensionale Zustände, die den kugel- und hantelförmigen Zuständen des Wasserstoffatoms ähnlich sehen. Nachfolgend sind zwei dieser Zustände dargestellt.

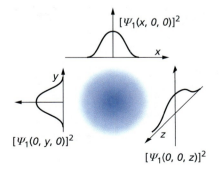

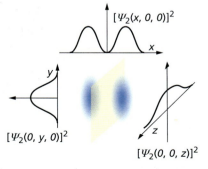

Die Knotenfläche ist hier gelb eingezeichnet.

Im dreidimensionalen Raum erhält man anstelle von Knotenlinien **Knotenflächen**. In der rechten Darstellung liegt eine solche Knotenfläche zwischen den beiden Bereichen großer Dichte, also in der y-z-Ebene.

Quantenpferche

In den Medien findet man heute nicht selten attraktive Bilder, deren inhaltliche Interpretation allerdings Kenntnisse aus der Quantenphysik erfordert (↗ Abb.1).

Heutzutage kann man auf Metalloberflächen Bereiche von wenigen Atomdurchmessern bilden, in denen man die Verteilung von Elektronen studieren kann. Solche Bereiche nennt man **Quantenpferche** (engl.: quantum corrals).

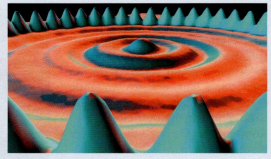

1   Hier handelt es sich um einen Pferch aus Eisenatomen auf einer wellenförmig erscheinenden Kupferoberfläche.

Herstellung der Quantenpferche

Der Rand des Quantenpferchs wird durch eine Reihe von Fremdatomen gebildet, die auf die Metalloberfläche aufgebracht werden. Mit der Spitze eines Rastertunnelmikroskops werden die Atome nach und nach in die Form des Quantenpferchs gezogen. In der Abbildung 2 sind einige Zwischenschritte bei dieser Prozedur aufgezeichnet.

Abtasten der Quantenpferche

Die Bilder der Quantenpferche werden durch Abscannen mit dem Rastertunnelmikroskop erzeugt. Innerhalb des Quantenpferchs ist die Oberfläche relativ glatt. Somit wird für die Tunnelstromstärke eine andere Größe entscheidend: Je größer die Elektronendichte an einer bestimmten Stelle ist, umso größer ist die Tunnelstromstärke.

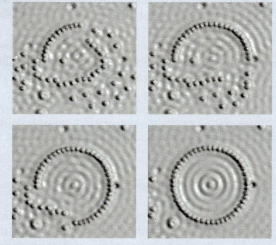

2   Den Rand des Quantenpferchs bilden Eisenatome auf einer Kupferoberfläche.

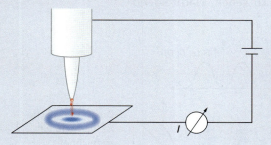

Die räumliche Wirkung des Bilds erhält man, indem man die Tunnelstromstärke in die dritte Dimension aufträgt und dann ein Schrägbild zeichnen lässt, so wie das nachfolgend skizziert ist.

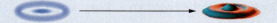

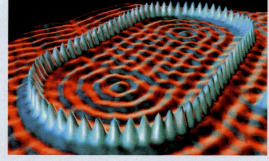

3   Auch wenn die Oberfläche aussieht wie eine Wasseroberfläche: Die Elektronenverteilung ist stationär. Es findet weder ein Auf- und Abschwingen noch ein Hin- und Herschwingen statt.

Die Lösungen der Schrödingergleichung für das Coulombpotenzial

Im Wasserstoffatom befindet sich das Elektron in einem dreidimensionalen Coulombpotenzial.

Wenn man die zugehörige Schrödingergleichung exakt löst, so erhält man für die niedrigsten Energiestufen relativ einfache Eigenfunktionen.

Die zwei einfachsten Lösungen zu den zwei niedrigsten Energiestufen hängen nur vom Radius r ab und lauten (konstante Vorfaktoren sind weggelassen, $a_0 = 5{,}29 \cdot 10^{-11}$ m):

$$\Psi_1(r) \sim e^{\frac{-r}{a_0}}$$

$$\Psi_2(r) \sim \left(2 - \frac{r}{a_0}\right) \cdot e^{\frac{-r}{2a_0}}$$

Ψ_3 hat die gleiche Energie wie $\Psi_2(r)$. Allerdings hängt Ψ_3 vom Winkel Θ ab:

$$\Psi_3(r, \Theta) \sim \frac{r}{a_0} \cdot e^{-\frac{r}{2a_0}} \cdot \cos \Theta$$

Der Winkel Θ ist in der Skizze unten rechts markiert.

Wenn man die Funktionen quadriert und plottet, so erhält man die radiale Abhängigkeit der Elektronendichten $[\Psi_1(r)]^2$ und $[\Psi_2(r)]^2$, bei $[\Psi_3(r, \Theta)]^2$ erhält man auch die Winkelabhängigkeit.

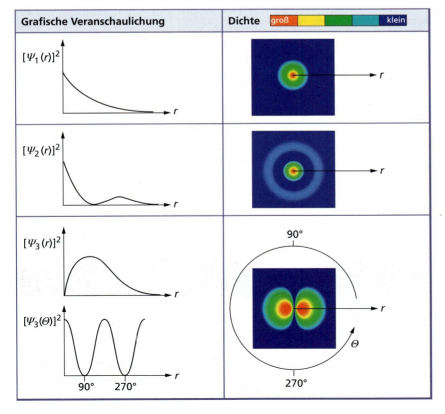

Grafische Veranschaulichung	Dichte groß — klein

Die Dichte gibt für jeden Ort die Aufenthaltswahrscheinlichkeit für ein Elektron an.

Es ist erkennbar: Die Zustände 1 und 3 haben Ähnlichkeit mit den Zuständen im dreidimensionalen Potenzialtopf (↗ S. 59). Insbesondere hat der dritte Zustand eine Knotenfläche (Nullstelle der Wellenfunktion). Auch der 2. Zustand besitzt eine Knotenfläche in Form einer Kugel.

Die Spektrallinien des Wasserstoffatoms

Die Schrödinger-gleichung für das Wasserstoffatom lässt sich mit höherer Mathematik exakt lösen. Gute Näherungen erhält man mit einem Computerprogramm (↗ S. 64).

Mithilfe der Schrödingergleichung lassen sich die Energieniveaus für die verschiedenen Orbitale des Elektrons im Wasserstoffatom (↗ S. 43) berechnen. Die Energieniveaus hängen nur von der Hauptquantenzahl n (↗ S. 67) ab. Wenn man für ein freies Elektron weit außerhalb des Coulombpotenzials $E = 0$ setzt, so erhält man für die Energieniveaus:

$$E_n = -\frac{m_e \cdot e^4}{8\varepsilon_0^2 \cdot h^2} \cdot \frac{1}{n^2} = -13{,}6 \text{ eV} \cdot \frac{1}{n^2}$$

$$E_n = -R_H \cdot h \cdot c \, \frac{1}{n^2}$$

m_e	Elektronenmasse
ε_0	elektrische Feldkonstante
h	plancksches Wirkungsquantum
R_H	Rydberg-Konstante

Die Rydberg-Konstante hat einen Wert von $1{,}097 \cdot 10^7 \text{ m}^{-1}$.

Ein genauerer Wert für die Ionisierungs-energie des Elektrons im Grundzustand ist 13,598 eV.

Wenn man diese Werte auf einer Hochachse aufträgt, bekommt man das Energieniveauschema für das Wasserstoffatom. Eingezeichnet sind auch mögliche Übergänge.

Die Übergänge von einem beliebigen Energieniveau zu einem bestimmten Energieniveau werden jeweils „Serie" genannt. So heißen die Übergänge zum Niveau E_2 Balmer-Serie. Die Wellenlängen für einen Übergang vom Niveau n_1 zum Niveau n_2 berechnet man aus der Differenz der Energieniveaus:

$$\lambda = \frac{h \cdot c}{\Delta E} = \frac{h \cdot c}{\left[13{,}6 \text{ eV} \left(\frac{1}{n_2^2} - \frac{1}{n_1^2}\right)\right]}$$

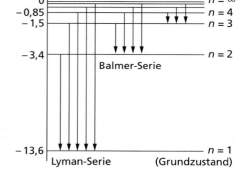

Für die Balmer-Serie, also für $n_2 = 2$, sagt die Schrödingergleichung somit folgende Wellenlängen voraus:

Übergang	$3 \longrightarrow 2$	$4 \longrightarrow 2$	$5 \longrightarrow 2$	$6 \longrightarrow 2$
ΔE in eV	1,889	2,550	2,856	3,022
λ in nm	656,5	486,3	434,2	410,3

Im Experiment zeigt das Spektrum von atomarem Wasserstoff folgende Spektrallinien:

Durch Einbeziehen weiterer Korrekturen kann die Übereinstimmung noch weiter verbessert werden. So muss man z. B. berücksichtigen, dass der Atomkern nicht punktförmig ist und dass der Atomkern von einem Magnetfeld umgeben ist.

Die Wellenlängen, die man mit einem Spektrometer ausmessen kann, sind: $\lambda_{rot} = 656{,}3$ nm; $\lambda_{türkis} = 486{,}1$ nm; $\lambda_{blauviolett} = 434{,}0$ nm; $\lambda_{violett} = 410{,}2$ nm.

Die Übereinstimmung mit der quantenphysikalischen Vorhersage in der Tabelle ist besser als ein Prozent. Das stellt eine experimentelle Bestätigung für die theoretischen Überlegungen dar.

Orbitale des Wasserstoffatoms

Mithilfe von Orbitalen lässt sich das Atommodell der Quantenphysik anschaulich deuten. Dabei gilt immer:

> Ein Orbital beschreibt die Wahrscheinlichkeit, das Elektron bei einer Ortsmessung in einem kleinen Raumbereich nachzuweisen.
> Anschaulich beschreibt das Orbitalbild die Dichteverteilung des Elektrons in einem bestimmten Zustand.

Die unterschiedliche Dichte kann durch verschiedene Farben (↗ S. 61) oder durch Abstufungen in einer Farbe (↗ S. 59) dargestellt werden.

Die Orbitale werden mit natürlichen Zahlen durchgezählt. Diese Zahlen heißen Hauptquantenzahlen (↗ S. 67). Da die Orbitale dreidimensional sind, gibt es Knotenflächen stehender Wellen. Sie entsprechen den Nullstellen von Wellenfunktionen.

Die Hauptquantenzahl n bestimmt eindeutig die Energie, die dem Orbital zuzuordnen ist. Alle Orbitale mit der gleichen Hauptquantenzahl n haben die gleiche Energie E_n. Sie ist gleich der betreffenden Energie im Energieniveauschema (↗ S. 62).

In der Übersicht unten sind eine Reihe von Orbitalen des Wasserstoffs mit verschiedenem n dargestellt. Die Bedeutung der Drehimpulsquantenzahl l ist auf S. 67 erläutert.

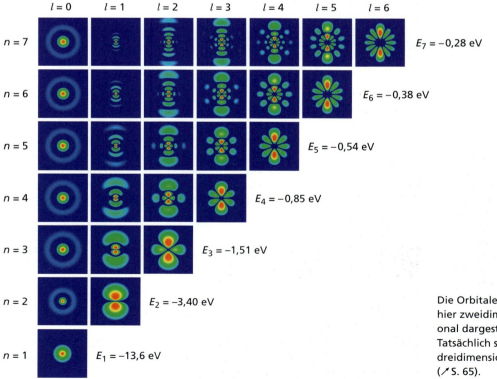

$l = 0$ $l = 1$ $l = 2$ $l = 3$ $l = 4$ $l = 5$ $l = 6$

$n = 7$ $E_7 = -0{,}28$ eV

$n = 6$ $E_6 = -0{,}38$ eV

$n = 5$ $E_5 = -0{,}54$ eV

$n = 4$ $E_4 = -0{,}85$ eV

$n = 3$ $E_3 = -1{,}51$ eV

$n = 2$ $E_2 = -3{,}40$ eV

$n = 1$ $E_1 = -13{,}6$ eV

Die Orbitale sind hier zweidimensional dargestellt. Tatsächlich sind sie dreidimensional (↗ S. 65).

Lösen der Schrödingergleichung mit dem Computer

Mit einem geeigneten Computerprogramm kann man zur Schrödingergleichung Funktionen zeichnen lassen, die diese Differenzialgleichung erfüllen. Ein Programm, das im Internet als Freeware angeboten wird, ist dort unter „Schrödingers Schlange" zu finden.

Wenn man nur den radialen Teil der Schrödingergleichung betrachtet, so erhält man als Lösungen Ψ-Funktionen, die vom Radius r abhängen. Diese Ψ-Funktionen unterscheiden sich durch ihre Energien. Je größer die Energie einer Ψ-Funktion ist, umso stärker schwingt sie. Die folgenden Bildschirmdarstellungen zeigen Beispiele.

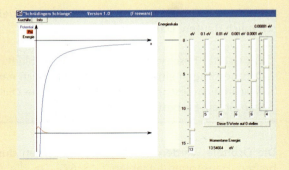

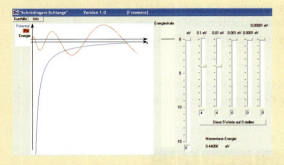

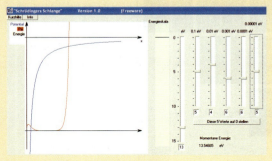

Mit den Reglern auf der rechten Seite kann die Energie eingestellt werden. Im oberen Bild ist die Energie nur wenig unter 0, im unteren Bild ist sie deutlich unter 0.

Wie beim Potenzialtopf muss auch hier eine Randbedingung erfüllt werden: Für sehr große Radien ($r \longrightarrow \infty$) muss die Funktion gegen null gehen, sonst ist das Elektron nicht an den Kern gebunden.

Diese Randbedingung wird nur für ganz bestimmte Energien erfüllt. Auf diese Weise bekommt man mit dem Computer gute Näherungen für die Energieniveaus des Wasserstoffatoms.

So ergibt sich für das unterste Energieniveau ein Wert von etwa 13,5 eV.

Wenn man auf diese Weise mit dem Programm weitere Energieniveaus markiert, bekommt man auf der Energieskala in der Bildmitte das Energieniveauschema für atomaren Wasserstoff.

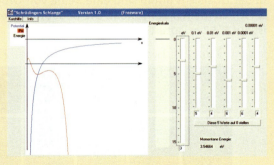

Das gleiche Verfahren kann man auch z. B. für den Potenzialtopf mit endlicher Höhe durchführen.

Unten abgebildet ist neben Teilen des Energieniveauschemas die Eigenfunktion zur Energiestufe E_7. Hier sieht man deutlich, wie sich die Ψ-Funktion auch in den klassisch verbotenen Bereich erstreckt.

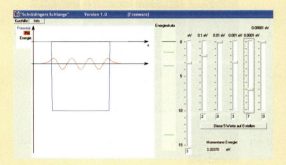

2.3 Ausblick auf Mehrelektronensysteme

Quantenzahlen und ihre anschauliche Bedeutung

Die erfolgreiche Beschreibung des Wasserstoffatoms durch die Quantenphysik führt zu der Frage, ob sich auch die Atomhüllen anderer chemischer Elemente mithilfe dieser Theorie verstehen lassen.
Im Wasserstoffatom befindet sich ein Elektron im Coulombpotenzial des Atomkerns. Alle anderen chemischen Elemente im Periodensystem besitzen in der Atomhülle stets mehrere Elektronen. Diese Elektronen beeinflussen sich gegenseitig, sodass man nicht mehr die relativ einfachen physikalischen Bedingungen wie bei der Atomhülle von Wasserstoff erwarten kann.

Die im Vergleich zum Wasserstoffatom deutlich komplexeren Spektren anderer chemischer Elemente bestätigen diese Vermutung. Doch auch für diese Elemente ist – wie für das Wasserstoffatom – die Betrachtung der räumlichen Aufenthaltswahrscheinlichkeiten der Elektronen der Schlüssel zum Verständnis der Atomhülle.

Für das Wasserstoffatom im Grundzustand (erstes Energieniveau, $n = 1$) ergibt sich für die dreidimensionale Darstellung der Aufenthaltswahrscheinlichkeit des Elektrons ein kugelsymmetrisches Gebilde (↗ Übersicht unten). Das ist auch die einzige Lösung der Schrödingergleichung für diesen Fall.

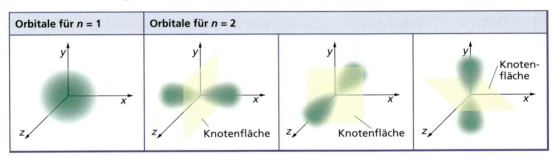

Orbitale für $n = 1$	Orbitale für $n = 2$		

Für den ersten angeregten Zustand ($n = 2$) erhält man mehrere Lösungen (insgesamt genau vier), die man wieder als Orbitale des Elektrons grafisch darstellen kann (↗ Übersicht oben). Diese Lösungen enthalten Bereiche, in denen die Aufenthaltswahrscheinlichkeit des Elektrons null ist. Das sind die **Knotenflächen,** die zu den Nullstellen der betreffenden Wellenfunktion gehören (↗ S. 59).

Für $n = 2$ hat das Orbital der vierten Lösung die gleiche Form wie für $n = 1$ (kugelsymmetrisch).

Für den ersten angeregten Zustand existieren neben einer kugelförmigen Knotenfläche (↗ S. 61) auch noch drei Knotenflächen, die die paarweise auftretenden hantelförmigen Orbitale mit hoher Aufenthaltswahrscheinlichkeit senkrecht zur Symmetrieachse trennen. Jede Lösung enthält aber immer nur eine Knotenfläche. Die möglichen Varianten sind in der Übersicht dargestellt.

Beispiel eines Orbitals mit verschiedenen Knotenflächen. Hier gilt: $l = 2$, $m = 0$

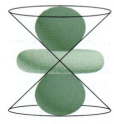

In der Übersicht unten sind einige Beispiele für das Wasserstoffatom angegeben. Dargestellt ist jeweils der Raum, in dem sich das Elektron mit 90 % Wahrscheinlichkeit aufhält.

Für den zweiten angeregten Zustand ($n = 3$) ergibt die grafische Darstellung der Lösungen zunächst stets zwei Knotenflächen je Lösungsfunktion. Neben der kugelsymmetrischen Lösung mit zwei Knotenflächen treten weitere Lösungen hinzu, deren Knotenflächen aus Doppelkegeln, Ebenen oder Kugeln bestehen (↗ Abb. links).

Eine systematische Zusammenstellung aller Lösungen ergibt folgende Resultate:
– Für einen bestimmten Anregungszustand n gibt es n^2 Lösungen der Schrödingergleichung und damit auch die entsprechende Anzahl von Orbitalen.
– Um die Orbitale übersichtlich beschreiben zu können, kann man neben der bereits bekannten Quantenzahl n weitere Zahlen l und m einführen, durch die die Form der Orbitale bzw. die Orientierung der Orbitale im Raum beschrieben werden. Für die Orbitale gilt dann allgemein:
$$n \geq 1$$
$$0 \leq l \leq (n-1)$$
$$-l \leq m \leq +l$$

■ Wir betrachten das Beispiel $n = 3$. Dann kann die Zahl l die Werte 0, 1, 2 und die Zahl m die Werte -2, -1, 0, 1 und 2 annehmen (↗ Übersicht unten). Damit kommt man für $n = 3$ auf insgesamt neun Lösungen und somit auch auf neun Orbitale. Für $n = 2$ sind es vier Orbitale, für $n = 1$ ein Orbital (↗ Übersicht unten).

Die Quantenzahlen n, l und m charakterisieren die geometrischen Eigenschaften der Orbitale.

n	$l = 0$	$l = 1$			$l = 2$				
	$m = 0$	$m = 0$	$m = 1$	$m = -1$	$m = 0$	$m = 1$	$m = -1$	$m = 2$	$m = -2$
1									
2									
3									

Die auf S. 66 beschriebenen Orbitale und die zu ihnen gehörenden Zahlen n, l und m ergeben sich allein durch deduktive Herleitung aus der Schrödingergleichung. Doch bereits vor der Formulierung dieser Gleichung war man auf die Bedeutung dieser Zahlen aufmerksam geworden, weil man nur unter ihrer Zuhilfenahme auf induktivem Weg Atomspektren empirisch deuten konnte. Allerdings nutzt man auch heute noch die ursprünglichen und teilweise überkommenen Bezeichnungen: n ist die **Hauptquantenzahl**, l die **Nebenquantenzahl** oder **Bahndrehimpulsquantenzahl** und m die **magnetische Quantenzahl** oder auch kurz **Magnetquantenzahl**.

Der Bahnbegriff besitzt bei der Kennzeichnung von l keinen physikalischen Sinn. Die Bezeichnung Bahndrehimpulsquantenzahl ist historisch begründet.

Alle bisher betrachteten Orbitale beziehen sich auf das Wasserstoffatom. Das Spektrum von Wasserstoff kann man allein mithilfe der Hauptquantenzahl n deuten. Das liegt an einer Besonderheit dieses Atoms: Alle zu einer Hauptquantenzahl n gehörenden Orbitale besitzen für Wasserstoff die gleiche Energie.
Bei Atomen mit mehr als einem Elektron treten aufgrund der Wechselwirkung der Elektronen bei gleicher Hauptquantenzahl n geringfügige Energiedifferenzen auf. Sie kommen in den Quantenzahlen l und m zum Ausdruck. Es treten damit deutlich mehr Energieniveaus auf als bei einem Wasserstoffatom.

Deshalb sind die Spektren der anderen chemischen Elemente auch wesentlich komplexer.

Mit den drei Quantenzahlen n, l und m kann man die Atomspektren immer noch nicht widerspruchsfrei deuten. Das gelingt erst, wenn man eine weitere Quantenzahl, die sogenannte Spinquantenzahl s, einführt, die die Werte $-\frac{1}{2}$ und $+\frac{1}{2}$ annehmen kann (↗ S. 70).

> Die Beschreibung aller in einem Atom möglichen Orbitale erfolgt durch die drei Quantenzahlen n, l und m. Die Spinquantenzahl s kennzeichnet darüber hinaus zwei Zustände, die ein Elektron auf einem bestimmten Orbital annehmen kann.

In der nachfolgenden Übersicht sind die Quantenzahlen mit ihrer Bedeutung und mit den möglichen Werten zusammengestellt.

Quantenzahl	Bedeutung	mögliche Werte
Hauptquantenzahl n	kennzeichnet das jeweilige Energieniveau des Elektrons der Hülle.	$n = 1, 2, 3, \dots$
Nebenquantenzahl l (Bahndrehimpulsquantenzahl)	kennzeichnet die Form des Orbitals.	$l = 0, 1, 2, \dots, n-1$ (s, p, d, f)
Magnetquantenzahl m	kennzeichnet Orbitale mit gleichem n und l nach der Orientierung im Raum.	$m = -l, \dots, -1, 0, 1, \dots, +l$
Spinquantenzahl s (↗ S. 70)	beschreibt die Orientierung des Elektrons, hat aber keinen Einfluss auf die Form des Orbitals.	$s = +\frac{1}{2}, -\frac{1}{2}$

Für eine bestimmte Hauptquantenzahl n gibt es immer nur eine definierte Anzahl von Quantenzahlen l, m und s, die sich dieser Hauptquantenzahl n zuordnen lassen ($\nearrow$ S. 66). Die Abb. unten zeigt anschaulich, wie sich diese Anzahl aus der Kombination der für eine Hauptquantenzahl jeweils erlaubten Quantenzahlen l und m ergibt. Es sind insgesamt n^2 Möglichkeiten.

Durch die Beachtung der Spinquantenzahl verdoppelt sich dann jede Variante noch einmal. Dieses Prinzip verallgemeinernd kommt man zu der Feststellung:

> Einer vorgegebenen Hauptquantenzahl n kann man $2n^2$ verschiedene Kombinationen der anderen Quantenzahlen zuordnen.

Die nachstehende Abbildung zeigt, welche Quantenzahlen sich jeweils einer Hauptquantenzahl zuordnen lassen.

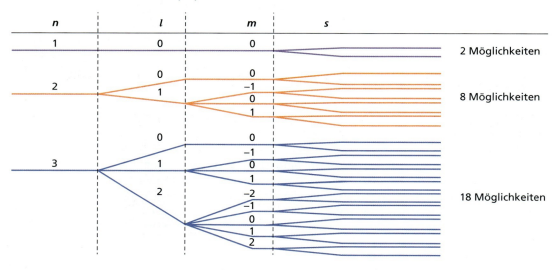

Das Pauli-Prinzip

Für das 1924/25 formulierte Prinzip erhielt WOLFGANG PAULI 1945 den Nobelpreis für Physik.

Die mathematischen Überlegungen zu den möglichen Kombinationen von Quantenzahlen wurden von dem österreichischen Physiker WOLFGANG PAULI (1900–1958) zu einem Grundprinzip des atomaren Aufbaus erweitert. PAULI erkannte, dass in einem Atom niemals zwei Elektronen vier identische Quantenzahlen besitzen können. Das nach ihm benannte Prinzip lautet:

> In einem Atom können zwei Elektronen nicht gleichzeitig in allen Quantenzahlen übereinstimmen.

Das hier für Elektronen formulierte Prinzip gilt auch für andere Teilchen, die den gleichen Raum belegen, z. B. für Quarks.

Deutung des Periodensystems der Elemente mithilfe von Quantenzahlen

Das Pauli-Prinzip ermöglicht eine Modellvorstellung zum Bau der Atomhülle, die als **Schalenmodell** bezeichnet wird. Haben in einem Atom alle Elektronen mit einer bestimmten Hauptquantenzahl n alle möglichen anderen Quantenzahlen l, m und s angenommen, dann bilden sie eine abgeschlossene Konfiguration, die als voll besetzte Schale bezeichnet wird. Damit lässt sich die Struktur des Periodensystems der Elemente (PSE) verstehen.

Dieses Schalenmodell wird vor allem in der Chemie genutzt.

In der 1. Periode befinden sich Wasserstoff und Helium mit einem bzw. zwei Hüllenelektronen. Beim Helium endet bereits der **Aufbau der K-Schale,** denn nach dem Pauli-Prinzip ist es einem weiteren Elektron ausdrücklich verboten, sich in dieser Schale einzufinden.

In der 2. Periode beginnt mit dem Lithium das **Auffüllen der L-Schale.** Nacheinander werden die acht erlaubten Elektronen aufgenommen und bis zum Neon in die Atomhülle eingebaut.

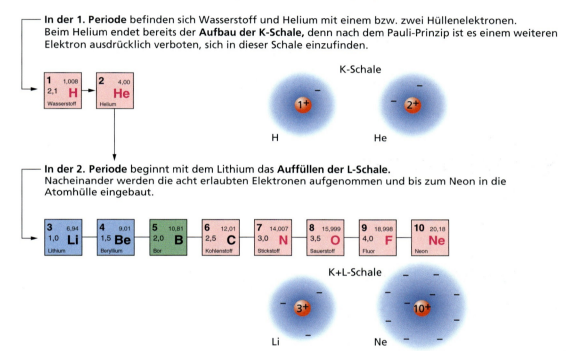

In der Chemie nutzt man übrigens anstatt einer Nummerierung für die Quantenzahl l durch die ganzen Zahlen 0, 1, 2, 3 die Angabe der Kleinbuchstaben s, p, d, f. Die Schalen, die sich den Hauptquantenzahlen n zuordnen lassen, werden durch die Großbuchstaben K, L, M, N, O (für $n = 1$, 2, 3, 4, 5) gekennzeichnet.

Hauptquantenzahl	1	2	3	4
Buchstabe der Schale	K	L	M	N
Quantenzahl l	0	1	2	3
Buchstabe	s	p	d	f

Mitunter wird dann die Anzahl der Elektronen je Orbital durch hochgestellte Ziffern angegeben, z. B. so: $1s^2\,2s^2\,2p^6\,3s^2\,3p^2$.

Bei dem Atom mit 14 Elektronen handelt es sich um ein Siliciumatom.

Die Entdeckung des Spins

Bei den Alkaliatomen befindet sich „über" einer abgeschlossenen Elektronenschale ein Elektron. Alkaliatome sind wasserstoffähnlich, weil die Emission und Absorption von Photonen in ihren Atomhüllen durch genau dieses eine Elektron erfolgt. Man nennt dieses Elektron das Leuchtelektron. Die übrigen Schalenelektronen bilden mit dem Atomkern einen Atomrumpf, der die Orbitale des freien Elektrons beeinflusst. Die Spektren der Alkaliatome sind deshalb komplizierter als beim Wasserstoff.

Bei der systematischen Untersuchung der Spektren von Alkaliatomen zeigt sich, dass viele Spektrallinien aus zwei, sehr dicht beieinander liegenden Linien bestehen. Die im Spektralbereich des gelben Lichts liegende Doppellinie des Natriums ist hierfür das bekannteste Beispiel.

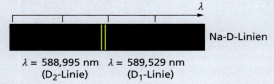

Na-D-Linien

$\lambda = 588{,}995$ nm $\lambda = 589{,}529$ nm
(D_2-Linie)   (D_1-Linie)

Damit eine ganz bestimmte Spektrallinie entsteht, müssen Elektronen mit hoher Wahrscheinlichkeit zwischen zwei Orbitalen mit jeweils bestimmten Quantenzahlen n, l, m wechseln können. Doch auch als man dieses Prinzip in den zwanziger Jahren des 20. Jahrhunderts entdeckt hatte, konnte man die Existenz der Doppellinien noch nicht erklären.

Als jedoch die beiden dänischen Physiker SAMUEL ABRAHAM GOUDSMIT (1902–1978) und GEORGE EUGENE UHLENBECK (1900–1988) im Herbst des Jahres 1925 eine weitere Quantenzahl s einführten, ließ sich das Problem der Doppellinien in den Atomspektren befriedigend lösen. Erst einige Wochen später veröffentlichte ERWIN SCHRÖDINGER (1887–1961) seine berühmte Arbeit „Quantisierung als Eigenwertproblem", in der er die Grundlagen der Wellenmechanik darlegte und die Schrödingergleichung angab.
Es ist daher verständlich, dass man den Spin, ähnlich wie die anderen Quantenzahlen zuvor, zunächst mit herkömmlichen Vorstellungen interpretierte. Man stellte sich das Elektron als winziges Kügelchen vor, das mit und entgegen dem Uhrzeigersinn rotieren, deshalb zwei verschiedene Drehimpulse und damit auch die zwei Spinquantenzahlen annehmen kann, so wie es die Skizzen oben zeigen.

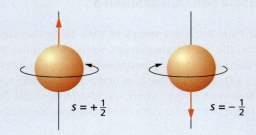

$s = +\frac{1}{2}$ $s = -\frac{1}{2}$

Der jeweilige Drehimpuls ist rot eingezeichnet. Es ist die zum Impuls analoge Größe, die bei der Rotation von Körpern eine wichtige Rolle spielt. Der Betrag des Drehimpulses ist von der Winkelgeschwindigkeit und von der Masseverteilung bezüglich der Drehachse abhängig. Seine Richtung stimmt mit der Richtung der Winkelgeschwindigkeit überein. Wie für den Impuls gilt auch für den Drehimpuls ein Erhaltungssatz.

Der Spin ist aber auch in der Quantentheorie von SCHRÖDINGER ein merkwürdiges und unerklärliches Anhängsel. SCHRÖDINGER hatte in seiner Wellengleichung noch keine Erkenntnisse der speziellen Relativitätstheorie berücksichtigt.
Durch eine Weiterentwicklung der Schrödingergleichung unter Beachtung der Relativitätstheorie gelang dem britischen Physiker PAUL DIRAC (1902–1984) im Jahr 1928 die Formulierung einer Gleichung, die heute den Namen Dirac-Gleichung trägt. Der Spin ergab sich aus der Dirac-Gleichung als mathematische Schlussfolgerung, ebenso wie sich zuvor schon die Quantenzahlen n, l und m als Folgerungen aus den Lösungen der Schrödingergleichung herausgestellt hatten. Somit entfiel die Notwendigkeit, den Spin auf die oben geschilderte anschauliche Weise zu interpretieren.
Die beiden deutschen Experimentalphysiker OTTO STERN (1888–1969) und WALTHER GERLACH (1889–1979) bestätigten die Existenz des Spins in einem Versuch. Sie nutzten dabei die Tatsache, dass Elektronen mit unterschiedlichem Spin unterschiedliche magnetische Eigenschaften in der Atomhülle bedingen. In sehr stark inhomogenen Magnetfeldern lässt sich dieser Effekt nachweisen.

In der Literatur wird dieses grundlegende Experiment als **Stern-Gerlach-Versuch** bezeichnet. Unter diesem Stichwort sind in der Fachliteratur oder im Internet Informationen dazu zu finden.

2.4 Experimentelle Befunde und Anwendungen zum quantenphysikalischen Atommodell

Das quantenphysikalische Atommodell, auch **Orbitalmodell** genannt, ist inzwischen vielfach experimentell bestätigt. Erkenntnisse der Quantenphysik werden in vielen Bereichen der Forschung und der Technik genutzt. Wir betrachten nachfolgend einige ausgewählte experimentelle Befunde und Anwendungen.

Der Franck-Hertz-Versuch

Die Existenz diskreter Energieniveaus in der Atomhülle wird unmittelbar durch den Franck-Hertz-Versuch bestätigt. Die Grundidee des Versuchs besteht darin, Atome nicht durch Bestrahlung, sondern durch Stoßprozesse anzuregen. Als Stoßpartner dienen Quecksilberatome, auf welche beschleunigte Elektronen treffen. Im Experiment wird untersucht, unter welchen Bedingungen die Elektronen Quecksilberatome anregen.

Dieses grundlegende Experiment wurde erstmals 1913 von den beiden deutschen Physikern JAMES FRANCK (1882–1964) und GUSTAV HERTZ (1887–1975) durchgeführt.

Der Versuchsaufbau

Kernstück des Experiments ist eine evakuierte und mit einer geringen Menge Quecksilbergas gefüllte Röhre (Abb. 1, 2). Sie besitzt folgende Funktionsweise: Von einer Glühkatode werden Elektronen emittiert und durch eine regulierbare Spannung zwischen Katode und Gitter beschleunigt. Durch Regulieren der Beschleunigungsspannung lässt sich die Geschwindigkeit und damit die kinetische Energie der Elektronen verändern. Nach Passieren des Gitters durchlaufen die Elektronen ein Gegenfeld. Nur solche Elektronen, die ein gewisses Mindestmaß an Bewegungsenergie besitzen, gelangen bis zur Anode. In welchem Umfang Elektronen zur Anode gelangen, wird anhand des Stroms ermittelt, der zwischen der Katode und der Anode fließt.

Der Abstand Gitter–Anode wird klein gewählt, damit es dort zu möglichst wenigen Stößen kommt.

Versuchsdurchführung und Ergebnisse

Vor den Messungen muss die Röhre erhitzt werden, damit das Quecksilber in den gasförmigen Zustand übergeht.

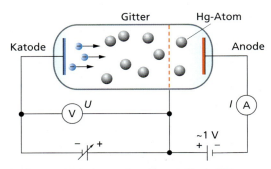

1 Bau und Schaltung einer Franck-Hertz-Röhre

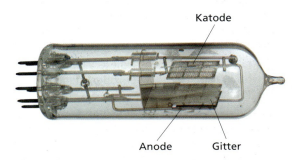

2 Bauform einer Franck-Hertz-Röhre

Die Beschleunigungsspannung wird dann langsam erhöht und die Stromstärke wird gemessen. Dabei zeigt sich: Zunächst vergrößert sich die Stromstärke durch die Röhre. Bei einer bestimmten Spannung sinkt die Stromstärke deutlich ab. Nun erreichen nur noch wenige Elektronen die Anode. Erhöht man die Beschleunigungsspannung weiter, so steigt die Stromstärke wieder an und sinkt nach Erreichen eines erneuten Maximums wieder ab. Die nachfolgenden Bilder zeigen eine mögliche Versuchsanordnung und die Ergebnisse.

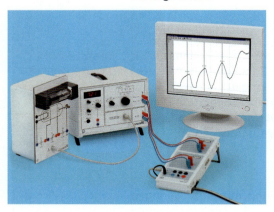
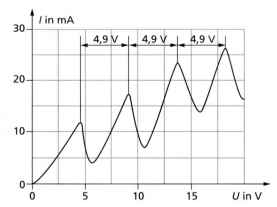

Es zeigt sich: Die Maxima im Stromfluss stellen sich immer dann ein, wenn die Beschleunigungsspannung um 4,9 V erhöht wird.

Deutung des Versuchs

Für die Entdeckung der Gesetze, die beim Zusammenstoß eines Elektrons mit einem Atom herrschen, erhielten JAMES FRANCK (1882–1964) und GUSTAV HERTZ (1887–1975) im Jahr 1925 den Nobelpreis für Physik.

Bei Quecksilber unterscheiden sich die Maxima jeweils um die Spannung 4,9 V.

Auf ihrem Weg zur Anode stoßen die Elektronen mit Quecksilberatomen zusammen. Bei niedriger Beschleunigungsspannung erfolgen diese Stöße elastisch. Die Elektronen geben dabei keine kinetische Energie an die Atome ab und sind deshalb in der Lage, das Gegenfeld vor der Anode zu überwinden.

Erreicht die kinetische Energie der Elektronen einen bestimmten Wert, dann kommt es zu unelastischen Stößen zwischen Elektronen und Atomen. Die Quecksilberatome nehmen dabei Energie von den Elektronen auf. Diese gelangen aufgrund ihrer geringeren Energie nicht mehr bis zur Anode. Die Stromstärke sinkt. Wird die Beschleunigungsspannung weiter erhöht, vergrößert sich die Energie der Elektronen wieder, der Strom steigt erneut an. Bei einer stetigen Steigerung der Spannung erreichen die Elektronen auch wieder diejenige Energie, bei der unelastische Stöße erfolgen.

Auf diese Weise können die Elektronen auf ihrem Weg zur Anode gleich zwei- oder mehrmals ihre Energie an Quecksilberatome abgeben. So erklärt sich das Auftreten mehrerer Maxima bzw. Minima in der Spannungs-Stromstärke-Kurve.

Geht man von diskreten Energieniveaus in der Hülle des Quecksilberatoms aus, dann zeigt dieser Versuch: Nur wenn die kinetische Energie eines Elektrons mindestens der Differenz zweier atomarer Energieniveaus entspricht, kann sie durch das Quecksilberatom aufgenommen werden.

Erzeugung und Spektrum von Röntgenstrahlen

Aus dem bisherigen Physikunterricht ist bekannt: Wenn elektrische Ladungen beschleunigt oder abgebremst werden, entsteht elektromagnetische Strahlung. Je größer der Betrag der Beschleunigung ist, umso größer ist die Frequenz der entstehenden Strahlung. Lässt man Elektronen mit großer kinetischer Energie (mehrere keV) auf eine Metalloberfläche, die Anode, auftreffen, so werden sie abrupt abgebremst. Es entsteht kurzwellige elektromagnetische Strahlung, die **Röntgenstrahlung.**

Entdeckt wurde diese Strahlung im Jahr 1895 durch den deutschen Physiker WILHELM CONRAD RÖNTGEN (1845–1923), der 1901 dafür den ersten Nobelpreis für Physik erhielt.

> Röntgenstrahlung entsteht, wenn schnelle Elektronen stark abgebremst werden.

Im Spektrum elektromagnetischer Wellen schließt Röntgenstrahlung an das ultraviolette Licht an. Die Frequenz liegt in einem Bereich von $3 \cdot 10^{16}$ bis $5 \cdot 10^{21}$ Hz, die Wellenlänge zwischen 10^{-8} und $6 \cdot 10^{-14}$ m.

Die Skizze zeigt den prinzipiellen Aufbau einer Röntgenröhre, mit der Röntgenstrahlung erzeugt wird. Die von einer Glühkatode emittierten Elektronen werden im elektrischen Feld zwischen Katode und Anode beschleunigt und beim Auftreffen auf die Anode stark abgebremst. Es entsteht Röntgenstrahlung.
Röntgenstrahlung kann ähnlich wie radioaktive Strahlung mit einem Zählrohr (↗ S. 125) nachgewiesen werden. Am „Knacken" des Zählrohrs kann man erkennen:

RÖNTGEN selbst bezeichnete die von ihm entdeckte Strahlung als X-Strahlung. Im englischsprachigen Raum spricht man auch heute von X-rays.

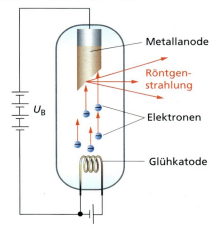

Metallanode

Röntgenstrahlung

U_B

Elektronen

Glühkatode

Auch die Materie im Weltraum besteht teilweise aus geladenen Teilchen. Sie werden häufig von Neutronensternen oder von schwarzen Löchern stark beschleunigt. Die dabei entstehende Strahlung wird mit **Röntgensatelliten** (ROSAT, Chandra, XMM) nachgewiesen. Allein der 1990 gestartete Satellit ROSAT registrierte ca. 120 000 Röntgenquellen im Weltraum.

> Röntgenstrahlung besteht wie Licht aus Photonen, deren Energie allerdings deutlich über der von sichtbarem Licht liegt.

In Röntgenröhren werden die Elektronen meist mit elektrischen Spannungen im kV-Bereich beschleunigt. Die Frequenz der entstehenden Röntgenstrahlung erstreckt sich über einen weiten Bereich. Es gibt jedoch eine obere Grenze, die **Grenzfrequenz** f_G. Sie ist umso größer, je größer die Beschleunigungsspannung U_B ist. Um das zu verstehen, wird der Entstehungsprozess als umgekehrter Fotoeffekt gedeutet: Die bei einem Abbremsvorgang frei werdende Energie erwärmt z. T. die Anode, z. T. wird sie von Photonen davongetragen. Im Extremfall wird die gesamte kinetische Energie des Elektrons auf ein einziges Röntgen-Photon übertragen. Die maximale Photonenenergie beträgt dann also $e \cdot U_B$. Daraus können die Grenzfrequenz f_G und die Grenzwellenlänge λ_G berechnet werden.

Für die maximale Energie der Photonen einer Röntgenröhre gilt:

$$E_{max} = e \cdot U_B = h \cdot f_G = \frac{h \cdot c}{\lambda_G}$$

e	Elementarladung	f_G	Grenzfrequenz
U_B	Beschleunigungsspannung	c	Lichtgeschwindigkeit
h	plancksches Wirkungsquantum	λ_G	Grenzwellenlänge

■ Wie groß ist die maximale Frequenz der Strahlung einer Röntgenröhre, die mit 20 kV betrieben wird? Berechnen Sie auch die zugehörige Wellenlänge!

Analyse:

Bei Spannungen im kV-Bereich kann die anfängliche kinetische Energie der Elektronen vernachlässigt werden.

Die maximale Frequenz (Grenzfrequenz) ergibt sich, wenn man annimmt, dass die gesamte kinetische Energie eines Elektrons, die es infolge der Beschleunigung im elektrischen Feld zwischen Katode und Anode hat, beim Abbremsen vollständig auf ein Photon der Röntgenstrahlung übertragen wird.

Gesucht: f_G, λ_G
Gegeben: $U_B = 20$ kV
             $e = 1{,}602 \cdot 10^{-19}$ C
             $h = 6{,}626 \cdot 10^{-34}$ J·s

Lösung:
Aus $e \cdot U_B = h \cdot f_G$ ergibt sich für die Grenzfrequenz f_G:

$$f_G = \frac{e \cdot U_B}{h}$$

$$f_G = \frac{1{,}602 \cdot 10^{-19} \text{ C} \cdot 2{,}0 \cdot 10^4 \text{ V}}{6{,}626 \cdot 10^{-34} \text{ J·s}}$$

$$\underline{f_G = 4{,}8 \cdot 10^{18} \text{ Hz}}$$

1 Picometer = 1 pm
            $= 10^{-12}$ m

Die Grenzwellenlänge ergibt sich aus $c = \lambda \cdot f$ zu:

$$\lambda_G = \frac{c}{f_G}$$

$$\lambda_G = \frac{3{,}0 \cdot 10^8 \text{ m}}{4{,}84 \cdot 10^{18} \text{ Hz·s}}$$

$$\underline{\lambda_G = 6{,}2 \cdot 10^{-11} \text{ m} = 62 \text{ pm}}$$

Ergebnis:
Bei einer Beschleunigungsspannung von 20 kV beträgt die maximale Frequenz der abgestrahlten Röntgenstrahlung $4{,}8 \cdot 10^{18}$ Hz. Das entspricht einer Wellenlänge von 62 pm.

Die Energie der Photonen beim sichtbaren Licht liegt zwischen 1,5 und 3,3 eV.

Einem Röntgenphoton der Frequenz $f = 4{,}8 \cdot 10^{18}$ Hz kann eine Energie von $E = h \cdot f$ zugeordnet werden. Damit ergibt sich für die genannte Frequenz $E = 2{,}0 \cdot 10^4$ eV = 20 keV.

Trägt man für eine konstante Beschleunigungsspannung die Intensität der Röntgenstrahlung über der Wellenlänge ab, so erhält man ein **Spektrum der Röntgenstrahlung.**

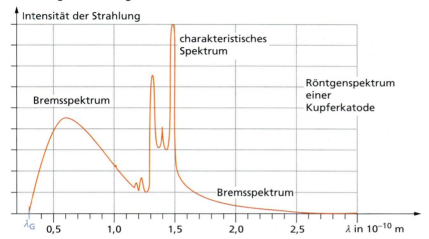

Das charakteristische Spektrum ist stoffspezifisch.

Die Grenzwellenlänge ist blau markiert.

Die Röntgenstrahlung in der Anode entsteht nur teilweise direkt durch die Abbremsung der Elektronen. Diesen Anteil im Spektrum nennt man kontinuierliches Spektrum oder **Bremsspektrum.** Im Experiment beobachtet man zusätzlich ein Linienspektrum, das sogenannte **charakteristische Spektrum.** Bei Kupfer registriert man zwei ausgeprägte Maxima.

> Das Spektrum einer Röntgenröhre besteht aus einem Bremsspektrum und einem charakteristischen Spektrum.

Das charakteristische Spektrum zählt zu den wichtigsten Belegen für das Schalenmodell der Atomhülle. Dieses Spektrum entsteht folgendermaßen: Trifft ein schnelles Elektron der Röntgenröhre auf das Anodenmaterial, dann wird es abgebremst, kann aber, sofern es energiereich genug ist, auch tief in die Hülle eines Atoms eindringen und dabei ein Elektron aus einer inneren, voll besetzten Schale herausstoßen. Der freie Platz wird durch ein äußeres Elektron sofort wieder besetzt. Bei diesem Elektronenübergang wird ein Röntgenphoton abgegeben (↗ Abb.).

In Analogie zu den Spektrallinien im optischen Bereich spricht man hier auch von Röntgenlinien. Die Energiedifferenz zwischen den Schalen liegt hier im keV-Bereich.

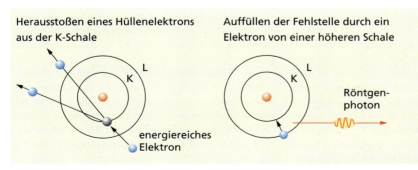

Die Form des charakteristischen Spektrums hängt vom Anodenmaterial ab. Damit kann man aus diesem Spektrum eindeutig chemische Elemente identifizieren.

Röntgenstrukturanalyse

Wie wird ein Röntgenspektrum erzeugt? Da Röntgenstrahlung an der Grenzfläche zweier Stoffe kaum gebrochen wird, kann man lediglich Beugungserscheinungen nutzen, um Röntgenstrahlung in ihre Frequenzanteile aufzugliedern. Beugungsgitter für sichtbares Licht eignen sich hierfür aufgrund der kleinen Wellenlänge von Röntgenstrahlung nicht. Im Jahre 1912 schlug der deutsche Physiker MAX VON LAUE (1879–1960) vor, als Gitter für Röntgenstrahlung Kristalle zu verwenden.

In Kristallen sind die Gitterbausteine meist regelmäßig und symmetrisch angeordnet, die Abstände liegen in der Größenordnung der Wellenlänge von Röntgenstrahlung.

Auf LAUES Vorschlag hin durchstrahlten die deutschen Physiker PAUL KNIPPING (1883–1935) und WALTER FRIEDRICH (1883–1963) verschiedene kristalline Materialien mit Röntgenstrahlung. Auf einer Fotoplatte entdeckten sie Interferenzmuster, aus denen man Rückschlüsse über den Gitterbau des genutzten Kristalls ziehen konnte. Die Abbildung zeigt eine Fotoplatte mit einem charakteristischen Muster.

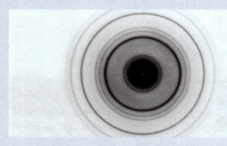

Die mathematische Theorie der Röntgendurchstrahlung ist kompliziert. Eine andere Methode, die sogenannte Reflexionsmethode, ist einfacher zu handhaben. Sie nutzt den Effekt, dass Röntgenphotonen an den Kristallebenen teilweise so gebeugt werden, dass dadurch Reflexionseffekte auftreten. Die Skizze rechts oben verdeutlicht den Sachverhalt.

Die schräg auf einen ebenen Kristall auftreffende Röntgenstrahlung wird an den einzelnen Atomen gestreut. Von jedem Streuzentrum gehen Elementarwellen aus, die miteinander interferieren. Dieser Vorgang findet nicht nur an der ersten, sondern an jeder Ebene im Kristallgitter statt. Der Wegunterschied der Strahlung zwischen zwei benachbarten Ebenen beträgt jeweils $2d \cdot \sin \alpha$. Die Größe d nennt man in der Kristallografie den Netzebenenabstand.

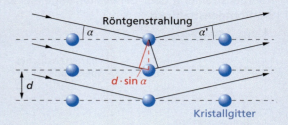

Röntgenstrahlung

Kristallgitter

Verstärkung tritt dann auf, wenn der Gangunterschied ein ganzzahliges Vielfaches der Wellenlänge λ ist, wenn also gilt:

$$2d \cdot \sin \alpha = n \cdot \lambda \qquad (n = 1, 2, 3, \ldots)$$

Diese Beziehung wird als Bragg-Gleichung bezeichnet. Sie lässt sich in zweierlei Richtung anwenden.

Bei der **Röntgenstrukturanalyse** bestrahlt man eine ebene Kristalloberfläche mit monochromatischer Röntgenstrahlung bekannter Wellenlänge. Auf einem dahinter liegenden Detektor werden die Interferenzmuster registriert. Bei Verwendung von Film oder Fotoplatte würde an Stellen maximaler Verstärkung eine Schwärzung erfolgen. Dreht man den Kristall um eine zur Verbindungslinie Röntgenröhre-Detektor parallele Achse, so erhält man auf dem Detektor Maxima in Form konzentrischer Kreise (↗ Abb. links). Dieses Verfahren heißt Drehkristallverfahren. Dann kann man die Winkel messen, bei denen Verstärkung beobachtet wird. Aus bekannter Wellenlänge und beobachtetem Winkel α lässt sich mit der Bragg-Gleichung der Abstand d der Gitterebenen, der Netzebenenabstand, im betreffenden Kristall berechnen.

Besteht die einfallende Röntgenstrahlung aus einem Gemisch von Photonen verschiedener Wellenlängen, dann ist diese Bedingung für Verstärkung bei vorgegebenem Winkel α immer nur für eine bestimmte Wellenlänge erfüllt. Dadurch eröffnet sich die Möglichkeit, Röntgenphotonen entsprechend ihrer Wellenlänge zu sortieren, also ihr Spektrum aufzunehmen.

Durch Drehen des Kristalls ändert man den Einfallswinkel und damit gleichzeitig die Wellenlänge der reflektierten Röntgenstrahlung. Jeder Stelle auf einem Auffangschirm kann deshalb eine bestimmte Wellenlänge zugeordnet werden. Damit erhält man ein Spektrum der betreffenden Röntgenstrahlung, so wie es auf S. 75 oben dargestellt ist.

Ein Atommodell der Quantenphysik (I)

Das Atom besteht aus einer negativ geladenen Atomhülle und dem positiv geladenen Atomkern.

Größe, Anzahl und Masse von Atomen ergeben sich aus experimentellen Untersuchungen und theoretischen Überlegungen:

Atomkern

Atomhülle

- Die Anzahl von Atomen je Mol beträgt $6{,}022 \cdot 10^{23}$.
- Die Masse von Atomen liegt zwischen 10^{-27} kg und 10^{-24} kg.
- Der Radius von Atomen liegt in einer Größenordnung von 10^{-10} m.

Im Laufe der Entwicklung der Physik wurden unterschiedliche Atommodelle entwickelt. Das Atommodell, das die Beschreibung des Atoms in Übereinstimmung mit den Erkenntnissen der Quantentheorie ermöglicht, wird als **quantenphysikalisches Atommodell** oder als **Orbitalmodell** bezeichnet. Es ist ein mathematisches Modell und nur bedingt anschaulich zu deuten.

Einem Elektron der Atomhülle lassen sich unterschiedliche Energieniveaus zuordnen, die sich insgesamt in einem **Energieniveauschema** darstellen lassen.

- **Absorption** von Licht ist verbunden mit dem Übergang eines Elektrons auf ein höheres Energieniveau.

- **Emission** von Licht ist verbunden mit dem Übergang eines Elektrons auf ein niedrigeres Energieniveau.

- **Ionisierung** des Atoms erfolgt, wenn ein Hüllenelektron an die Umgebung abgegeben wird.

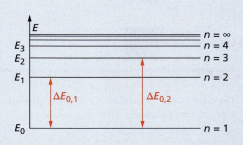

$$\Delta E = h \cdot f = h \cdot \frac{c}{\lambda}$$

Linienspektren (Emissions-Linienspektren, Absorptions-Linienspektren) sind ein Beleg für die quantenhafte Emission bzw. Absorption von Licht. Sie können für spektroskopische Untersuchungen genutzt werden.

Beim Übergang eines Elektrons aus einem energetisch höheren in einen energetisch niedrigeren Zustand ist zwischen spontaner und induzierter Emission zu unterscheiden.

Spontane Emission	Induzierte Emission
Die Emission erfolgt ohne äußere Einwirkung.	Die Emission wird durch Photonen stimuliert.
Beispiel: Glühdraht, Natriumdampflampe	Beispiel: Laser

Ein Atommodell der Quantenphysik (II)

Die verschiedenen energetischen Zustände eines Elektrons in der Atomhülle lassen sich auch als verschiedene Formen der Atomhülle (Orbitale) darstellen.
Ein **Orbital** beschreibt die Wahrscheinlichkeit, das Elektron bei einer Ortsmessung in einem kleinen Raumbereich nachzuweisen (Aufenthaltswahrscheinlichkeit).
Anschaulich beschreibt das Orbital die Dichteverteilung des Elektrons in einem bestimmten energetischen Zustand.

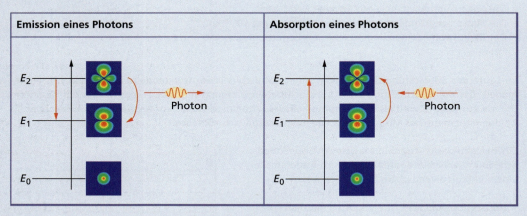

Die Gestalt der Orbitale und die Energiewerte der Elektronen in der Atomhülle können mithilfe der **Schrödingergleichung** – der quantenphysikalischen Grundgleichung – berechnet werden.

Ein einfaches Modell für das Wasserstoffatom ist der **lineare Potenzialtopf** mit unendlich hohen Wänden.
Die Lösungen der Schrödingergleichung für diesen Fall haben die Form von stehenden Wellen bei maximaler Auslenkung. Für das Elektron ergeben sich als mögliche Energieniveaus:

$$E_n = \frac{h^2}{8\,m_e \cdot L^2} \cdot n^2$$

n = 1, 2, 3, …
L ist die Breite des Potenzialtopfs.

Als Lösungen der Schrödingergleichung für das Coulombpotenzial ergeben sich für das Wasserstoffatom die folgenden Energieniveaus E_n:

$$E_n = -\frac{m_e \cdot e^4}{8\,\varepsilon_0^2 \cdot h^2} \cdot \frac{1}{n^2} = -R_H \cdot h \cdot c\, \frac{1}{n^2} = -13{,}6\ \text{eV} \cdot \frac{1}{n^2}$$

n Hauptquantenzahl
R_H Rydberg-Konstante

Die geometrischen Eigenschaften der Orbitale lassen sich auch durch die **Hauptquantenzahl** n, die **Nebenquantenzahl** l und die **Magnetquantenzahl** m kennzeichnen.
Hinzu kommt die **Spinquantenzahl** s. Das Energieniveau eines Elektrons in der Hülle wird im Wesentlichen durch die Hauptquantenzahl bestimmt.

Es gilt das **Pauli-Prinzip**: In einem Atom können zwei Elektronen nicht gleichzeitig in allen Quantenzahlen übereinstimmen.

Das Pauli-Prinzip ermöglicht in Verbindung mit den Quantenzahlen eine Modellvorstellung zum Bau der Atomhülle, die als **Schalenmodell** bezeichnet wird. Damit lässt sich die Struktur des Periodensystems der Elemente deuten.

Aufgaben

Entwicklung der Vorstellungen vom Atom

1. Der britische Physiker ERNEST RUTHERFORD hat aus Streuversuchen weitgehende Folgerungen über den Aufbau von Atomen abgeleitet.
   a) Präsentieren Sie den Streuversuch von RUTHERFORD (Versuchsaufbau, Ergebnisse und ihre Deutung)!
   b) Stellen Sie das Atommodell von RUTHERFORD und die Grenzen dieses Modells dar!

2. Die Größe von Atomen lässt sich mit dem Ölfleckversuch abschätzen. Informieren Sie sich über diesen Versuch! Bereiten Sie ein Kurzreferat zur Durchführung und zu den Ergebnissen dieses Versuchs vor. Informationen finden Sie im Physiklehrbuch der Kl. 9 oder im Internet!

3. Die folgenden Abbildungen zeigen verschiedene Atommodelle.

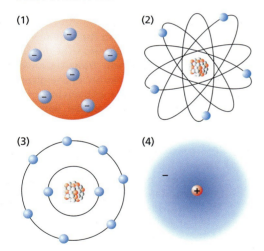

a) Wie unterscheidet sich allgemein ein Modell vom realen Objekt?
   b) Erkunden Sie, wann und von wem die betreffenden Modelle entwickelt wurden und was man mit ihnen verdeutlichen kann!
   c) Wo liegen die Grenzen des jeweiligen Modells?

4. Recherchieren Sie, wie man die Masse und die Größe von Atomen bestimmen kann! Bereiten Sie dazu einen Kurzvortrag vor!

*5. Historisch bedeutsame Atommodelle sind das rutherfordsche und das bohrsche Atommodell.
   a) Charakterisieren Sie das rutherfordsche Atommodell! Wo liegen die Möglichkeiten und die Grenzen dieses Modells?
   b) Beschreiben Sie das bohrsche Atommodell! Erklären Sie mithilfe dieses Modells die Emission und Absorption von Photonen! Erläutern Sie die Grenzen dieses Modells!

6. Der Zusammenhalt eines Atoms wird durch Kräfte zwischen negativ geladenen Elektronen und positiv geladenem Kern gewährleistet. Neben Kräften zwischen Ladungen (elektromagnetische Kraft) treten auch Gravitationskräfte auf. Nach der bohrschen Vorstellung bewegt sich beim Wasserstoffatom im Grundzustand ein Elektron auf einer Kreisbahn im Abstand $r = 5{,}29 \cdot 10^{-11}$ m (bohrscher Radius) um den positiv geladenen Atomkern.
   Vergleichen Sie für ein Wasserstoffatom im Grundzustand den Betrag der elektromagnetischen Kraft zwischen Elektron und Kern mit dem der Gravitationskraft! Was kann man daraus folgern?

7. Vergleichen Sie die Gewichtskraft eines Elektrons mit der elektrostatischen Anziehungskraft zwischen einem Proton und einem Elektron im Abstand $r = 5{,}29 \cdot 10^{-11}$ m!

8. Während die Masse der Atome in einem weiten Bereich variiert, ist der Durchmesser bei allen ähnlich groß.
   a) Wie kann man das mit der elektrostatischen Anziehung plausibel machen?
   b) Sind positiv bzw. negativ geladene Ionen größer oder kleiner als die neutralen Atome? Geben Sie eine begründete Antwort!

9. Die Dichte von festen Stoffen kann recht unterschiedlich sein.
   a) Erkunden Sie, in welchen Grenzen sich die Dichte von festen Stoffen befinden kann!
   b) Hängt die Dichte eines festen Stoffs nur von der Masse und dem Volumen seiner Atome ab?

10. Welcher Zusammenhang besteht zwischen der Dichte und der Ordnungszahl folgender Stoffe: Eisen, Kohlenstoff, Aluminium und Blei? Begründen Sie mit einem Atommodell!

Emission und Absorption von Licht

11. Für ein Wasserstoffatom existiert für das Elektron der Atomhülle eine Reihe von Energieniveaus. Einige dieser Energieniveaus sind nachfolgend dargestellt.

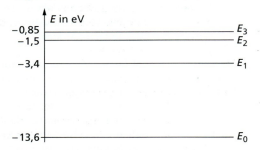

a) Übernehmen Sie die Skizze ins Heft und zeichnen Sie alle möglichen Übergänge zwischen den Energieniveaus ein!
b) Markieren Sie die Übergänge farbig, bei denen Licht im sichtbaren Bereich abgegeben wird!
c) Wie groß ist die Energie der Photonen beim Übergang von E_3 nach E_1? Welche Farbe hat das betreffende Licht (↗Spektrum, S. 178)?

12. Ein Atom emittiert unter anderem Licht der Wellenlängen 700 nm, 500 nm und 292 nm.
a) Welche der zugehörigen Spektrallinien sind für uns sichtbar?
b) Durch welches Energieniveauschema können diese drei Wellenlängen beschrieben werden?
Gibt es mehrere Lösungen?

13. Für Quecksilber gilt das folgende Energieniveauschema (Ausschnitt):

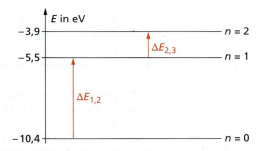

Die Ionisierungsenergie für Quecksilber beträgt 10,4 eV.
a) Was bedeutet diese Angabe?

b) Berechnen Sie für die beiden in der Skizze markierten Übergänge die Frequenz und die Wellenlänge von Licht mit der betreffenden Energie!
Welchem Spektralbereich ist das betreffende Licht zuzuordnen?

14. Eine Spektrallampe emittiert Licht der Wellenlänge 500 nm mit einer Strahlungsleistung von 3 W. Wie viele Photonen werden in 1 h emittiert?

15. Im Lehrbuch auf S. 43 ist das Energieniveauschema für Wasserstoff dargestellt.
a) Im sichtbaren Bereich liegt die Energie der Photonen zwischen 1,5 und 3,3 eV. Geben Sie für $n \leq 4$ die Übergänge an, für die die Spektrallinien im sichtbaren Bereich liegen!
b) Berechnen Sie für den Übergang $n_3 \longrightarrow n_2$ die Wellenlänge, die dem Photon zuzuordnen ist!
c) Berechnen Sie die Frequenz der ersten Linie der Lyman-Serie! In welchem Frequenzbereich liegt die Strahlung?

16. Die H_γ-Linie im Wasserstoffspektrum hat eine Wellenlänge von 434,05 nm. Licht dieser Wellenlänge wird von einem Wasserstoffatom abgegeben, wenn ein Elektron im Energieniveauschema von $n = 5$ auf $n = 2$ übergeht.
a) Wie groß ist die Energie der betreffenden Photonen?
b) Welche Energie kann im Termschema dem Energieniveau $n = 5$ zugeordnet werden?
c) Mit welcher Spannung müsste ein Elektron mindestens beschleunigt werden, um ein Wasserstoffatom aus dem Grundzustand in das Energieniveau $n = 5$ anzuregen?

*17. Gase können in unterschiedlicher Weise zur Aussendung von Licht angeregt werden. Erläutern Sie zwei unterschiedliche Möglichkeiten der Anregung!

18. Erläutern Sie das Wesen der Spektralanalyse! Gehen Sie dabei auch auf die Entwicklungsgeschichte und Anwendungsmöglichkeiten ein!

19. Wie kommt eine Spektrallinie zustande? Erläutern Sie die quantenphysikalischen Prozesse in der Atomhülle und das Funktionsprinzip eines Spektralapparats!

20. Mit unterschiedlichen Versuchsanordnungen erhält man die folgenden drei Spektren:

(I)

(II)

(III)

a) Charakterisieren Sie die drei Spektren!
b) Geben Sie einen Versuchsaufbau an, mit dem man das jeweilige Spektrum erzeugen kann!

*21. Im Spektrum der Sterne beobachtet man fast ausschließlich Absorptionslinien. Warum sieht man diese Absorptionslinien überhaupt? Schließlich gehen die Leuchtelektronen doch nach ihrer Anregung infolge der Photonenabsorption wieder in den Grundzustand über und emittieren dabei Photonen mit genau den Wellenlängen, die zuvor absorbiert wurden. Klären Sie diesen Widerspruch auf!

22. Die Skizze zeigt ein vereinfachtes Energieniveauschema für Rubin, das als Energiespeicher in einem Laser verwendet wird.

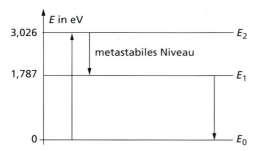

Berechnen Sie die Wellenlänge des Lichts, das von diesem Laser ausgesendet wird! Welche Farbe hat das Licht?

23. Bei der induzierten Emission gehen die angeregten Elektronen „strahlungslos" auf ein niedrigeres Energieniveau über.
Erkunden Sie, was „strahlungsloser Übergang" bedeutet! Begründen Sie, dass der Vorgang mit dem Energieerhaltungssatz vereinbar ist!

24. Begründen Sie, weshalb Laserlicht für das menschliche Auge gefährlich ist!

25. Laser werden heute in der Medizin in vielfältiger Weise genutzt. Fertigen Sie eine Präsentation an, in der Sie auf folgende Schwerpunkte eingehen:
  – Grundsätzlicher Aufbau und Wirkungsweise eines Lasers,
  – Eigenschaften von Laserstrahlung,
  – Nutzung ausgewählter Eigenschaften in der Medizin,
  – Nutzung in der Technik.

Elektronen im linearen Potenzialtopf

26. Für einen linearen Potenzialtopf mit unendlich hohen Wänden gilt für die möglichen Energien die Gleichung:

$$E_n = \frac{h^2}{8\,m_e \cdot L^2} \cdot n^2 \quad \text{mit} \quad n = 1, 2, 3, \ldots$$

Interpretieren Sie diese Gleichung!

27. Ein Elektron in einem linearen Potenzialtopf mit unendlich hohen Wänden und der Breite $L = 20\ \text{nm}$ geht vom 3. angeregten Zustand in den 2. angeregten Zustand über. In einem anderen Potenzialtopf der gleichen Breite geht ein Elektron vom 2. angeregten Zustand in den Grundzustand ($n = 1$) über.
Bei welchem der Übergänge ist die Wellenlänge des emittierten Lichts kleiner?

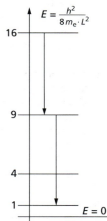

28. Ein Elektron eines Lithiumatoms ($d = 3{,}5 \cdot 10^{-10}\ \text{m}$) soll sich in einem linearen Potenzialtopf gleicher Breite befinden. Lithium ist ein Leichtmetall und hat von allen festen Elementen die kleinste Dichte.
a) Berechnen Sie die Energie des Elektrons für $n = 1$! Vergleichen Sie den berechneten Wert mit dem tatsächlichen Wert von 5,0 eV! Wie könnte der Unterschied zustande kommen?
b) Skizzieren Sie für dieses Elektron maßstäblich ein Energieniveauschema bis $n = 4$ für den linearen Potenzialtopf! Markieren Sie die zulässigen Energieänderungen!

29. Die nachfolgende Skizze zeigt einen unendlich hohen linearen Potenzialtopf mit Energieniveaus.

a) Übernehmen Sie die Skizze ins Heft und zeichnen Sie die Wellenfunktionen ein!

b) Markieren Sie auch die zugehörige Aufenthaltswahrscheinlichkeit eines Elektrons in diesem Potenzialtopf!

30. Ein Wasserstoffatom im angeregten Zustand hat einen Radius von etwa $5 \cdot 10^{-10}$ m, ist also im Bereich einer Kugel mit diesem Radius „eingesperrt". Im Modell des unendlich hohen linearen Potenzialtopfs kann man also von einer Breite von $L = 2r$ ausgehen.

a) Berechnen Sie für dieses Modell die vier niedrigsten Energien des Elektrons!

b) Ermitteln Sie daraus die Frequenz des Lichts beim Übergang vom 4. in den 3. angeregten Zustand.

c) Vergleichen Sie diese Frequenz mit dem experimentell ermittelten Wert (↗ S. 62)! Begründen Sie die Unterschiede!

31. Das Programm „Schrödingers Schlange" ist Freeware im Internet. Laden Sie das Programm z. B. von der Physikdidaktik-Homepage der LMU München herunter.

a) Machen Sie sich mit diesem Programm vertraut! Nutzen Sie dazu auch das Lehrbuch auf S. 64!

b) Bestimmen Sie alle Eigenfunktionen für einen Potenzialtopf der Tiefe 10 eV und einen Potenzialtopf der Tiefe 5 eV!

c) Skizzieren Sie die Eigenfunktionen und die $[\Psi(x)]^2$-Funktionen! Welche Unterschiede stellen Sie fest?

d) Präsentieren Sie die Ergebnisse Ihrer Arbeit mit diesem Simulationsprogramm!

32. E. SCHRÖDINGER gilt als einer der Väter der Quantenphysik. Bereiten Sie ein Kurzreferat zu seinem Leben und Wirken vor!

33. Zwei in der Natur vorkommende Farbstoffmoleküle sind der Sehpurpur und das β-Carotin.

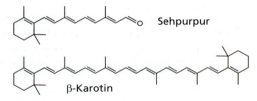

Die langen Ketten der Moleküle können als Potenzialtöpfe aufgefasst werden.

a) Wodurch unterscheiden sich die Potenzialtöpfe offensichtlich stark?

b) Im oberen Topf sind 12 Elektronen, im unteren sind 22. Auf jede Energiestufe des Potenzialtopfs passen nur zwei Elektronen. Im Grundzustand besetzen die 12 Elektronen des Sehpurpurs also die untersten 6 Stufen. Vergleichen Sie für beide Moleküle die nach dem Potenzialtopfmodell nötigen Energien für eine Anregung vom Grundzustand der 12 bzw. 22 Elektronen in den 1. angeregten Zustand!

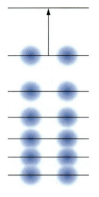

34. Was versteht man unter dem Tunneleffekt? Gibt es vergleichbare klassische Effekte?

35. Das Rastertunnelmikroskop ermöglicht die Darstellung von metallischen Oberflächen! Bereiten Sie ein Kurzreferat zum prinzipiellen Aufbau und zur Wirkungsweise vor!

*36. Da auch klassische Objekte der Quantenphysik gehorchen sollten, müssten diese ebenfalls den Tunneleffekt zeigen. So sollte ein Gefangener in einer Gefängniszelle sich irgendwann einmal auf der anderen Seite der Gitterwand befinden. Die Wahrscheinlichkeit für einen Tunnelvorgang hängt exponentiell von der Höhe und der Dicke der Potenzialbarriere ab. Betrachten Sie nur die Dicke der Barriere: Um welche Größenordnung verändert sich die Tunnelwahrscheinlichkeit mindestens, wenn die Dicke von einem Atomdurchmesser ($\approx 10^{-11}$ m) auf 1 cm vergrößert wird!

Quantenphysikalisches Atommodell

37. Spannen Sie eine dünne Metallplatte an einem oder zwei Punkten (Fixpunkte) fest ein und bestreuen Sie die Platte dünn und gleichmäßig mit Sand. Bringen Sie die Platte mit einem Geigenbogen zum Schwingen. Sie können stattdessen auch einen Lautsprecher dicht unter der Platte anbringen.
Schließen Sie den Lautsprecher an einen Schwingungsgenerator an und variieren Sie die Frequenz, bis Figuren entstehen. Variieren Sie auch die Fixpunkte.
Zeichnen Sie die entstehenden Bilder mit den jeweiligen Fixpunkten und Frequenzen! Notieren Sie Gesetzmäßigkeiten, die Sie erkennen!

38. Das Potenzial φ im Radialfeld einer Ladung Q (Coulombpotenzial) hat den im Diagramm angegebenen Verlauf.

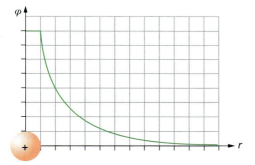

a) Interpretieren Sie das Diagramm!
b) Die Gleichung für dieses Coulombpotenzial lautet:

$$\varphi = \frac{1}{4\pi \cdot \varepsilon_0} \cdot \frac{Q}{r}$$

Als Nullpotenzial wird dabei ein Punkt im Unendlichen angenommen.
Wie groß ist für ein Wasserstoffatom das Potenzial am „Rand" des Atoms, wenn man als Radius $r = 5{,}29 \cdot 10^{-11}$ m (bohrscher Radius) annimmt?
c) Interpretieren Sie den berechneten Wert inhaltlich! Gehen Sie dabei von der Definition des Potenzials im elektrischen Feld aus!

39. Mit den Quantenzahlen und dem Schalenmodell lässt sich die Struktur des Periodensystems der Elemente verstehen.
Erläutern Sie den Aufbau des Periodensystems der Elemente!

40. Die Skizze zeigt ein Orbital des Wasserstoffatoms.

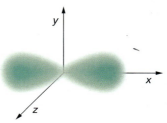

Was kann man einer solchen Darstellung entnehmen?

*41. Atome in angeregten Zuständen können spontan Photonen emittieren.
Die typischen Zeiten bis zur Emission sind, wie in der Radioaktivität, Halbwertszeiten. Die Halbwertszeit für das Orbital des Wasserstoffatoms mit $n = 2$ und $l = 1$ beträgt $1{,}6 \cdot 10^{-9}$ s.
Was bedeutet diese Zahl für eine Anzahl von 1 Mol Wasserstoffatomen, wenn 10 % davon angeregt sind?

42. Die Abbildung zeigt eine Franck-Hertz-Röhre.

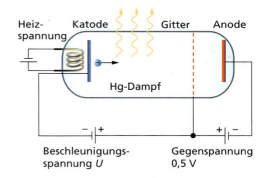

a) Erläutern Sie den Versuch zur Aufnahme des typischen Franck-Hertz-Diagramms, also der Darstellung des Röhrenstroms über der Beschleunigungsspannung der Elektronen!
b) Skizzieren und erklären Sie den typischen Kurvenverlauf!

43. a) Strahlung welcher Wellenlänge müssen die Quecksilberatome emittieren, wenn im Franck-Hertz-Diagramm einer Quecksilberröhre die Maxima der Stromstärke 4,9 V auseinander liegen?
b) Wie kann man Strahlung dieser Wellenlänge nachweisen?

44. Füllt man eine Franck-Hertz-Röhre mit Natriumdampf, dann ergibt das Experiment: Die Minima der Stromstärke-Spannungs-Kennlinie haben einen Abstand von jeweils 2,12 eV.
  a) Was kann man daraus für die Energie der emittierten Photonen folgern?
  b) Welche Wellenlänge ist ihnen zuzuordnen? In welchem Spektralbereich liegt das emittierte Licht?

*45. Der Franck-Hertz-Versuch enthält einen wichtigen Hinweis auf die Lösung eines Paradoxons, das Ihnen vielleicht schon selbst aufgefallen ist: Wieso dürfen wir in der klassischen Gastheorie Atome als kleine, absolut harte und elastische Kugeln ansehen, obwohl sie doch aus einem Kern mit einer vergleichsweise großen Atomhülle bestehen?

46. Beschreiben Sie ausführlich, wie man Röntgenstrahlung erzeugen kann!

47. Erläutern Sie das Zustandekommen des Bremsspektrums und des charakteristischen Röntgenspektrums!

*48. Eine Röntgenröhre wird mit einer Beschleunigungsspannung von 50 kV betrieben.
  a) Welche maximale Energie haben die Elektronen beim Auftreffen auf die Anode? Geben Sie den Wert in eV und J an!
  b) Welche maximale Geschwindigkeit erreichen die Elektronen? Wie viele Prozent der Vakuumlichtgeschwindigkeit sind das?
  c) Berechnen Sie die kurzwellige Grenze der emittierten Strahlung!

49. Die Energie der charakteristischen Röntgenstrahlung eines Elements kann näherungsweise mit der folgenden Gleichung berechnet werden:
$$\Delta E = 13,6 \text{ eV } (Z-1)^2 \left(\frac{1}{n_1^2} - \frac{1}{n_2^2} \right)$$
Dabei sind Z die Kernladungszahl, n_1 und n_2 Energieniveaus.
  a) Berechnen Sie für Kupfer für den Übergang von $n_2 = 2$ auf $n_1 = 1$ die Energiedifferenz!
  b) Wie groß ist die Wellenlänge, die den Röntgenphotonen zugeordnet werden kann?
  c) Vergleichen Sie den berechneten Wert mit dem Röntgenspektrum im Lehrbuch auf S. 75!

*50. Die Abbildung zeigt ein Röntgenspektrum. Die Röntgenröhre arbeitet mit einer Beschleunigungsspannung von 42,4 kV.

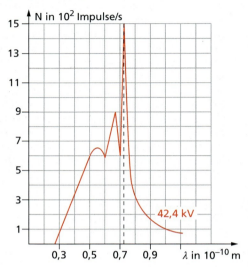

Bestimmen Sie aus diesem Spektrum das plancksche Wirkungsquantum und die Photonenenergie, die beim energiereichsten Elektronenübergang in die K-Schale der betreffenden Atomsorte frei wird!

*51. Es soll die Struktur eines Kristalls untersucht werden. Dazu wird der Kristall mit monochromatischer Röntgenstrahlung der Wellenlänge 154 pm bestrahlt.
  a) Skizzieren Sie eine mögliche Versuchsanordnung!
  b) Welche Abstände d der Netzebenen im Kristall können mit einer solchen Anordnung bestimmt werden? Gehen Sie von der Bragg-Beziehung $2d \cdot \sin \alpha = n \cdot \lambda$ aus!

52. Röntgenstrahlung wird in Technik und Medizin in vielfältiger Weise genutzt.
  a) Bereiten Sie ein Referat zur Entdeckungsgeschichte der Röntgenstrahlung vor! Gehen Sie dabei auf das Leben und Wirken von W. C. RÖNTGEN ein!
  b) Stellen Sie in einer Übersicht die Eigenschaften von Röntgenstrahlung und typische Anwendungen zusammen, bei denen die jeweilige Eigenschaft genutzt wird!
  c) Erläutern Sie ausführlich eine Anwendung von Röntgenstrahlung aus Technik oder Medizin!

3 Strukturunter-
suchungen zum
Aufbau der Materie

3.1   Aufbau der Materie

Die Vorstellungen darüber, wie die uns umgebende Materie aufgebaut ist, haben sich in den letzten 100 Jahren erheblich verändert.
Zu Beginn des 20. Jahrhunderts zweifelten viele Physiker noch an der Existenz der Atome. Einer der Bedeutendsten dieser Zweifler war der Physiker und Philosoph ERNST MACH (1838–1916). Er fragte die Befürworter der Atomtheorie gelegentlich: *„Und, haben Sie schon ein Atom gesehen?"*

Unmittelbar sehen kann man ein Atom nicht. Grünes Licht hat eine Wellenlänge von etwa $5 \cdot 10^{-7}$ m. Atome haben eine Ausdehnung von etwa $5 \cdot 10^{-10}$ m. Ein Objekt, das rund 1000-mal kleiner ist als die Wellenlänge des Lichts, bleibt der menschlichen Wahrnehmung verborgen (↗Abb. S. 87 oben). Die physikalische Forschung vermag dennoch, den inneren Aufbau und die Bestandteile von Atomen zu untersuchen.

Aus dem bisherigen naturwissenschaftlichen Unterricht wissen Sie bereits:
– Die uns umgebende stoffliche Materie ist aus Atomen bzw. Molekülen aufgebaut.
– Atome besitzen eine negativ geladene Atomhülle mit Elektronen und einen positiv geladenen Atomkern.
– Die Ladung von Atomhülle und Atomkern hat bei einem Atom den gleichen Betrag, die Gesamtladung ist null.

Im Atomkern sind mehr als 99,99 % der Atommasse konzentriert.

– Im Atomkern, der nur einen sehr kleinen Bereich des Atoms einnimmt, ist fast die gesamte Masse des Atoms konzentriert. Er besteht aus positiv geladenen Protonen und Neutronen. Die Kernbestandteile nennt man **Nukleonen.** Im Modell lässt sich der Aufbau der Materie so darstellen:

Körper   Makroteilchen   Atom   Atomkern

10^{-3} m 10^{-10} m 10^{-14} m

Die Ladung eines Elektrons nennt man Elementarladung e: $e = 1{,}602 \cdot 10^{-19}$ C

– Die Masse eines Neutrons und eines Protons ist etwa gleich groß und beträgt $1{,}67 \cdot 10^{-27}$ kg. Sie ist etwa 1840-mal größer als die Masse eines Elektrons.
– Die Massenzahl A eines Atoms ergibt sich aus der Kernladungszahl (Protonenzahl) Z und der Neutronenzahl N: $A = Z + N$
– Die Kernladungszahl Z ist gleich der Ordnungszahl im Periodensystem der Elemente.
– Neben den bereits genannten Teilchen gibt es weitere Teilchen, z.B. Positronen, Myonen, Quarks.
– Protonen und Neutronen sind aus jeweils drei Quarks zusammengesetzt.

3.2   Streuexperimente führen zu neuen Erkenntnissen

Eine typische Methode, um Erkenntnisse über den Aufbau der Materie zu gewinnen, ist die Durchführung von Streuexperimenten. Streuexperimente ermöglichen uns einen „Blick" in die kleinsten Strukturen unserer Welt, auch wenn wir diese nicht direkt „sehen".

Objekte, deren Abmessungen deutlich kleiner sind als die Wellenlänge des sichtbaren Lichts, können wir nicht sehen.
Um Effekte zu erzielen, darf sich das zu streuende Objekt nicht um viele Größenordnungen vom streuenden Objekt unterscheiden.

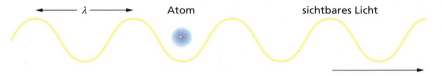

Bei Streuexperimenten wird ein Prinzip genutzt, das auch in der Kriminaltechnik bekannt ist: Bekanntlich feuert man dort ein Projektil auf ein präpariertes Hindernis und kann aus der Einschusstiefe und dem Einschusskrater auf die Eigenschaften des Projektils schließen. Bei einem physikalischen Streuversuch ist es gerade umgekehrt. Man schießt bekannte Teilchen gegen Hindernisse (Targets), deren Eigenschaften noch weitgehend unerforscht sind. Die Ergebnisse der Wechselwirkungen werden registriert und daraus Folgerungen über Strukturen und Eigenschaften abgeleitet.

Zu den ersten Wissenschaftlern, die Streuexperimente durchführten, zählt der britische Physiker neuseeländischer Herkunft ERNEST RUTHERFORD (1871–1937). RUTHERFORD nutzte bereits zu Beginn des 20. Jahrhunderts α-Teilchen als Geschosse. Diese Teilchen sind rund 7 000-mal schwerer als ein Elektron und zweifach positiv geladen. RUTHERFORD lenkte α-Teilchen auf sehr dünne, nur etwa 100 Atomschichten starke Goldfolien. Die Registrierung der Teilchen erfolgte auf einem Leuchtschirm. Dabei ergaben sich überraschende Ergebnisse. Wären Atome massive und deshalb undurchdringliche Kugeln, dann hätten viele α-Teilchen in der Goldfolie stecken bleiben müssen. Doch die weitaus meisten dieser Teilchen passierten die Folien ungehindert bzw. wurden nur geringfügig abgelenkt.
Einige α-Teilchen wurden stärker abgelenkt, einzelne α-Teilchen von der Goldfolie scheinbar reflektiert.
Den grundsätzlichen Versuchsaufbau von RUTHERFORD zeigt die Skizze unten links. Die Anordnung befindet sich im Vakuum. Die Deutung der Ergebnisse ist in der rechten Skizze dargestellt.

ERNEST RUTHERFORD war einer der bedeutendsten Forscher auf dem Gebiet der Atom- und Kernphysik.

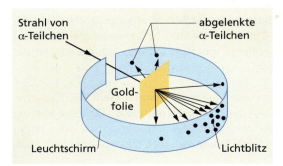

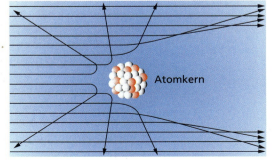

Bereits Ende des 19. Jahrhunderts stellte der deutsche Physiker PHILIPP LENARD (1862–1947) fest, dass schnelle Elektronen dünne Metallfolien durchdringen können.

Im Einzelnen ergeben sich bei Streuversuchen mit α-Teilchen folgende Versuchsresultate:

- Die überwiegende Anzahl der α-Teilchen tritt durch die Goldfolie hindurch und wird dabei nicht oder nur geringfügig abgelenkt.
- Nur in einigen wenigen Fällen werden die α-Teilchen nahezu um 180° reflektiert. Offenbar sind diese α-Teilchen auf ein massives Hindernis im Atom getroffen. Aus den relativen Anzahlen der reflektierten und der durchgelassenen α-Teilchen folgt, dass dieses massive Hindernis etwa 10000-mal kleiner als ein Atom sein muss, also etwa 10^{-14} m. Wir bezeichnen diesen kleinen und sehr kompakten Bereich des Atoms als **Atomkern.**
- Für die weitere Untersuchung des Atombaus sind diejenigen α-Teilchen von größter Bedeutung, die zwar aus ihrer Flugbahn abgelenkt, aber nicht exakt reflektiert werden (↗ Abb. auf S. 87 unten). Die Ablenkung lässt sich mithilfe der Annahme verstehen, dass die positiv geladenen α-Teilchen durch das elektrische Feld eines **positiv geladenen Atomkerns** abgestoßen werden. Dadurch wird die Bahn der α-Teilchen, die relativ nahe am Atomkern vorbeifliegen, gekrümmt.

> Streuversuche belegen, dass Atome einen sehr kleinen, positiv geladenen Atomkern besitzen.

Nachdem sich herausgestellt hatte, dass die Masse der Atome nicht allein durch die Masse der positiv geladenen Teilchen im Kern, der **Protonen,** erreicht werden kann, führte RUTHERFORD zunächst ein weiteres hypothetisches Teilchen als Bestandteil des Atomkerns ein. Dieses Teilchen sollte elektrisch neutral sein und erhielt deshalb die Bezeichnung **Neutron.**

Erst im Jahr 1932 konnte JAMES CHADWICK (1891–1974) diese Vermutung mit dem experimentellen Nachweis der Neutronen bestätigen. Auch bei dieser Entdeckung waren Streuversuche mit α-Teilchen entscheidend, allerdings solche Versuche, bei denen sich die beschossenen Atomkerne durch Reaktionen mit α-Teilchen in andere Atomkerne umgewandelt hatten, also Kernreaktionen erfolgten (↗ S. 146).

Für kurze Zeit glaubte man, mit dem Proton, dem Neutron und dem Elektron die elementarsten Bauteilchen der Welt zu kennen. Hinzu kamen die Photonen als Träger der elektromagnetischen Strahlung. Doch 1932 entdeckte C. D. ANDERSON (1905–1991) das Positron (e^+), das die gleiche Masse wie das Elektron, aber eine entgegengesetzte Ladung hat. Damit war das erste **Antiteilchen** gefunden.

In den darauffolgenden Jahrzehnten gelang es, immer mehr Teilchenarten aufzuspüren. Zu diesen Teilchen gehören z. B. **Neutrinos,** die keine Ladung und nahezu keine Masse besitzen, oder **Myonen,** die positiv oder negativ geladen sein können und eine Masse von 207 Elektronenmassen aufweisen.

Teilchenfamilien		Beispiele	
Leptonen		Elektron e⁻	Elektron-Neutrino υ_E
		Myon μ^-	Myon-Neutrino υ_μ
		Tauon τ	Tauon-Neutrino υ_τ
Hadronen	Mesonen	Pi-Meson π^+	
		K-Meson K^0	
	Baryonen	Proton p	
		Neutron n	
		Sigma-Hyperon Σ^+	
		Xi-Hyperon Ξ^0	

Das Pi-Meson wird auch als Pion, das K-Meson als Kaon bezeichnet.

Teilchen wie etwa die positiven, negativen oder neutralen **Pionen** und die **Kaonen,** besitzen Massen zwischen 264 und 970 Elektronenmassen. Und schließlich existieren mit den sogenannten **Hyperonen** auch Teilchen, die deutlich schwerer als Protonen sind.

> Es gibt eine Vielzahl von Teilchen mit unterschiedlichen Eigenschaften und Lebensdauern. Zu fast jedem Teilchen existiert ein Antiteilchen.

Physiker sprechen deshalb mitunter von einem **„Teilchen-zoo"**.

■ So ist das Antiteilchen des Elektrons das Positron. Antiteilchen des Protons ist das Antiproton, Antiteilchen des Neutrons das Antineutron.

Um eine systematische Ordnung in die Vielfalt der Teilchen zu bringen, erweisen sich Teilchenklassifikationen als nützlich. Man unterscheidet die Teilchen in Leptonen und Hadronen (↗ Übersicht oben). Hadronen lassen sich ihrerseits in Mesonen und Baryonen unterteilen. Protonen und Neutronen gehören den Baryonen an.

Die erste erfolgreiche Klassifizierung gelang 1961 M. GELL-MANN (*1929) und Y. NE'EMAN (1925 bis 2006).

Obgleich man bis zur Gegenwart immer mehr unterschiedliche Teilchen entdeckte, lässt sich die physikalische Forschung auch heute von der Grundüberzeugung leiten, dass es elementarste Bausteine unserer Welt gibt, Teilchen also, aus denen sich alle anderen Teilchen zusammensetzen. Diese Überzeugung gründet sich neben theoretischen Erwägungen wesentlich auf Streuexperimente.

Moderne Streuexperimente sind von dem gleichen Grundgedanken getragen, wie die Versuche von RUTHERFORD: Man möchte Teilchen miteinander in **Wechselwirkung** bringen, um ihre Eigenschaften und ihre Struktur zu erforschen. Bei RUTHERFORDS Streuversuchen handelte es sich bei der Wechselwirkung lediglich um die elektrostatische Abstoßung zwischen Atomkernen und α-Teilchen. Bei heutigen Streuversuchen sind sehr viel kompliziertere physikalische Vorgänge zu berücksichtigen. Um elementare Bestandteile der Materie zu erkunden, sind große Beschleunigeranlagen und hohe Energien erforderlich. Auch die Registrierung der entstehenden Teilchen mithilfe von Detektoren ist überaus aufwendig (↗ S. 91 ff.).

Für seine Untersuchungen zu Elementarteilchen erhielt M. GELL-MANN 1969 den Nobelpreis für Physik.

Erzeugung von Teilchen

Beschießt man schwere Atome mit Photonen, deren Energie höher als 1,02 MeV ist, dann können sich diese Photonen im Coulombfeld der Atomhülle in ein Elektron (e⁻) und ein Positron (e⁺) umwandeln (↗Abb.).

Der dargestellte Vorgang wird als **Paarbildung** oder **Paarerzeugung** bezeichnet.

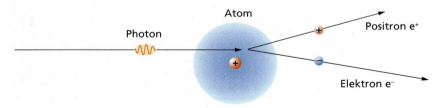

Bei der vollständigen Energiebilanz ist auch die kinetische Energie von Elektron und Positron zu berücksichtigen.
Das Atom nimmt einen Teil des Photonenimpulses auf.

Mithilfe der einsteinschen Gleichung $E = m \cdot c^2$ kann man zeigen, dass dieser Prozess nicht den Satz von der Erhaltung der Energie verletzt. Mit der Ruhemasse m_e eines Elektrons bzw. Positrons ergibt sich für die Ruheenergie beider Teilchen:

$$E = 2\,m_e \cdot c^2 = 1{,}64 \cdot 10^{-13}\ \text{J} = 1{,}02\ \text{MeV}$$

Das ist exakt die Energie, die ein Photon mindestens haben muss, damit es zur sogenannten **Paarbildung** kommt. Darunter versteht man die Bildung eines Teilchen-Antiteilchen-Paars aus einem energiereichen Photon.
Nicht nur für die Streuung von Photonen, sondern auch für andere Prozesse gilt:

Der zur Paarbildung entgegengesetzte Prozess wird **Paarzerstrahlung** genannt.

> Sind bei einer Wechselwirkung von Teilchen die Energien hoch genug, dann können sich weitere Teilchen materialisieren.

Das stets paarweise Auftreten von Elektronen und Positronen im obigen Beispiel belegt, dass neben der Energieerhaltung auch andere Erhaltungssätze bei Streuvorgängen gewahrt bleiben – so der Impuls- und der Drehimpulserhaltungssatz und der Satz von der Erhaltung der Ladung.
Bei Experimenten hat man die Erfahrung gemacht, dass bei Streuvorgängen mit der Energie der beteiligten Teilchen tendenziell auch die Anzahl und die Masse der entstehenden Teilchen zunimmt. Außerdem können neu gebildete Teilchen genügend Energie besitzen, um ihrerseits weitere Teilchen entstehen zu lassen, wodurch sich der Streuvorgang extrem verkomplizieren kann. Darstellungen von Bahnspuren bei Streuprozessen belegen diese Tatsache eindrucksvoll (↗Abb.).

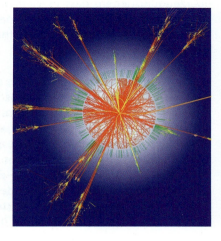

Das Foto zeigt einen der riesigen Detektoren, die für den derzeit weltweit leistungsstärksten Beschleuniger am europäischen Kernforschungszentrum CERN bei Genf gebaut wurden. Der Detektor ATLAS hat eine Masse von ca. 7 000 Tonnen.

Aus dem geschilderten Sachverhalt ergibt sich ein grundlegendes Problem. Will man in immer kleinere Strukturbereiche der Materie „blicken", dann muss man die Geschwindigkeit und damit die kinetische Energie der Streupartner erhöhen. Das ist nicht nur erforderlich, um etwaige Abstoßungskräfte zwischen den Teilchen zu überwinden, es ergibt sich auch aus den Welleneigenschaften der Teilchen selbst. Wegen der de-Broglie-Beziehung ist die Wellenlänge umso kleiner, je größer die Geschwindigkeit des Teilchens ist. Um kleinste Objekte zu untersuchen, kann das Untersuchungswerkzeug, in unserem Fall das zu streuende Objekt, nicht wesentlich größer als das streuende Objekt sein. Hier stößt man auf das gleiche Problem, das bereits zu Beginn dieses Kapitels bei der Unmöglichkeit des „Sehens" von Atomen vorgestellt wurde (↗ Abb. auf S. 87).

Die de-Broglie-Beziehung lautet:
$p = \frac{h}{\lambda}$ oder $\lambda = \frac{h}{m \cdot v}$
p ist der Impuls des Teilchens, h das plancksche Wirkungsquantum und λ die Wellenlänge.

Doch bei sehr hohen Teilchenenergien wird der Streuprozess durch die Materialisierung vieler Teilchen extrem kompliziert. Heute kann man in großen Teilchenbeschleunigern Partikel fast auf Lichtgeschwindigkeit bringen und miteinander kollidieren lassen. Die Detektoren, welche die Energien und Flugbahnen der dabei entstehenden Teilchenschauer registrieren, haben in den größten Anlagen nicht selten Abmessungen von Häusern (↗ Abb. oben).

■ Der LHC (**L**arge **H**adron **C**ollider) ist ein Teilchenbeschleuniger für Hadronen am europäischen Kernforschungszentrum CERN bei Genf, an dessen Bau 20 Mitgliedsstaaten beteiligt waren. Die ersten Tests mussten 2008 nach wenigen Tagen wegen technischer Probleme eingestellt werden. Nach der Reparatur werden seit Ende 2009 weitere Tests und umfangreiche Untersuchungen durchgeführt. Vorgesehen ist die Kollision von Hadronen, insbesondere von Protonen.
Angezielt ist dabei im Protonenmodus eine Energie bei der Kollision von 14 TeV = $14 \cdot 10^{12}$ eV. Die Teilchen hätten dann 99,999 999 1 % der Vakuumlichtgeschwindigkeit (↗ S. 92–93).

Riesenbeschleuniger für kleinste Teilchen

Viele Erkenntnisse über die Struktur der Materie wurden in den letzten Jahrzehnten mithilfe von **Beschleunigern** gewonnen. Mit heutigen Beschleunigern lassen sich noch Strukturen wie die Quarks untersuchen, die höchstens ein Hundertmillionstel eines Atomdurchmessers groß sind.

Das **Grundprinzip** bei Beschleunigern besteht darin, dass geladene Teilchen (Elektronen, Protonen, Ionen) auf große Geschwindigkeiten gebracht werden, dann auf andere Teilchen oder Stoffe gelenkt werden und dort Wechselwirkungen auslösen, die in Detektoren registriert und dann ausgewertet werden. Damit kann man Erkenntnisse über die Grundbausteine der Materie gewinnen.

Wichtige Arten von Beschleunigern sind **Linearbeschleuniger**, **Zyklotrone**, **Synchrozyklotrone** und **Synchrotrone**.

Linearbeschleuniger sind so aufgebaut, dass geladene Teilchen eine Reihe von röhrenförmigen Elektroden durchlaufen, die mit den Polen eines Hochfrequenzgenerators verbunden sind (↗ Abb. 3).

Das Innere der Röhren ist feldfrei. Entscheidend für die Beschleunigung sind die Zwischenräume.

Da die Teilchengeschwindigkeit immer größer wird, muss bei konstanter Frequenz der Beschleunigungsspannung auch die Rohrlänge größer werden. Mit Linearbeschleunigern erreicht man Energien bis etwa 50 MeV.

Ein **Zyklotron** besteht aus einer flachen Kammer mit zwei halbkreisförmigen Dosen, die sich in einem Hochvakuum befinden. Die Dosen sind mit einem Hochfrequenzgenerator verbunden, sodass zwischen ihnen ein veränderliches elektrisches Feld besteht. Sie werden von einem konstanten, homogenen Magnetfeld senkrecht durchsetzt (↗ Abb. 2). Die von einer Teilchenquelle T ausgehenden Teilchen werden durch das Magnetfeld umgelenkt, im elektrischen Feld zwischen den Dosen beschleunigt, wieder umgelenkt usw. Schließlich werden sie durch eine Elektrode E herausgelenkt und stehen dann für Experimente zur Verfügung.

1 Linearbeschleuniger dienen z. B. als Vorbeschleuniger von Ringbeschleunigern.

Bei großen Geschwindigkeiten von Teilchen treten relativistische Effekte auf. Die Masse der Teilchen nimmt zu und es vergrößert sich damit ihre Umlaufzeit. Passt man die Hochfrequenz des elektrischen Felds der Veränderung der Umlaufzeit an, so können die Teilchen stärker beschleunigt werden als bei einem Zyklotron. Man nennt eine solche Anordnung mit veränderbarer Hochfrequenz ein **Synchrozyklotron**.

Um eine weitere Steigerung der Geschwindigkeit und damit der Energie von geladenen Teilchen zu erreichen, kann man elektrische und magnetische Felder in großen Beschleunigerringen anordnen. Man spricht dann von einem **Synchrotron**. Eine der

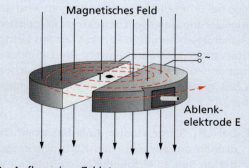

2 Aufbau eines Zyklotrons

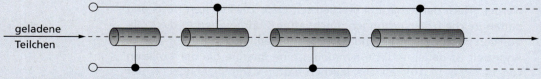

3 Prinzipieller Aufbau eines Linearbeschleuniger

1 Markiert sind die Abmessungen der unterirdischen Anlagen des DESY.

3 Teil der ca. 27 km langen unterirdischen Ringanlage des LHC bei Genf

größten Anordnungen dieser Art war das Deutsche Elektronen-Synchrotron (DESY) in Hamburg. Das Bild oben zeigt die riesigen Abmessungen der unterirdischen Anlagen PETRA (Positron-Elektron-Tandem-Ring-Anlage) mit 2,3 km Länge und HERA (Hadron-Elektron-Ring-Anlage) mit 6,3 km Länge.
Bei der 1978 in Betrieb genommenen Anlage PETRA trafen Teilchen mit einer Energie von 12 GeV aufeinander. Bei HERA konnten Elektronen bis auf 30 GeV und Protonen bis auf 820 GeV beschleunigt werden. Beide Anlagen sind nicht mehr in Betrieb. Die Auswertung der Messdaten wird allerdings noch mehrere Jahre in Anspruch nehmen.

Den grundsätzlichen Aufbau solcher Ringanlagen zeigt die Skizze unten. Elektronen bzw. Protonen werden durch die Magnete M umgelenkt und durch elektrische Felder E beschleunigt. Durch Ablenkmagnete A kann der Teilchenstrom in Experimentierhallen ausgelenkt und auf ein Target geschossen werden. Mit Detektoren werden die Wechselwirkungen registriert.

Der weltweit leistungsstärkste Teilchenbeschleuniger ist der LHC (**L**arge **H**adron **C**ollider) am europäischen Kernforschungszentrum CERN bei Genf (↗Abb. 3, 4). Er wurde 2008 erstmals in Betrieb genommen. Je nach Betriebsmodus werden in diesem riesigen Beschleuniger Protonen oder Blei-Ionen beschleunigt und zur Kollision gebracht. Angezielt ist im Protonenmodus eine maximale Energie von 7 TeV = $7 \cdot 10^{12}$ eV für jedes der sich gegenläufig bewegenden „Protonenpakete", die dann an bestimmten Punkten zur Kollision gebracht werden.
Die bei der Wechselwirkung entstehenden Teilchen werden in den riesigen Detektoren (↗Abb. 4) registriert, die Auswertung erfolgt mithilfe leistungsstarker Computer. Das wichtigste Ziel der Experimente am LHC ist der Nachweis des seit Jahrzehnten gesuchten Higgs-Bosons.

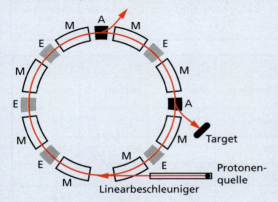

2 Aufbau eines Ringbeschleunigers

4 CMS-Detektor im LHC bei Genf

3.3 Das Standardmodell

Die heutigen Erkenntnisse über die Struktur der Materie werden in einem Modell zusammengefasst, das in der Physik als **Standardmodell** bezeichnet wird. Es ist eine physikalische Theorie, mit der die heute bekannten Elementarteilchen und die Wechselwirkungen zwischen ihnen beschrieben werden.

Die Bezeichnung „Quark" entlieh M. GELL-MANN aus dem Roman „Finnegans Wake" von J. JOYCE.

Im Jahre 1964 äußerten M. GELL-MANN (*1929) und G. ZWEIG (*1937) die Vermutung, dass es Teilchen mit gedrittelten Elementarladungen geben müsse, die als **Quarks** bezeichnet wurden.

Beschießt man Protonen mit sehr schnellen Elektronen, dann erfolgt der Streuprozess so, als ob innerhalb der Protonen verschiedene Streuzentren vorhanden wären.

Durch solche Versuche und weitergehende theoretische Überlegungen wurde man zur Ansicht geführt, dass sich sowohl Baryonen als auch Mesonen aus noch kleineren Bestandteilen zusammensetzen, eben den von GELL-MANN und ZWEIG vorhergesagten Quarks. Nach der Quarktheorie existieren sechs verschiedene Quarks mit den fantasievollen Bezeichnungen u (up), d (down), s (strange), c (charm), t (top) und b (bottom). Jedes Quark besitzt ein Antiteilchen (↗ Übersicht unten).

In diesem Modell ist z. B. ein Proton aus zwei up-Quarks und einem down-Quark zusammengesetzt. Die nach außen wirksame Ladung des Protons ergibt sich aus der Summe der Quarkladungen:

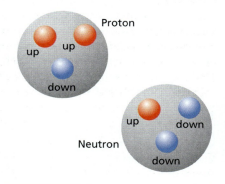

$$+ \tfrac{2}{3}\,e + \tfrac{2}{3}\,e - \tfrac{1}{3}\,e = + 1e$$

Mesonen bestehen im Standardmodell aus je zwei Quarks, einem Quark und einem Antiquark.

Teilchen und Antiteilchen haben stets die gleiche Masse, tragen aber immer die entgegengesetzte Ladung.

Alle Hadronen (Mesonen, Baryonen) sind aus Quarks zusammengesetzte Teilchen.

Quark	u	d	s	c	b	t
Bezeichnung	up	down	strange	charm	bottom	top
Ladung	$+\frac{2}{3}\,e$	$-\frac{1}{3}\,e$	$-\frac{1}{3}\,e$	$+\frac{2}{3}\,e$	$-\frac{1}{3}\,e$	$+\frac{2}{3}\,e$
Masse in $\frac{\text{GeV}}{c^2}$	0,003	0,06	0,1	1,3	4,3	175
Antiquark	$\bar{u}$	$\bar{d}$	$\bar{s}$	$\bar{c}$	$\bar{b}$	$\bar{t}$
Ladung	$-\frac{2}{3}\,e$	$+\frac{1}{3}\,e$	$+\frac{1}{3}\,e$	$-\frac{2}{3}\,e$	$+\frac{1}{3}\,e$	$-\frac{2}{3}\,e$

Noch nie ist es bisher gelungen, ein einzelnes Quark aus einem anderen Teilchen herauszuschlagen. Eine einfache Erklärung für diese Beobachtung liefert die Annahme, dass zum Heraustrennen eines einzelnen Quarks mehr Energie erforderlich wäre, als notwendig ist, um ein Quark und ein Antiquarkpaar zu erzeugen. Quark und Antiquark bilden aber sogleich ein neues eigenständiges Teilchen, nach obiger Darstellung ein Meson. Schließlich konnte man bei den masseärmsten Elementarteilchen, den Leptonen, bisher keine innere Struktur nachweisen. Die Leptonen, zu denen auch die Elektronen gehören, bilden daher eine eigenständige Gruppe von elementaren Teilchen.

Es existieren 6 Leptonen (↗ Tabelle auf S. 89 oben).

> Quarks und Leptonen bilden nach heutigem Kenntnisstand die Grundbausteine für alle anderen massebehafteten Teilchen und damit letztlich für die Materie.

Insgesamt gibt es 6 Quarks und 6 Leptonen, also 12 Elementarteilchen, sowie deren Antiteilchen.

Fundamentale Wechselwirkungen und ihre Austauschteilchen

Zu einem besseren Verständnis der Elementarteilchen gelangt man, wenn man untersucht, welche Kräfte zwischen ihnen auftreten und wodurch diese Kräfte entstehen. Im Rahmen einer Teilchenphysik ist es konsequent, auch diese Kräfte auf das Wirken von Teilchen zurückzuführen. Wechselwirkungen zwischen Teilchen werden nach dieser Ansicht durch sogenannte **Austauschteilchen** übertragen. Der Grundgedanke ist dabei, dass eine bestimmte Kraft zwischen Teilchen nur wirkt, wenn diese Teilchen eine ganz bestimmte Eigenschaft besitzen. Erst dann können die entsprechenden Vermittlerteilchen wirksam werden.

In der Physik spricht man in diesem Zusammenhang von Wechselwirkungen oder von Kräften.

Insgesamt sind den Physikern **vier fundamentale Wechselwirkungen** bzw. Kräfte bekannt – die Gravitationskraft, die elektromagnetische Kraft, die schwache Kraft und die starke Kraft. Für jede dieser vier Kräfte müsste es spezifische Austauschteilchen geben. Allerdings konnte man bisher für die Gravitationskraft ein solches Austauschteilchen nicht nachweisen.

Dieses hypothetische Austauschteilchen bei der Gravitationskraft wird als **Graviton** bezeichnet.

Kraft	wirkt auf	Reichweite	Relative Stärke
Elektromagnetische Kraft	elektrisch geladene Teilchen	nimmt mit $\frac{1}{r^2}$ ab	10^{-2}
Starke Kraft	Quarks, also auch auf Kernteilchen	10^{-15} m	1
Schwache Kraft	alle Teilchen	10^{-17} m	10^{-13}
Gravitationskraft	alle Teilchen	nimmt mit $\frac{1}{r^2}$ ab	10^{-40}

> In der Physik werden vier fundamentale Wechselwirkungen bzw. Kräfte unterschieden: die elektromagnetische Kraft, die starke Kraft, die schwache Kraft und die Gravitationskraft.

Die Gravitationskraft ist bei Elementarteilchen gegenüber den anderen Kräften vernachlässigbar.

Wechselwirkung	wirkt auf die Eigenschaft	Austauschteilchen	Beispiel
Elektromagnetische Kraft	elektrische Ladung	Photon	Zusammenhalt des Atoms
Starke Kraft	Farbladung	Gluon	Zusammenhalt eines Protons
Schwache Kraft	schwache Ladung	W- und Z-Boson	Beta-Zerfall
Gravitationskraft	Masse	Graviton ?	Zusammenhalt des Planetensystems

Die elektromagnetische Kraft wirkt zwischen geladenen Teilchen. Im Bereich der Mikrophysik ist diese Kraft für den Zusammenhalt von Atomkern und Atomhülle verantwortlich.

Alle Teilchen mit der Eigenschaft der elektrischen Ladung unterliegen der elektromagnetischen Kraft. Ihre Austauschteilchen sind die Photonen. Im Rahmen der Modells der Austauschteilchen gelingt es, unter Einbeziehung quantenphysikalischer Überlegungen die mathematische Form des coulombschen Gesetzes herzuleiten ($\nearrow$ S. 101).

Das coulombsche Gesetz lautet:

$$F = \frac{1}{4\pi \cdot \varepsilon_0} \cdot \frac{Q_1 \cdot Q_2}{r^2}$$

Im Gegensatz zur elektromagnetischen Kraft, die auf die elektrische Ladung wirkt, sind diejenigen Eigenschaften, auf welche die schwache und starke Kraft wirken, aus der Makrophysik nicht bekannt. Dennoch konnte man deren Existenz in zahlreichen Versuchen und theoretischen Modellen eindeutig nachweisen. Man hat spezielle Namen für diese Eigenschaften erfunden.

Die starke Kraft wirkt auf eine Eigenschaft der Teilchen, die man als „Farbe" oder „Farbladung" bezeichnet. Quarks tragen eine „Farbe", wobei die drei Variationen „Rot", „Grün" und „Blau" möglich sind. Die starke Kraft bewirkt den Zusammenhalt der aus Quarks aufgebauten Elementarteilchen, also der Hadronen. Die Vermittlerteilchen der starken Kraft nennt man Gluonen (glue, engl. = der Leim).

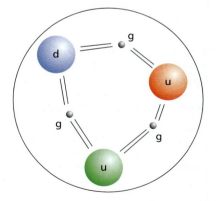

Die schwache Kraft wirkt auf Teilchen, die eine „Flavor" oder „Flavorladung" genannte Eigenschaft besitzen. Quarks und Leptonen besitzen eine Flavorladung. Die Vermittlerteilchen der schwachen Kraft sind drei sogenannte Vektorbosonen, die man experimentell nachweisen konnte: das W^+-Boson, sein Antiteilchen W^- und das Z-Boson Z^0. Die schwache Kraft, die auch als schwache Wechselwirkung bezeichnet wird, ist beispielsweise für den radioaktiven Beta-Zerfall verantwortlich.

Darstellung fundamentaler Wechselwirkungen durch Feynman-Diagramme

Die Theorien, mit denen Kräfte zwischen Teilchen heutzutage beschrieben werden, enthalten Elemente aus der Quantenphysik und der Relativitätstheorie. Sie heißen **Quantenfeldtheorien.**
Sie werden – wie jede physikalische Theorie – so konstruiert, dass die experimentellen Ergebnisse möglichst gut reproduziert werden. Bei kleinen Teilchenenergien unterscheiden sich die Vorhersagen der verschiedenen Theorien nur wenig. Deshalb braucht man Messergebnisse von den großen Beschleunigern, wie dem LHC in Genf, dem DESY in Hamburg oder dem FERMILAB in den USA.

In Quantenfeldtheorien werden die Kräfte durch den Austausch von Quantenobjekten beschrieben. Diese Austauschteilchen verletzen die relativistische Energie-Masse-Beziehung. Gemäß der Quantentheorie dürfen sie deshalb nicht lange existieren. Man unterscheidet sie von den realen Quantenobjekten und nennt sie oft „virtuelle Teilchen".

So beschreibt man die elektromagnetische Kraft durch den Austausch von virtuellen Photonen.
In der Elementarteilchenphysik werden solche Wechselwirkungen durch sogenannte Feynman-Diagramme veranschaulicht. Benannt sind sie nach dem amerikanischen Physiker R. P. FEYNMAN (1918–1988), der für seine Arbeiten zum Verhalten geladener Teilchen und ihrer Wechselwirkungen 1965 den Nobelpreis für Physik erhielt.

Feynman-Diagramme stellen Wechselwirkungen bildhaft dar und erleichtern ihre Berechnung. Grundsätzlich gilt für solche Diagramme:
– Die schwarzen Punkte stehen für Wechselwirkungspunkte. An ihnen können Teilchen erzeugt, vernichtet oder gestreut werden.
– Die äußeren Linien entsprechen einlaufenden und auslaufenden Teilchen vor bzw. nach der Wechselwirkung.
– Die inneren Linien werden als virtuelle Teilchen (Austauschteilchen) gedeutet.

Betrachten wir als Beispiel die **elektromagnetische Wechselwirkung** zwischen zwei Elektronen (↗ Abb. 1). Dargestellt sind zwei einlaufende und zwei auslaufende Elektronen. Die Elektronen wechselwirken durch Austausch eines Photons, das auch als Quant des elektromagnetischen Felds bezeichnet wird.

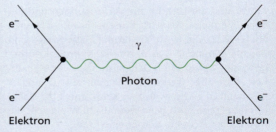

1 Feynman-Diagramm zur Wechselwirkung zweier Elektronen

Die **starke Wechselwirkung** bestimmt u. a. die innere Struktur von Protonen und Neutronen. Die Austauschteilchen, die die starke Wechselwirkung vermitteln, sind die Gluonen. Im Feynman-Diagramm lässt sich das so wie in Abb. 2 dargestellt beschreiben. Wird zwischen zwei Quarks ein Gluon ausgetauscht, dann ändert sich die Farbladung der beteiligten Quarks.

Die **schwache Wechselwirkung** wird durch W- und Z-Bosonen vermittelt. Ein typisches Feynman-Diagramm für diese Wechselwirkung zeigt Abb. 3.

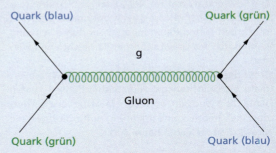

2 Wechselwirkung zweier Quarks, vermittelt durch ein Gluon

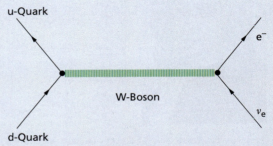

3 Wechselwirkung zwischen Quarks und Elektronen, vermittelt durch ein W-Boson.

Das Ringen um ein Verständnis von Kräften und Wechselwirkungen

Kräfte sind die Ursache für Verformungen und Beschleunigungen. Als erster Forscher hat ISAAC NEWTON (1643–1727) die Kraft als Produkt aus Masse und Beschleunigung ($F = m \cdot a$) erfasst. NEWTONS Kraftbegriff, eine der größten Denkleistungen der Menschheit, lässt aber wesentliche Fragen aus. Er erklärt uns nämlich nicht, wie eine Kraft entsteht. Dabei ist diese Frage doch ganz wesentlich: Wie macht die Natur, wie macht ein Körper eine Kraft?

Die besten Physiker einer jeden Zeitepoche haben sich um die Beantwortung dieser scheinbar einfachen Frage bemüht.
In seinem grundlegenden Werk „Philosophiae naturalis principia mathematica" stellte NEWTON (↗ Abb. 1) Ende des 17. Jahrhunderts sein Kraftkonzept vor. Er gab darin auch das Gravitationsgesetz an. Es lautet in moderner Formulierung:

$$F = G \cdot \frac{m_1 \cdot m_2}{r^2}$$

Dabei sind G die Gravitationskonstante, m_1 und m_2 die Massen der Körper und r der Abstand ihrer Massenmittelpunkte.

Die Schwerkraft war für NEWTON etwas Primäres, das man nicht näher erklären kann oder muss. Sie wirkt durch den leeren Raum hindurch und ihre Wirkung kann durch das Gravitationsgesetz beschrieben werden.
Trotz der grundlegenden Fortschritte – NEWTONS Formeln ermöglichten die Himmelsmechanik – waren seine Zeitgenossen von der Tatsache erschüttert, dass die Theorie keine Erklärung dafür gibt, wie die Gravitation im leeren Raum wirkt.

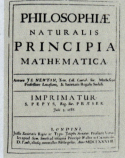

1   I. NEWTON fasste seine Erkenntnisse zur Mechanik in dem 1687 erschienenen Werk „Mathematische Prinzipien der Naturlehre" zusammen.

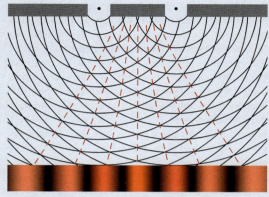

2   Tritt Licht durch einen Doppelspalt oder durch ein Gitter, dann sind auf einem Bildschirm Interferenzmuster zu beobachten.

Für CHRISTIAN HUYGENS (1629–1695) verletzte eine solche Theorie die Grundsätze der Naturbeschreibung, für G. W. LEIBNIZ (1646–1716) war sie sogar unerklärbar und unvernünftig. Und so dauerte es rund 50 Jahre, bis man sich in ganz Europa mit der Physik der newtonschen Gravitation angefreundet hatte. Im Grunde sind die Anhänger der alten Konzepte gestorben und junge aufgeschlossenere Gelehrte nahmen ihre Plätze ein. Eine in die Ferne wirkende Gravitationskraft war damit in der Vorstellungswelt der neuen Forschergeneration verankert – die sogenannte **Fernwirkung.**

Um sich mit der Vorstellung anzufreunden, der Raum sei absolut leer, muss man auch alle anderen Naturphänomene im Rahmen dieser Vorstellung deuten. Daher ist es nicht weiter verwunderlich, dass NEWTON die Ausbreitung des Lichts mit Lichtteilchen erklärte, denn Teilchen können durch den leeren Raum hindurchfliegen.

Doch als A. FRESNEL (1788–1827) und THOMAS YOUNG (1773–1829) im frühen 19. Jahrhundert Interferenz und Beugungsexperimente mit Licht durchführten und im Wellenbild deuteten (↗ Abb. 2), schien der endgültige Beweis dafür erbracht, dass Licht ein Wellenphänomen ist. Die Vorstellung von Licht als Strom von winzigen Teilchen trat völlig in den Hintergrund. Damit sich eine Welle ausbreiten kann, muss etwas schwingen, doch wie soll der leere Raum das vollbringen? Aus diesem Problem heraus entstand das **Ätherkonzept.**

Eigentlich von den frühen Vertretern der Wellentheorie schon im 17. Jahrhundert erdacht, wurde das Ätherkonzept im 19. Jahrhundert wieder neu belebt. Nach YOUNGS Vorstellung ist der Raum nicht leer, sondern mit einer verdünnten und elastischen Substanz erfüllt, die Schwingungen ausführen kann. Dieses Konzept erschien so weitreichend, dass man schon bald begann, verschiedene Sorten von Äther zu erfinden, zum Beispiel den elektrischen Äther, der die Kraftwirkung des coulombschen Gesetzes übertragen sollte.

Schließlich gab es auch Bestrebungen, die Gravitation im Rahmen des Ätherkonzepts zu verstehen, und im ausgehenden 19. Jahrhundert hielten es viele Physiker für möglich, eine einheitliche Theorie von Gravitation und Elektromagnetismus zu schaffen, indem man erklärt, wie eine einzige Äthersubstanz diese zwei verschiedenen Naturkräfte vermitteln kann.

So stellte zum Beispiel J. C. MAXWELL fest: *„Welche Schwierigkeiten wir auch haben, eine konsistente Vorstellung der Beschaffenheit des Äthers zu entwickeln: Es kann keinen Zweifel geben, dass der interplanetarische und interstellare Raum nicht leer ist, sondern dass beide von einer materiellen Substanz erfüllt sind, die gewiss die umfangreichste und vermutlich einheitlichste Materie ist, von der wir wissen."*

Doch die Äthertheorie steht im Widerspruch zur Beobachtung. Die um die Sonne kreisende Erde müsste sich durch den ruhenden Äther hindurchbewegen. Das sich im Äther ausbreitende Licht sollte deshalb bezüglich der Erde, die sich ja relativ zum Äther bewegt, auch andere Geschwindigkeiten als die Lichtgeschwindigkeit haben können. Doch das wird nicht beobachtet, die Lichtgeschwindigkeit ist eine universelle Konstante.

Es gibt keinen Äther. Den Äther hat der geniale Experimentalphysiker A. A. MICHELSON (1852–1931) gegen Ende des 19. Jahrhunderts „abgeschafft", denn seine trickreichen Interferenzmessungen zur Lichtausbreitung – bekannt unter der Bezeichnung Michelson-Versuch – hatten keinerlei messbare Effekte ergeben. Dieses grundlegende Experiment änderte allerdings nichts daran, dass verschiedene Äthertheorien „weiterlebten" und auch zahlreiche Versuche gemacht wurden, den Ätherbegriff in die moderne Physik zu übertragen. Heute gilt der Äther als wissenschaftlicher Irrtum.

Fast hätte die letzte Stunde des Äthers schon viele Jahrzehnte früher geschlagen. M. FARADAY (1791 bis 1867) war nach umfangreichen Experimenten zur Elektrizität und zum Magnetismus schon in der ersten Hälfte des 19. Jahrhunderts zu der Folgerung gelangt, dass die elektrischen und magnetischen Wirkungen durch **Kraftlinien** in die Ferne übertragen werden. Diese Kraftlinien – wir nennen sie heute **Feldlinien** – waren für FARADAY genau so real wie es die Fernkräfte für NEWTON gewesen waren. Fast glaubt man Kraftlinien zu sehen, wenn man die mit Eisenfeilspänen bestäubte Umgebung einer stromdurchflossenen Spule betrachtet, aber auch die Kraft- oder Feldlinien sind natürlich ein Modell (↗ Tabelle). Aus der Vorstellung der Feldlinien heraus entwickelte sich die **Feldvorstellung.**

Feldlinien sind Ausdruck der Fähigkeit eines bestimmten Körpers, seine Umgebung in einen gewissen Zustand zu versetzen. Diesen Zustand bezeichnet man als Feld. Je nachdem, um welche Art von Wechselwirkung es sich handelt, gibt es beispielsweise elektrische, magnetische oder elektromagnetische Felder sowie Gravitationsfelder.

Feldlinienbilder sind Modelle für real existierende elektrische oder magnetische Felder.

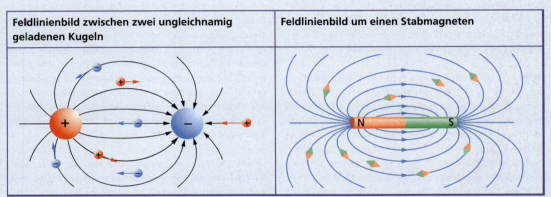

Feldlinienbild zwischen zwei ungleichnamig geladenen Kugeln

Feldlinienbild um einen Stabmagneten

Im Feldkonzept erzeugt ein Körper, genauer gesagt eine charakteristische Eigenschaft dieses Körpers wie etwa seine Ladung oder seine Masse, zunächst um diesen Körper herum ein Feld. Dieses Feld verändert die Umgebung. Kommt nun ein zweiter Körper mit der gleichen charakteristischen Eigenschaft hinzu dann „spürt" dieser Körper nicht etwa unmittelbar den anderen Körper, sondern vielmehr das Feld um diesen Körper herum.

Der Physiker J. C. MAXWELL (1831–1879) hatte in der zweiten Hälfte des 19. Jahrhunderts Gleichungen ersonnen, mit denen man elektrische und magnetische Felder beschreiben kann. Das Besondere an den maxwellschen Gleichungen ist der Umstand, dass es sich bei ihnen um Differenzialgleichungen handelt. Wenn man Größe und Richtung einer elektrischen oder magnetischen Kraft in einem Punkt des Raums zu irgendeinem Zeitpunkt bestimmen will, dann muss man diese Größen in einem unmittelbar benachbarten Punkt für den unmittelbar vorangehenden Zeitpunkt wissen. Kräfte bzw. Felder breiten sich nicht über große Distanzen hinweg augenblicklich aus, sondern von Ort zu Ort. Dafür benötigen sie Zeit, die Geschwindigkeit der Ausbreitung ist die Lichtgeschwindigkeit.

Mit Beginn des 20. Jahrhunderts begannen sich unsere heutigen Konzepte von der Wechselwirkung zu entwickeln. Historisch als Erstes sind EINSTEINS Vorstellungen von Feldern zu nennen. ALBERT EINSTEIN (1879–1955) kannte die maxwellschen Feldgleichungen und er war sich darüber im Klaren, dass es keinen Äther gibt. So formulierte er in seiner Veröffentlichung zur speziellen Relativitätstheorie im Jahr 1905:
„Die Einführung eines „Lichtäthers" wird sich insofern als überflüssig erweisen, als nach der zu entwickelnden Auffassung weder ein mit besonderen Eigenschaften ausgestatteter „absoluter Raum" eingeführt, noch einem Punkt des leeren Raumes, in welchem elektromagnetische Prozesse stattfinden, ein Geschwindigkeitsvektor zugeordnet wird."

Doch wie soll man sich ein Feld ohne eine Substanz vorstellen, in der es sich ausbreiten kann? Denkt man sich den Äther aus dem Raum weg, dann bleibt nur noch der leere Raum übrig. Ändert ein Körper vermöge des ihn einhüllenden Felds die physikalischen Eigenschaften seiner Umgebung, dann kann dies eigentlich nur noch geschehen, indem die geometrischen Eigenschaften des Raums selbst geändert werden. Ein Feld ist nach dieser Auffassung ein be-

1 Modell eines gekrümmten Raums: Ein Körper großer Masse formt eine trichterförmige Vertiefung.

sonderer Zustand des Raums um einen Körper, der anhand der geometrischen Eigenschaften des Raums zum Ausdruck kommt. Allerdings führte dieses Konzept erst dann zum Erfolg, als EINSTEIN neben den Auswirkungen auf den Raum auch Auswirkungen auf die Zeit in Erwägung zog.

Die Gravitationswirkung der Sonne auf die Erde geschieht in diesem Bild anschaulich etwa folgendermaßen. Zunächst verändert die Sonnenmasse die Geometrie der sie umgebenden Raum-Zeit. Sie formt eine trichterförmige Vertiefung (↗ Abb. 1). Gelangt jetzt ein anderer Körper – etwa die Erde – in diesen „Trichter", dann kann dieser Körper nichts weiter tun als sich, der Krümmung des Trichters folgend, auf die Sonne hin zu bewegen oder, falls er selber über genügend Bewegungsenergie verfügt, am Innenrand des Trichters um die Sonne herumzulaufen. Eine spezielle Gravitationskraft ist hierfür nicht mehr erforderlich.

Im 20. Jahrhundert wurde nicht nur das völlig neuartige Konzept der Geometrisierung der Felder entwickelt, man kehrte auch wieder zu dem eigentlich schon seit Jahrhunderten vorgeschlagenen Bild zurück, dass Teilchen die Kräfte zwischen Körpern übertragen können.

Dieses Konzept war bislang mathematisch gescheitert, weil es hauptsächlich mechanisch gedacht worden war; plumpe Stöße und Rückstöße kleiner Kügelchen sind nicht in der Lage, die tatsächliche Vielfalt der Wechselwirkungen zu beschreiben. Doch im Rahmen der Quantenphysik hatte man zu Beginn des 20. Jahrhunderts völlig neuartige Teilcheneigenschaften entdeckt.

EINSTEIN hatte den Begriff der Photonen geprägt. Wie man am lichtelektrischen Effekt oder an der Entstehung der Röntgenbremsstrahlung sieht, können Photonen von Elektronen emittiert oder absorbiert werden. Photonen besitzen einen Impuls der Größe $p = \frac{E}{c}$ (E Energie, c Lichtgeschwindigkeit) und können diesen z. B. auf Elektronen übertragen. Und schließlich genügen die Photonen auch noch ganz neuartigen Spielregeln, neben der Unbestimmtheitsrelation von HEISENBERG (↗ S. 32) auch einer Unbestimmtheitsrelation zwischen Energie ΔE und Zeit Δt:

$$\Delta E \cdot \Delta t \geq \frac{h}{4\pi} \qquad (1)$$

Aus diesen und noch sehr vielen weiteren Erkenntnissen formulierten P. DIRAC (1902–1984), R. FEYNMAN (1918–1988), S. TOMONAGA (1906–1979) und J. SCHWINGER (1918–1994) die **Quantenelektrodynamik** (QED).

Betrachtet man etwa die elektrostatische Abstoßung zweier Elektronen, dann wird diese im Wechselwirkungsmodell der QED folgendermaßen gedeutet (↗ Abb. 1):

Ein einzelnes Elektron emittiert oder absorbiert ständig mit einer ganz bestimmten, feststehenden

Wahrscheinlichkeit Photonen. Allerdings können die emittierten Photonen nicht so einfach in die Umgebung entweichen, sondern müssen zum Elektron zurückkehren. Andernfalls würde ja der Energieerhaltungssatz verletzt sein. Die Photonen müssen die oben genannte Unschärferelation befolgen, d. h., wenn sie eine bestimmte Energie ΔE besitzen, nach der Zeit Δt wieder zum Elektron zurückgekommen sein. Dabei legen sie die Strecke $2x = c \cdot \Delta t$ zurück, entfernen sich also beim Hin- und Rückflug insgesamt um die Strecke x vom Elektron. Eigentlich würden die beständig emittierten und absorbierten Photonen nicht weiter als eigenständige Teilchen in Erscheinung treten. Kommt jedoch ein zweites Elektron hinzu, dann können die Photonen auch von diesem Elektron absorbiert werden und dabei ihren Impuls übertragen. Die Kraft zwischen beiden Elektronen ist dann gleich dem übertragenen Photonenimpuls, also:

$$F = \frac{\Delta p}{\Delta t} = \frac{\Delta E}{c \cdot \Delta t}$$

Unter Nutzung der Unbestimmtheitsrelation zwischen Energie und Zeit (Gleichung (1) in der linken Spalte) erhält man dann:

$$F \geq \frac{h}{4\pi \cdot c \cdot (\Delta t)^2}$$

Mit $c \cdot \Delta t = 2x$ ergibt sich:

$$F \geq \frac{h \cdot c}{16\pi \cdot x^2}$$

Es ergibt sich der Zusammenhang $F \sim x^{-2}$, wie er vom coulombschen Gesetz gefordert wird. Eigentlich können die lichtschnellen Photonen beliebig weit fliegen, aber nur energiearme Photonen verfügen über genügend Zeit, um bei großen Distanzen wieder zum Ausgangsort zurückzukehren, ohne die oben genannte Unbestimmtheitsrelation zu verletzen. Das ist die anschauliche Deutung für die Abnahme des übertragenen Impulses bei zunehmendem Abstand zwischen den Elektronen.

Auch die im 20. Jahrhundert neu entdeckte starke und schwache Wechselwirkung (↗ S. 95) lassen sich mit Austauschteilchen verstehen. Wesentlich ist, dass die Art der Austauschteilchen die Merkmale der Wechselwirkung – etwa ihre Reichweite – bestimmt.

Welches Konzept ist das Tragfähigste? Werden sich schließlich alle Kräfte mithilfe von Austauschteilchen erklären lassen? Derzeit kann diese Frage niemand beantworten. Das Austauschteilchen der Gravitation, man nennt es Graviton, ist noch nicht entdeckt worden.

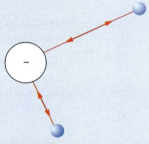

1 In der Modellvorstellung der QED emittiert ein Elektron ständig Photonen, die wieder zu ihm zurückkehren. Energiearme Photonen können sich weiter vom Elektron entfernen als energiereiche.

Strukturuntersuchungen zum Aufbau der Materie

Struktur und Eigenschaften von Teilchen wurden durch vielfältige Streuexperimente und theoretische Überlegungen gefunden.

Es gibt eine Vielzahl von Teilchen mit unterschiedlichen Eigenschaften und Lebensdauern. Zu fast jedem Teilchen existiert ein **Antiteilchen** mit gleicher Masse und entgegengesetzter Ladung.

Die Vielzahl von Teilchen wird in Teilchenfamilien geordnet.

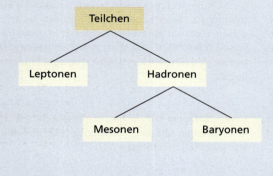

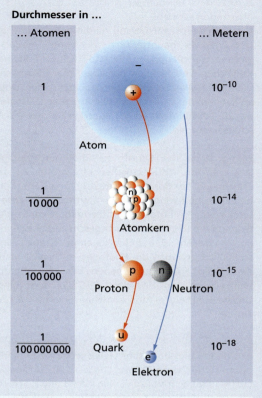

Durchmesser in …

Alle Hadronen sind aus Quarks zusammengesetzte Teilchen. Quarks und Leptonen bilden nach heutigem Kenntnisstand die Grundbausteine aller anderen massebehafteten Teilchen und damit die Grundbausteine der stofflichen Materie.

Die heutigen Kenntnisse über Elementarteilchen und ihre Wechselwirkungen werden im **Standardmodell** zusammengefasst. Die wirkenden Kräfte werden durch vier fundamentale Wechselwirkungen bestimmt.

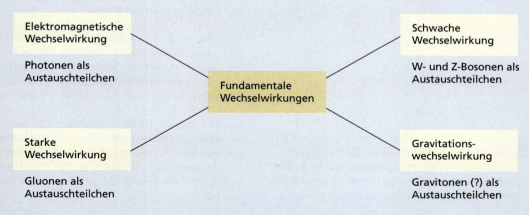

Elektromagnetische Wechselwirkung

Photonen als Austauschteilchen

Schwache Wechselwirkung

W- und Z-Bosonen als Austauschteilchen

Fundamentale Wechselwirkungen

Starke Wechselwirkung

Gluonen als Austauschteilchen

Gravitationswechselwirkung

Gravitonen (?) als Austauschteilchen

Aufgaben

1. Die rutherfordschen Streuversuche lieferten entscheidende Aussagen zum Atomaufbau. Beschreiben Sie den Aufbau und die Ergebnisse dieser Versuche! Wie deutete RUTHERFORD die Versuchsergebnisse?

2. Die Struktur von Teilchen lässt sich mithilfe von Streuexperimenten untersuchen.
   a) Formulieren Sie allgemeine Bedingungen dafür, dass solche Streuexperimente zu Ergebnissen führen!
   b) Die Ausdehnung von Kernbausteinen (Proton, Neutron) beträgt etwa 10^{-15} m. Welche Energie müssen Teilchen, z.B. Elektronen, besitzen, um die Struktur dieser Kernbausteine zu erforschen?

3. Linearbeschleuniger dienen dazu, geladene Teilchen auf hohe Geschwindigkeiten zu bringen. In großen Beschleunigeranlagen nutzt man sie auch als Vorbeschleuniger von geladenen Teilchen.
   a) Wie ist ein Linearbeschleuniger aufgebaut? Wie funktioniert er? Bereiten Sie dazu ein Kurzreferat vor!
   b) Bis zu einer Geschwindigkeit von 10% der Lichtgeschwindigkeit kann man in guter Näherung die Gesetze der klassischen Physik anwenden. Durch welche Beschleunigungsspannung wird diese Geschwindigkeit bei Protonen erreicht? Wie groß ist dann die kinetische Energie der Protonen?
   *c) Ein Elektron hat nach einer Beschleunigung in einem Linearbeschleuniger eine Gesamtenergie von 50 MeV.
   Wie groß sind der Anteil der kinetischen Energie, das Verhältnis der Gesamtmasse zur Ruhemasse und die Geschwindigkeit des Elektrons?

4. Beschreiben Sie die Ablenkung geladener Teilchen in einem homogenen magnetischen Feld!
   a) Leiten Sie einen Zusammenhang zwischen der Geschwindigkeit der Teilchen und dem Bahnradius her. Interpretieren Sie diesen Zusammenhang!
   b) Auf wie viele Prozent muss sich die Geschwindigkeit erhöhen, damit der Bahnradius doppelt so groß wird?

5. Die Skizze zeigt eine Experimentieranordnung, bei der Elektron-Positron-Paare erzeugt werden. Die gekrümmten Bahnen auf der rechten Seite kommen zustande, weil die Ebene, in der die Spuren verlaufen, von einem homogenen Magnetfeld durchsetzt sind. Die Feldlinien dieses Magnetfelds zeigen senkrecht aus der Blattebene heraus.

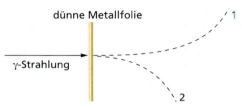

   a) Welche der Spuren stammt von einem Elektron, welche von einem Positron? Begründen Sie!
   b) Beschreiben Sie, wie man aus der magnetischen Flussdichte B und dem Bahnradius r die kinetische Energie eines Teilchens bestimmen kann! Was kann man daraus über die kinetische Energie der registrierten Teilchen ableiten?

6. Ein ungeladenes Teilchen der Masse m prallt mit der Geschwindigkeit v ($v \ll c$) gegen ein ruhendes, ladungsloses Teilchen der gleichen Masse. Die Flugbahnen der Teilchen können registriert werden.
   Die Skizze zeigt die Wege, welche die Teilchen vor und nach dem Stoß im jeweils gleichen Zeitintervall Δt zurückgelegt haben.

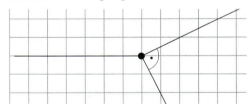

   Zeigen Sie, dass für diesen Stoß der Impuls- und der Energieerhaltungssatz gelten!

7. Treffen ein Teilchen und sein Antiteilchen zusammen, so kommt es zur Paarzerstrahlung: Die Teilchen vernichten sich, die Energie bleibt in Form von Strahlung erhalten. Bestimmen Sie die Energie, die umgewandelt wird, wenn sich ein Proton und ein Antiproton gegenseitig vernichten!

8. Die Bildung eines Elektron-Positron-Paars kann so beschrieben werden: $\gamma \longrightarrow {}_{-1}^{0}e + {}_{+1}^{0}e$
   a) Wie groß sind die Ruhemassen von Elektron und Positron?
   b) Bestimmen Sie daraus, wie groß mindestens die Energie eines Gammaquants sein muss, durch das eine Erzeugung dieses Teilchenpaars hervorgerufen wird!

9. Der Impuls von Teilchen mit großen Geschwindigkeiten kann mit der Gleichung $p = \frac{E}{c}$ berechnet werden. Dabei sind E die Teilchenenergie und c die Vakuumlichtgeschwindigkeit.
   Unter Teilchenphysikern gilt die Regel: Zur Auflösung von Mikrostrukturen einer Größenordnung von 10^{-16} m benötigt man Teilchenenergien von etwa 10 GeV.
   Begründen Sie diese Regel!

10. In einem Beschleuniger werden α-Teilchen (doppelt positiv geladene Heliumkerne) beschleunigt.
    a) Welcher Zusammenhang besteht zwischen der Beschleunigungsspannung und der erreichten Geschwindigkeit?
    b) Stellen Sie die Abhängigkeit der Masse von der Geschwindigkeit grafisch dar! Interpretieren Sie das Diagramm!
    c) Welche Beschleunigungsspannung ist erforderlich, damit sich die Masse der α-Teilchen gegenüber der Ruhemasse verdreifacht?

11. In dem Teilchenbeschleuniger LHC (Large Hadron Collider) am europäischen Kernforschungszentrum CERN bei Genf werden in Vakuumröhren Protonen gegenläufig auf hohe Geschwindigkeiten beschleunigt und dann zur Kollision gebracht. Dabei entstehen unterschiedliche Teilchen.
    a) Informieren Sie sich im Internet darüber, welches die wichtigsten Ziele der Untersuchungen am LHC sind! Bereiten Sie dazu ein Kurzreferat vor!
    b) Bei den ersten Experimenten, die für Ende 2009 geplant sind, sollen die Protonen eine Energie von 3,5 TeV erreichen. Auf welche Höhe könnte damit ein 1 mg schwerer Körper gehoben werden?
    c) Im Vollbetrieb des LHC sollen „Pakete" von Protonen mit einer Frequenz von 11 kHz den 26,659 km langen Teilchenbeschleuniger durchlaufen. In welchen zeitlichen Abständen würde es dann an einer bestimmten Stelle zur Kollision der gegenläufigen „Pakete" von Protonen kommen?

12. Beim weltgrößten Teilchenbeschleuniger nutzt man zur Kollision Protonen.
    Warum nutzt man keine Elektronen und keine Neutronen?

13. In der Öffentlichkeit wurde teils heftig darüber diskutiert, dass bei den Experimenten am LHC Genf kleine schwarze Löcher und damit unkalkulierbare Risiken entstehen könnten.
    a) Was versteht man unter einem schwarzen Loch? Was bewirkt es?
    b) Setzen Sie sich mit der oben genannten Auffassung auseinander!

14. Vergleichen Sie die Eigenschaften eines Elektrons mit dem eines Antiprotons!

15. Informieren Sie sich über Antiteilchen und deren Eigenschaften im Vergleich zu den entsprechenden Teilchen! Bereiten Sie dazu ein Kurzreferat vor!

16. Vergleichen Sie die elektromagnetische Kraft zwischen Proton und Elektron bei einem angeregten Wasserstoffatom ($r = 2,1 \cdot 10^{-10}$ m) mit der Gravitationskraft zwischen diesen beiden Teilchen beim gleichen Abstand! Welche Folgerung lässt sich daraus ableiten?

17. Das Standardmodell erklärt bisher nicht, warum die Massen der Quarks unterschiedlich sind. Einen Erklärungsversuch entwickelte der schottische Physiker P. HIGGS. Von ihm wurde die Existenz eines schweren Elementarteilchens, des Higgs-Teilchens, vorausgesagt. Ein Ziel der Forschungen am LHC Genf ist es, dieses hypothetische Higgs-Teilchen nachzuweisen.
    Informieren Sie sich über das hypothetische Higgs-Teilchen! Bereiten Sie dazu ein Kurzreferat vor!

18. Fertigen Sie eine Präsentation zu den fundamentalen Wechselwirkungen an. Die Präsentation soll enthalten:
    – die Art der Wechselwirkung
    – die Eigenschaft der Wechselwirkung und
    – Phänomene, die auf die betreffende Wechselwirkung zurückzuführen sind.

4 Ein einfaches Kern-
modell der Quanten-
physik

4.1   Atomkerne, Massendefekt und Kernbindungsenergie

Der Atomkern und seine Bestandteile

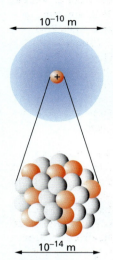

10^{-10} m

10^{-14} m

Der Durchmesser des **Atomkerns** beträgt etwa 1/10 000 des Atomdurchmessers.

Bei der Kernkraft handelt es sich um die **starke Wechselwirkung** (↗ S. 95 ff.), die zwischen Proton und Neutron ebenso wie zwischen zwei Protonen oder zwei Neutronen wirkt. Der Begriff **Kernkraft** ist ein historisch geprägter Begriff.

Die **Kernmasse** m ergibt sich aus der Anzahl der Protonen und Neutronen, multipliziert mit deren Masse.

Wir wissen bereits: Atomkerne nehmen nur einen geringen Raum im Atom ein. In ihnen ist fast die gesamte Masse des Atoms konzentriert. Sie sind positiv geladen.

Kernmaterie hat eine sehr große Dichte, die weitgehend unabhängig von der Atomsorte ist. Sie verhält sich wie ein inkompressibler, nicht zusammendrückbarer Stoff.

In Analogie zu den ebenfalls inkompressiblen Wassertropfen kann man einen Atomkern als Gebilde beschreiben, das aus winzigen Tröpfchen zusammengesetzt ist und einen Tropfen bildet.

Dieses Modell des Atomkerns wird deshalb **Tröpfchenmodell** genannt. Der Atomkern besteht nach diesem Modell aus **Protonen** und **Neutronen,** die dicht gepackt sind und sich insgesamt ähnlich wie ein Wassertropfen verhalten. Die Kernbausteine Proton und Neutron werden auch als Nukleonen (*nucleus*, lat. = Kern) bezeichnet.

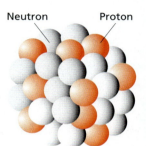

Neutron   Proton

Mithilfe des Tröpfchenmodells lassen sich einige Eigenschaften von Atomkernen gut beschreiben und erklären:

– Ein Atomkern ist in der Regel ein stabiles Gebilde, obwohl zwischen den positiv geladenen Protonen abstoßende coulombsche Kräfte wirken. Ursache für den Zusammenhalt der Nukleonen ist die **Kernkraft.** Diese anziehende Kraft wirkt zwischen jeweils benachbarten Nukleonen, hat eine geringe Reichweite von etwa $2 \cdot 10^{-15}$ m und ist erheblich stärker als die abstoßende coulombsche Kraft (↗ S. 108 ff.).

– Aufgrund der konstanten Packungsdichte der Nukleonen wächst der Radius des Atomkerns mit der Nukleonenzahl (Massenzahl) A. In guter Näherung gilt für den **Kernradius:**

$$r = 1{,}4 \cdot 10^{-15} \text{ m} \cdot A^{\frac{1}{3}}$$

Er liegt damit in einer Größenordnung von 10^{-14} bis 10^{-15} m.

– Die **Dichte der Kernmaterie** kann aus Masse und Volumen abgeschätzt werden:

$$\varrho = \frac{m}{V} = \frac{1{,}67 \cdot 10^{-27} \text{ kg} \cdot A}{\frac{4}{3} \pi \, (1{,}3 \cdot 10^{-15} \text{ m})^3 \cdot A}$$

$$\varrho = 1{,}8 \cdot 10^{17} \text{ kg} \cdot \text{m}^{-3}$$

Sie ist für alle Atomkerne annähernd gleich groß und hat einen Wert von etwa $1{,}8 \cdot 10^{17} \text{ kg} \cdot \text{m}^{-3} = 1{,}8 \cdot 10^{14} \text{ g} \cdot \text{cm}^{-3}$.

> Ein Proton p trägt die Elementarladung $+1{,}602 \cdot 10^{-19}$ C und hat eine Masse von $m_\text{p} = 1{,}673 \cdot 10^{-27}$ kg.

Die Anzahl der Protonen im Atomkern wird als **Kernladungszahl** Z bezeichnet. Sie ist gleich der **Ordnungszahl** des Atoms im Periodensystem.

■ So hat z. B. Uran die Ordnungszahl 92. Das bedeutet: Im Atomkern eines Uranatoms befinden sich $Z = 92$ Protonen.

> Ein Neutron n ist elektrisch neutral und hat eine Masse von
>
> $m_n = 1{,}675 \cdot 10^{-27}$ kg.

Die Masse des Atomkerns ergibt sich dann näherungsweise als Summe der Massen aller seiner Protonen Z und seiner Neutronen N:

$$m_K \approx Z \cdot m_P + N \cdot m_n$$

Sie kann mithilfe von **Massenspektrometern** ermittelt werden. Dazu verdampft man eine Stoffprobe. Das Gas wird ionisiert und beschleunigt. Durch Blenden wird ein sehr feiner Teilchenstrahl erzeugt, der z. B. in ein Magnetfeld gelangt. Aus der Stärke der Ablenkung kann man auf die Masse der Teilchen schließen.
Die Anzahl aller Protonen und Neutronen in einem Atomkern wird als **Massenzahl** oder **Nukleonenzahl** bezeichnet.

> Die Massenzahl A eines Atomkerns ist gleich der Summe aus der Protonenzahl Z und der Anzahl der Neutronen N:
>
> $A = Z + N$

Zur Kennzeichnung von Atomkernen und Elementarteilchen nutzt man in der Kernphysik meist eine Symbolschreibweise, die es auch ermöglicht, Reaktionsgleichungen ähnlich denen chemischer Gleichungen zu formulieren.

Massenzahl A
(Anzahl von Protonen und Neutronen)

$$^{238}_{\ 92}\text{U}$$

chemisches Symbol des Elements (Uran)

Kernladungszahl Z
(Ordnungszahl, Anzahl der Protonen)

■ Uran hat 92 Protonen und damit das elektrisch neutrale Uranatom auch 92 Elektronen in der Atomhülle.
Die Anzahl der Neutronen N beträgt $238 - 92 = 146$.

Für die Grundbausteine des Atoms (Elektronen, Protonen, Neutronen) ergibt sich folgende Symbolschreibweise:

Elektron	Proton	Neutron
$^{\ 0}_{-1}\text{e}$	$^{1}_{1}\text{p}$	$^{1}_{0}\text{n}$

Sidebar:

Das **Neutron** wurde 1932 von dem englischen Physiker JAMES CHADWICK (1891–1974) entdeckt, seine Existenz wurde bereits 1921 von ERNEST RUTHERFORD vorhergesagt.

Die Massen von **Proton** und **Neutron** sind annähernd gleich und etwa 1 840-mal so groß wie die Masse eines **Elektrons**. Demzufolge ist auch die Masse des Atomkerns nährungsweise gleich der Masse des **Atoms**. Im **Periodensystem** sind die Atommassen meist als Vielfache der atomaren Masseeinheit u ($u = 1{,}66 \cdot 10^{-27}$ kg) angegeben.

Üblich ist auch die Schreibweise Uran-238 oder U-238. Die Ordnungszahl kann dem **Periodensystem** entnommen werden.

Nuklide und Isotope

Es ist bereits bekannt: Jeder Atomkern eines Elements verfügt über eine bestimmte Anzahl von Protonen und Neutronen.

> Ein durch Massenzahl und Kernladungszahl eindeutig charakterisierter Atomkern wird als **Nuklid** bezeichnet.

Die Anzahl der heute bekannten **Nuklide** beträgt ca. 2 700. Die meisten davon sind künstlich erzeugt worden. Von den 2 700 Nukliden sind etwa 300 stabil, die übrigen 2 400 sind radioaktiv und damit instabil.

■ $^{23}_{11}$Na ist ein Nuklid des Natriums mit 11 Protonen, 11 Elektronen im neutralen Atom und 23 − 11 = 12 Neutronen.

Die in der Natur vorkommenden und künstlich erzeugten Nuklide werden in Form einer **Nuklidkarte** dargestellt (↗ Nachsatz des Buchs).

Die Atomkerne **eines Elements** haben alle die gleiche Anzahl von Protonen (gleiche Ordnungszahl), können aber eine unterschiedliche Anzahl von Neutronen und damit eine verschiedene Massenzahl besitzen.

Isotope sind damit Nuklide, die Atome mit gleicher Elektronenzahl bilden.

> Atomkerne mit gleicher Protonenzahl, aber unterschiedlicher Anzahl von Neutronen werden als **Isotope** bezeichnet.

Die meisten natürlichen Elemente bestehen aus Gemischen von Isotopen. So existieren z. B. bei Wasserstoff und Uran je drei natürlich vorkommende Isotope, bei Xenon sind mindestens 24 Isotope bekannt.

Die Kernkraft

Gleichnamige elektrische Ladungen stoßen sich ab. Daher ist es zunächst erstaunlich, dass Atomkerne stabil sind. Im Kern sind schließlich viele positiv geladene Protonen auf engem Raum versammelt. Warum also fliegen diese Protonen nicht auseinander?

Der historisch geprägte Begriff wird in der Physik synonym zur Bezeichnung „starke Kraft" oder „starke Wechselwirkung" verwendet.

Die Antwort hierauf ist, dass es noch eine weitere, deutlich stärkere Kraft gibt. Diese Kraft heißt **Kernkraft** oder **starke Wechselwirkung.** Sie wirkt offenbar nur innerhalb der Atomkerne, also zwischen den Nukleonen. Auf Leptonen, wie zum Beispiel das Elektron, hat die starke Kernkraft keinen Einfluss. Genauer gesagt, wirkt die starke Kernkraft nur zwischen Quarks und kann daher nur Teilchen, die aus Quarks aufgebaut sind, also Mesonen und Baryonen, beeinflussen.

Aus dem Umstand, dass die Atomkerne benachbarter Atome sich nicht gegenseitig anziehen, kann man schließen, dass die starke Kernkraft eine geringe Reichweite hat. Sie beträgt ca. 10^{-15} m.

Die Kernkraft ist um den Faktor 100 stärker als die elektromagnetische Kraft zwischen Protonen.

> Die starke Kernkraft bewirkt eine Anziehung nur zwischen unmittelbar benachbarten Protonen und Neutronen und damit insgesamt die Stabilität von Atomkernen.

Massendefekt und mittlere Bindungsenergie je Nukleon

Sieht man vom Wasserstoff ab, dann besteht ein Atomkern immer aus mehreren Protonen und Neutronen. Vergleicht man die Summe der Massen der einzelnen Kernbausteine mit der Masse des Atomkerns, dann zeigt sich:

> Die Masse eines Atomkerns ist stets kleiner als die Summe der Massen seiner Bestandteile. Diesem Massendefekt Δm entspricht nach der einsteinschen Beziehung $E = \Delta m \cdot c^2$ eine Energie E.

c ist die Vakuumlichtgeschwindigkeit.

■ Ein Heliumkern besteht aus 2 Protonen und 2 Neutronen. Seine Masse müsste sich demzufolge aus der Masse der Protonen und der Neutronen ergeben zu:

$2\,m_p = 2 \cdot 1{,}672\,62 \cdot 10^{-27}\,\text{kg} = 3{,}345\,24 \cdot 10^{-27}\,\text{kg}$

$2\,m_n = 2 \cdot 1{,}674\,93 \cdot 10^{-27}\,\text{kg} = 3{,}349\,86 \cdot 10^{-27}\,\text{kg}$

$^{4}_{2}\text{He}$ besteht aus zwei Protonen und zwei Neutronen.

Die Gesamtmasse beträgt demzufolge:

$m = 2\,m_p + 2\,m_n = 6{,}695\,10 \cdot 10^{-27}\,\text{kg}$

Sehr genaue Bestimmungen der Masse von Heliumkernen durch Massenspektroskopie haben aber eine Masse von $m_{He} = 6{,}644\,7 \cdot 10^{-27}\,\text{kg}$ ergeben. Die Masse des Heliumkerns ist also um $0{,}050\,4 \cdot 10^{-27}\,\text{kg}$ geringer als die Summe der Massen seiner Bestandteile. Diesem Massendefekt entspricht eine Energie von:

$E = \Delta m \cdot c^2$

$E = 0{,}050\,4 \cdot 10^{-27}\,\text{kg} \cdot \left(3 \cdot 10^8\,\tfrac{\text{m}}{\text{s}}\right)^2$

$\quad = 4{,}536 \cdot 10^{-12}\,\text{J}$

Mit $\quad 1\,\text{eV} = 1{,}602 \cdot 10^{-19}\,\text{J}\quad$ erhält man:

$E = 4{,}536 \cdot 10^{-12}\,\text{J} = 28\,\text{MeV}$

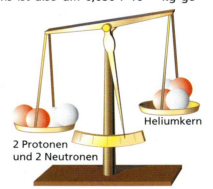

2 Protonen und 2 Neutronen

Heliumkern

Der Massendefekt beträgt bei Helium ca. 0,8 % der Ausgangsmasse.

Der beschriebene Zusammenhang zwischen den Massen der Kernbestandteile und der Masse des Atomkerns gilt für beliebige Kerne.

> Für den Massendefekt Δm eines Atomkerns gilt:
>
> $\Delta m = m - (Z \cdot m_p + N \cdot m_n) < 0$
>
> | | |
> |---|---|
> | m Masse des Atomkerns | m_p Masse eines Protons |
> | Z Anzahl der Protonen | m_n Masse eines Neutrons |
> | N Anzahl der Neutronen | |

Z ist zugleich die Ordnungszahl im **Periodensystem** der Elemente (PSE), *N* ergibt sich als Differenz aus Massenzahl *A* und *Z*: $N = A - Z$

Die Energie, die sich aus diesem Massendefekt ergibt, ist die **Bindungsenergie** des Atomkerns. Sie ist für die Atomkerne verschiedener Elemente unterschiedlich, da sie sich in der Anzahl der Nukleonen unterscheiden.

Trägt man die **Bindungsenergie** E_B je Nukleon gegen die Nukleonenzahl (Massenzahl) A auf, so erhält man das nebenstehende Diagramm.
Beim Bilden eines Atomkerns wird die Bindungsenergie abgegeben.

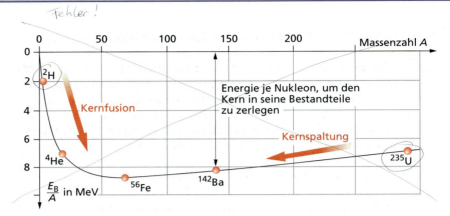

Um die Bindungsenergie für die Atomkerne verschiedener Elemente miteinander vergleichen zu können, gibt man meist die **mittlere Bindungsenergie je Nukleon** an.

■ Für einen Heliumkern beträgt die Bindungsenergie 28 MeV (↗ S. 109). Da im Kern vier Nukleonen (2 Protonen, 2 Neutronen) vorhanden sind, beträgt die mittlere Bindungsenergie je Nukleon 28 MeV : 4 = 7 MeV.

Es gilt:

$$\frac{E_B}{A} = \Delta m \cdot c^2$$

> Die mittlere Bindungsenergie je Nukleon ergibt sich aus der Bindungsenergie des Atomkerns und der Massenzahl A.

Im Diagramm oben ist ein charakteristischer Verlauf erkennbar. Bei leichten Elementen ist die mittlere Bindungsenergie je Nukleon klein, steigt dann aber schnell an. Sie erreicht bei Eisen, Cobalt und Nickel ein Maximum und wird dann in Richtung schwerer Elemente wieder kleiner.
Mit dem Tröpfchenmodell (↗ S. 106) lässt sich das so deuten: Den wesentlichen Beitrag zur Bindungsenergie macht die potenzielle Energie aufgrund der Kernkraft aus. Aufgrund der extrem kurzen Reichweite der Kernkraft liefern nur unmittelbar benachbarte Nukleonen einen Beitrag zur Bindungsenergie. Die potenzielle Energie eines Nukleons hängt also von der Anzahl der direkt benachbarten Nukleonen ab. Sie ist für alle im Inneren des Kerns befindlichen Nukleonen praktisch gleich groß. Nukleonen an der Oberfläche des Kerns haben dagegen eine geringere Bindungsenergie, da sie weniger direkt benachbarte Nukleonen haben.

Kräfte auf ein Nukleon im Innern des Atomkerns

Das bedeutet: Bei niedriger Kernladungszahl (Wasserstoff, Helium) sind nur wenige Nukleonen im Atomkern. Alle Nukleonen befinden sich an der Oberfläche des Kerns, und daher ist die Bindungsenergie je Nukleon entsprechend niedrig.
Bei hoher Kernladungszahl befinden sich viele Protonen im Kern. Deren gegenseitige elektrische Abstoßung wirkt der Bindung durch die starke Wechselwirkung entgegen. Daher ist die Bindungsenergie je Nukleon auch für sehr große Kerne (z. B. Uran) gering. Zwischen diesen beiden Extremen existieren Kernladungszahlen, bei denen ein Maximalwert der Bindungsenergie je Nukleon erreicht wird.

Kräfte auf ein Nukleon an der Oberfläche des Atomkerns

Aus dem Diagramm S. 110 oben ergeben sich zwei grundsätzliche Möglichkeiten, Energie durch Kernprozesse freizusetzen:
– Durch Zusammenfügen von leichten Atomkernen oder Teilchen wird Energie freigesetzt. Diesen Prozess, der im Innern von Sternen oder bei der Explosion einer Wasserstoffbombe vor sich geht, heißt **Kernfusion**.
– Ebenso kann man durch Aufspalten schwerer Atomkerne oder durch Abtrennen von Kernteilchen Energie freisetzen. Das geschieht bei natürlichen radioaktiven Zerfällen und bei der **Kernspaltung**.

Berechnungen und experimentelle Untersuchungen zeigen:

> Energiefreisetzung kann durch Spaltung schwerer Kerne in mittelschwere oder durch Fusion leichter Kerne erfolgen. Als durchschnittliche Energie je Nukleon werden bei der Kernspaltung etwa 1 MeV und bei der Kernfusion etwa 7 MeV freigesetzt.

Energiebilanzen bei Kernreaktionen sind auf den Seiten 140 ff. ausführlich dargestellt.

■ Wie viel Energie wird bei der Spaltung eines Urankerns zu zwei mittelschweren Kernen freigesetzt?

Uran kann auch in andere **Nuklide** zerfallen. Bekannt sind über 200 Spaltprodukte des Urans.

Analyse:
Die freigesetzte Energie ergibt sich aus dem Massendefekt unter Einbeziehung der Gleichung $E = m \cdot c^2$. Die Massen können einem Tabellenwerk entnommen werden. Die Reaktionsgleichung lautet:

$$_{0}^{1}n + _{92}^{235}U \longrightarrow _{92}^{236}U \longrightarrow _{56}^{144}Ba + _{36}^{89}Kr + 3 \cdot _{0}^{1}n$$

Gesucht: E
Gegeben: Masse von Neutronen und Atommassen (Tabellenwerk)

Atommassen werden meist als Vielfache der atomaren Masseneinheit u angegeben:

Lösung:
Für die Ausgangsmasse erhält man:
$$m_{U\text{-}235} = 235{,}043\,923\ u$$
$$m_n = 1{,}008\,665\ u$$

$236{,}052\,588\ u$

$u = 1{,}660\,540 \cdot 10^{-27}$ kg

Für die Spaltprodukte betragen die Massen:
$$m_{Kr\text{-}89} = 88{,}917\,633\ u$$
$$m_{Ba\text{-}144} = 143{,}922\,941\ u$$
$$3\,m_n = 3{,}025\,995\ u$$

$235{,}866\,569\ u$

Die Differenz der Massen beträgt damit:
$$\Delta m = 0{,}186\,019\ u$$
Damit erhält man für die Energie:
$$E = \Delta m \cdot c^2 = 2{,}776\,18 \cdot 10^{-11}\ J = \underline{173\ MeV}$$

Für die Umrechnung der Energieeinheiten gilt:
$$1\,\frac{kg \cdot m^2}{s^2} = 1\ J$$
$$1\ eV = 1{,}602 \cdot 10^{-19}\ J$$

Ergebnis:
Bei der Spaltung eines Urankerns wird eine Energie von etwa 170 MeV freigesetzt.

4.2 Das Potenzialtopfmodell

Von der Atomhülle wissen wir: Elektronen der Atomhülle können nur diskrete Energiewerte annehmen. Um das quantenphysikalisch zu deuten, kann das Modell des eindimensionalen Potenzialtopfs genutzt werden (↗ S. 50 ff.). In analoger Weise lassen sich auch die energetischen Verhältnisse im Atomkern beschreiben.

Das Potenzialtopfmodell des Atomkerns

Den Zusammenhalt des Atomkerns bestimmt die Kernkraft mit der geringen Reichweite von etwa 10^{-15} m. Die Bindungsenergie für die Nukleonen ist an allen Stellen im Innern des Kerns gleich. Das energetische Potenzial dieser Kernkraft hat in seinem Ortsverlauf daher ein kasten- oder topfförmiges Aussehen. Man bezeichnet deshalb das betreffende Modell des Atomkerns als **Potenzialtopfmodell.**

Ein experimenteller Beleg für solche Energiezustände sind die diskreten Energien bei γ-Strahlung.

Dabei ist zu beachten, dass Nukleonen in einem Potenzialtopf nur bestimmte Energiezustände einnehmen können. Darüber hinaus ist zwischen Protonen und Neutronen zu unterscheiden, da zwischen den Protonen zusätzlich zur Kernkraft die abstoßende coulombsche Kraft wirkt.

Ohne die Wirkung der coulombschen Kraft, also für die Neutronen im Kern, hat der Potenzialtopf tatsächlich einen rechteckigen Verlauf, wie in der folgenden Abbildung dargestellt.

Beachten Sie: In der Abbildung sind zwei Sachverhalte (Potenzialtopf für Neutronen, Potenzialtopf für Protonen) in einer Darstellung erfasst.

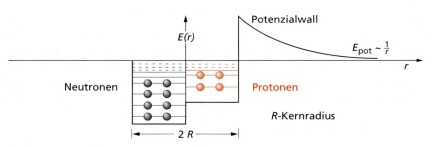

Für die Belegung der Energieniveaus gilt wie bei Elektronen der Atomhülle das Pauli-Prinzip (↗ S. 68).
Das bedeutet: Auf jedem Energieniveau befinden sich maximal 2 Protonen bzw. 2 Neutronen.

Da die coulombsche Kraft auf die Protonen im Kern der Anziehung durch die Kernkraft entgegenwirkt, ist der Potenzialtopf für die Protonen nicht so tief wie für die Neutronen. Das ist in der Abbildung auf der rechten Seite dargestellt. Außerdem wirkt die coulombsche Kraft auch außerhalb des Kerns noch abstoßend auf die Protonen, was zu einem Potenzialwall für die Protonen führt.

Mithilfe des Potenzialtopfmodells kann man folgende Sachverhalte beschreiben bzw. erklären:
– Bilden freie Nukleonen einen Atomkern, so gibt jedes Nukleon einen Teil seiner Energie, nämlich die Bindungsenergie, ab. Es hat damit im Atomkern eine negative potenzielle Energie.
– Das Modell ermöglicht die Erklärung des Zustandekommens von α-, β- und γ-Strahlung.

β-Strahlung

Bei β-Strahlung handelt es sich entweder um schnell bewegte Elektronen (β⁻-Strahlung) oder um Positronen (β⁺-Strahlung). Typische Kernreaktionen sind beispielsweise:

$$^{214}_{82}\text{Pb} \longrightarrow {}^{214}_{83}\text{Bi} + {}^{0}_{-1}\text{e} + \bar{\nu} \qquad\qquad {}^{30}_{15}\text{P} \longrightarrow {}^{30}_{14}\text{Si} + {}^{0}_{+1}\text{e} + \nu$$

Es ist erkennbar: β-Strahlung entsteht durch Kernumwandlungen. Im Potenzialtopfmodell lässt sich der β-Zerfall so deuten, wie es in den nachfolgenden Skizzen dargestellt ist.

Der Potenzialwall (↗ Skizze auf S. 112) spielt für diese Vorgänge keine Rolle. Das mit ν bzw. $\bar{\nu}$ bezeichnete Teilchen ist ein **Neutrino** bzw. sein Antiteilchen, das **Antineutrino.**

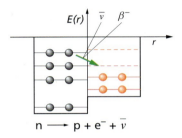

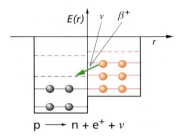

Bei Kernen mit Neutronenüberschuss (Skizze links) kann sich ein Neutron unter Energieabgabe in ein Proton umwandeln. Zugleich werden ein Elektron und ein Antineutrino ausgesendet. Analog ist das bei Kernen größerer Protonenzahl (Skizze rechts). Aus einem Proton entsteht unter Aussendung eines Positrons und eines Neutrinos ein Neutron.

Die Energie des Kerns verringert sich, seine Zusammensetzung verändert sich.

Aus experimentellen Untersuchungen ergibt sich: Elektronen der β-Strahlung besitzen Energien zwischen null und einem Maximalwert, der bei etwa 1 MeV liegt. Offensichtlich entfällt nicht die gesamte Energiedifferenz auf das Elektron. Die Lösung des Problems war die Annahme, dass beim β-Zerfall ein weiteres Teilchen emittiert wird, dass man wegen seiner geringen Masse und dem Fehlen von Ladung als Neutrino bezeichnete. Die beim β-Zerfall frei werdende Energie verteilt sich nach einem Wahrscheinlichkeitsgesetz auf die beiden emittierten Teilchen.

Das ist ein Widerspruch zu den diskreten Energiewerten der beteiligten Atomkerne im Ausgangs- und Endzustand.

Durch Betastrahlung wandeln sich so lange Protonen in Neutronen um oder umgekehrt, bis die Niveaus der Protonen und der Neutronen zu der gleichen Energie aufgefüllt sind. Diese Energie wird als **Fermienergie** bezeichnet. Ein Kern, bei dem alle Energiezustände genau bis zur Fermienergie besetzt sind, ist stabil.

Das Neutrino wurde erst 1956 experimentell nachgewiesen.

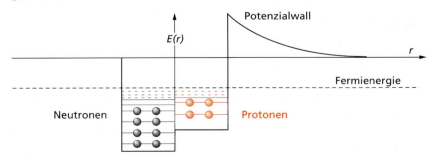

Da der Potenzialtopf für die Neutronen tiefer ist als der für die Protonen (↗ S. 112), enthalten stabile Kerne mehr Neutronen als Protonen.

γ-Strahlung

γ-Strahlung ist eine energiereiche elektromagnetische Strahlung kleiner Wellenlänge. Die Abstrahlung erfolgt in Form von γ-Quanten. Eine typische Kernreaktion ist beispielsweise:

$$^{208}_{82}\text{Pb*} \longrightarrow {}^{208}_{82}\text{Pb} + \gamma$$

$^{208}_{82}$Pb* bedeutet: Es handelt sich um einen angeregten Atomkern.

Aus der Reaktionsgleichung ist erkennbar: γ –Strahlung hat mit Vorgängen im Atomkern zu tun, ohne dass eine Kernumwandlung erfolgt. Allerdings verändert sich der energetische Zustand des Kerns.

Im Potenzialtopfmodell lässt sich die Entstehung von γ-Strahlung so deuten: Ist ein Proton in einem Energiezustand, der oberhalb der Fermienergie liegt, dann kann es, falls ein niedrigerer Protonenzustand noch unbesetzt ist, unter Abgabe von Energie in den niedrigeren Zustand übergehen. Die Energie wird der Kern in Form von γ-Quanten abgeben.

Nach einem α- oder β-Zerfall liegt ein Atomkern häufig zunächst in einem Zustand höherer Energie vor. Der Übergang in den Grundzustand findet dann unter Abstrahlung eines γ-Quants statt.

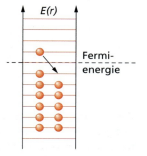

Da die Energien der möglichen Protonenzustände für den Atomkern jedes Elements genau festliegen, können nur γ-Quanten mit bestimmter Energie abgestrahlt werden.

Die Energie der γ-Quanten ist, ähnlich wie die Spektrallinien im optischen Bereich, charakteristisch für das jeweilige Nuklid.

Die Energie von γ-Quanten liegt meist in einer Größenordnung von 1 MeV.

> γ-Quanten haben nicht beliebige, sondern für das jeweilige Nuklid charakteristische Energien.

Das nutzt man in der **Gammaspektroskopie.** Sie ist eine wichtige Methode zur Untersuchung radioaktiver Substanzen, beispielsweise radioaktiver Abfälle, um deren Herkunft ermitteln zu können oder um über deren Behandlung entscheiden zu können.

Bei der Messung der energiereichen Strahlung verwendet man meist Halbleiterdetektoren, in denen jedes γ-Quant abhängig von seiner Energie unterschiedliche Mengen an Ladungsträgern freisetzt.

Um ein Spektrum, wie das abgebildete Spektrum von Cobalt-60, zu erhalten, sortiert man die registrierten Quanten entsprechend der Anzahl der freigesetzten Ladungsträger in Kanäle. Anschließend trägt man die Anzahl der registrierten Quanten als Funktion der Kanalnummer auf, so wie es das Diagramm zeigt. Eine Zuordnung der Kanalnummer zu der Energie der Quanten erfolgt mithilfe der Gammastrahlung bekannter Nuklide.

Dargestellt ist ein γ-Emissionsspektrum von Co-60. Die Energie der γ-Quanten beträgt 1,17 MeV bzw. 1,33 MeV.

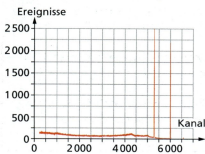

α-Strahlung

Bei α-Strahlung handelt es sich um eine Teilchenstrahlung aus doppelt positiv geladenen Heliumkernen, die auch als α-Teilchen bezeichnet werden. Eine mögliche Kernreaktion ist folgende:

$$^{226}_{88}\text{Ra} \longrightarrow\ ^{222}_{86}\text{Rn} +\ ^{4}_{2}\alpha$$

Aus dieser Reaktionsgleichung ist erkennbar: α-Strahlung entsteht bei einer Kernumwandlung. Im Potenzialtopfmodell des Atomkerns lässt sich die Entstehung von α-Strahlung so deuten, wie es die folgende Skizze zeigt.

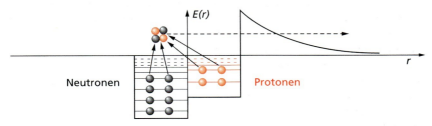

Zwei Protonen und zwei Neutronen bilden ein α-Teilchen, das unter Nutzung des Tunneleffekts (↗ S. 56) den Atomkern verlässt. Eine Erklärung dafür, dass schwere Kerne keine einzelnen Nukleonen, sondern α-Teilchen aussenden, geben die energetischen Verhältnisse. In einem schweren Kern liegt die mittlere Bindungsenergie je Nukleon im obersten Energieniveau bei etwa 6 MeV, in einem α-Teilchen bei etwa 7 MeV. Vereinigen sich zwei Protonen und zwei Neutronen eines schweren Kerns zu einem α-Teilchen, so liegt das α-Teilchen energetisch über dem Nullniveau des Potenzialtopfs und kann mit einer gewissen Wahrscheinlichkeit den Potenzialwall durchtunneln, so wie es in der Skizze oben anschaulich dargestellt ist.
Die Energie von α-Teilchen liegt in der Größenordnung von 2 bis 5 MeV, bei künstlich erzeugten Nukliden auch über 10 MeV.

Die diskreten Energiewerte ergeben sich durch die für ein Nuklid charakteristischen Energieniveaus im Atomkern.

Zusammenfassend kann man feststellen:

> Durch Vorgänge im Atomkern entstehen die verschiedenen Arten radioaktiver Strahlung. Die Entstehung der Strahlung lässt sich mit dem Potenzialtopfmodell des Atomkerns beschreiben und erklären.
> α-Strahlung (doppelt positiv geladene Heliumkerne) entsteht in schweren Atomkernen und ist mit einer Kernumwandlung verbunden.
> β-Strahlung (schnell bewegte Elektronen oder Positronen) entsteht bei der Umwandlung von Nukleonen und ist mit einer Kernumwandlung verbunden.
> γ-Strahlung (γ-Quanten, energiereiche elektromagnetische Strahlung) entsteht, wenn ein angeregter Atomkern in einen energetisch niedrigeren Zustand übergeht.

Die Stabilität von Atomkernen

Auszüge aus einer Nuklidkarte sind auf dem Nachsatz dieses Buchs dargestellt.

Verschafft man sich anhand einer Nuklidkarte einen Überblick über alle Nuklide, so wird deutlich, dass sie nur in einem begrenzten Bereich existieren. In der hier gewählten Darstellung ist die Position eines Nuklids durch einen Punkt gegeben, dessen Koordinaten durch die Anzahl Z seiner Protonen und die Anzahl N der Neutronen im Kern bestimmt ist. Stabile Nuklide sind schwarz und instabile Nuklide rot eingezeichnet.

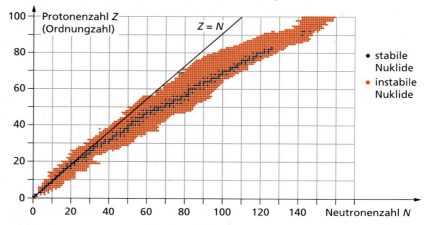

Die Anzahl der stabilen Nuklide liegt bei etwa 300, die der instabilen Nuklide bei 2 400. Davon kommen nur etwa 50 Radionuklide in der Natur vor.

Aus dieser Darstellung ist erkennbar:
– Die Anzahl der instabilen Kerne ist wesentlich größer als die der stabilen Kerne.
– Je größer die Ordnungszahl der Elemente im Periodensystem ist, desto mehr vergrößert sich die Anzahl der Neutronen gegenüber der Protonenzahl im Kern.

■ So beträgt z. B. bei Natrium-23 die Protonenzahl $Z = 11$, die Neutronenzahl demzufolge $N = 23 - 11 = 12$. Bei Uran-238 beträgt die Protonenzahl 92, die Neutronenzahl dagegen $N = 238 - 92 = 146$.

Atomkerne in angeregten Zuständen sind instabil. Das bedeutet: Sie können sich unter Energieabgabe umwandeln (Abgabe von α- und β-Strahlung) beziehungsweise in einen energetisch niedrigeren Zustand übergehen (Abgabe von γ-Strahlung).
Wodurch sind nun aber stabile Atomkerne gekennzeichnet? Eine wichtige Rolle spielt die Anzahl der Protonen bzw. der Neutronen im Kern. Prüft man das systematisch, dann zeigt sich: Bei bestimmter Anzahl von Protonen bzw. Neutronen existieren besonders viele stabile Nuklide. Es handelt sich dabei u. a. um die Zahlen 2, 8, 20, 28, 50 und 82.
Eine Erklärung dafür bietet ein auf quantphysikalischen Gesetzen beruhendes Kernmodell, das Schalenmodell des Atomkerns (✗ S. 117). Ähnlich wie bei den Elektronen der Atomhülle existieren für den Atomkern Energieniveaus (Schalen) mit besonders stabilen Zuständen, die durch die oben genannten Zahlen gekennzeichnet sind.

Das Schalenmodell des Atomkerns

Verschiedene Eigenschaften des Atomkerns lassen sich gut mit dem Tröpfchenmodell (↗ S. 106) erklären. Das gilt z. B. für die Bindungsenergie der Nukleonen. Wie jedes Modell hat aber auch das Tröpfchenmodell Grenzen. So haben es z. B. sorgfältige Messungen von Nuklidmassen ermöglicht, die Bindungsenergie des Kerns mit einer Genauigkeit zu bestimmen, bei der Abweichungen von den Vorhersagen des Tröpfchenmodells erkennbar werden.

Berechnet man aus den Messungen die Energie, die notwendig ist, um ein Neutron oder ein Proton aus dem Kern zu entfernen, dann zeigt sich: Bei bestimmten Nukleonenzahlen ist es sehr schwer, ein Nukleon aus dem Atomkern herauszulösen. Vergleichbar ist das mit der Ionisierungsenergie im Bereich der Atomhülle: Bei Elementen mit abgeschlossenen Elektronenschalen, wie sie z. B. die Edelgase besitzen, ist die Ionisierungsenergie besonders groß.

In Analogie zum Schalenmodell der Atomhülle wurde von E. P. WIGNER, M. GOEPPERT-MAYER und J. H. D. JENSEN 1949 ein **Schalenmodell des Atomkerns** entwickelt. Alle drei erhielten für ihre Arbeiten zur Theorie des Atomkerns bzw. zur Schalenstruktur 1963 den Nobelpreis für Physik.

Bei diesem auf quantenphysikalischen Gesetzen beruhenden Kernmodell erhält man diskrete Energieniveaus, die auch Schalen genannt werden.
Die Nukleonenzahlen, bei denen sich nur schwer Nukleonen aus dem Kern herauslösen lassen, bezeichnet man als **magische Zahlen.** Die Werte der magischen Zahlen sind für Protonen und Neutronen bis 82 gleich. Es sind die Zahlen 2, 8, 20, 28, 50 und 82. Für Neutronen lautet die nächste magische Zahl 126, für Protonen 114 und 120.

Ist N oder Z eine magische Zahl, gibt es besonders viele stabile Kerne im Bereich dieser Zahlen. Betrachtet man z. B. Nuklide mit magischen Protonenzahlen, findet man die Elemente Helium (2), Sauerstoff (8), Calcium (20), Nickel (28), Zinn (50) und Blei (82).

Besitzt ein Kern eine magische Protonen- und Neutronenzahl, so spricht man von einem doppelt magischen Kern. Beispiele für diese besonders stabilen Kerne sind $^{4}_{2}$He, $^{16}_{8}$O, $^{40}_{20}$Ca und $^{208}_{82}$Pb (↗ Nuklidkarte unten und auf dem hinteren Nachsatz).

Ob solche Effekte auch bei den künstlich hergestellten superschweren Elementen auftreten und ob es dort eine „Insel stabiler Elemente" gibt, ist derzeit eine offene Frage.

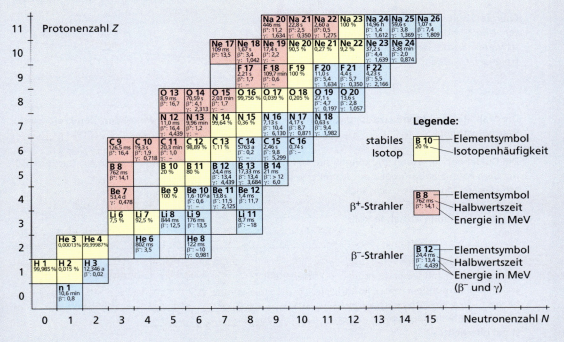

Überblick

Strahlung aus dem Atomkern

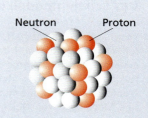

Neutron   Proton

Atomkerne
– nehmen nur einen geringen Raum im Atom ein,
– besitzen fast die gesamte Masse des Atoms und eine große Dichte,
– enthalten die gesamte positive Ladung des Atoms.

Kernbausteine (Nukleonen) sind die **Protonen** und die **Neutronen**.

Protonen	$m_p = 1{,}673 \cdot 10^{-27}$ kg	Massenzahl $A = Z + N$
	$Q = +1{,}602 \cdot 10^{-19}$ C	Z Kernladungszahl (Ordnungszahl im Periodensystem, Anzahl der Protonen)
Neutronen	$m_n = 1{,}675 \cdot 10^{-27}$ kg ungeladen	N Anzahl der Neutronen

Die Masse eines Atomkerns ist stets kleiner als die Summe der Massen seiner Bestandteile. Für diesen **Massendefekt** gilt:

$$\Delta m = m - (Z \cdot m_p + N \cdot m_n)$$

Die dem Massendefekt Δm entsprechende Energie E_B ist die Bindungsenergie des Atomkerns. Die Division durch die Massenzahl A (Anzahl der Nukleonen) ergibt die **mittlere Bindungsenergie je Nukleon**:

$$\frac{E_B}{A} = \Delta m \cdot c^2$$

Energie kann durch Fusion leichter Kerne oder durch Spaltung schwerer Kerne in mittelschwere freigesetzt werden.

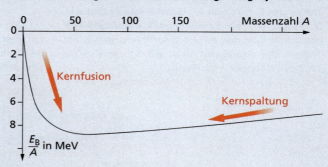

Die Stabilität des Atomkerns ist das Ergebnis der zwischen Nukleonen wirkenden Kernkraft (starke Wechselwirkung).

Die Nukleonen im Atomkern können nur bestimmte energetische Zustände annehmen. Das lässt sich mit dem Potenzialtopfmodell des Atomkerns beschreiben.
Mit diesem Modell lässt sich auch beschreiben und erklären, wie α-, β- und γ-Strahlung zustande kommen.

Die Aussendung von α- und β-Strahlung ist mit einer Kernumwandlung verbunden. γ-Strahlung bewirkt, dass ein Atomkern in einen energetisch niedrigeren Zustand übergeht.

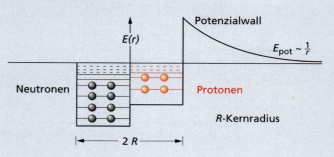

Aufgaben

1. Die Dichte eines Atomkerns ist sehr groß ($\nearrow$ S. 106). Welche Masse hätte ein Körper mit der Dichte der Kernmaterie bei einem Volumen von $1\,\text{cm}^3$? Vergleichen Sie mit der Masse von $1\,\text{cm}^3$ Wasser!

2. Schätzen Sie den Kernradius für die Atomkerne der folgenden Elemente ab: $^{12}_{6}\text{C}$, $^{56}_{26}\text{Fe}$, $^{208}_{82}\text{Pb}$, $^{238}_{92}\text{U}$.

3. Im Atomkern sind Protonen und Neutronen dicht gepackt. Als Abstand zweier Protonen kann man 10^{-15} m annehmen.
   a) Geben Sie an, wie groß für diesen Fall die Anziehungskraft aufgrund der Massen und die Abstoßungskraft aufgrund der Ladungen ist!
   b) Die starke Wechselwirkung ist um ein Vielfaches stärker als die Gravitationskraft und etwa 100-mal stärker als die Coulombkraft. Begründen Sie damit den Zusammenhalt der Nukleonen im Atomkern!

4. Geben Sie an, wie sich der Kernradius als Funktion der Massenzahl verhält! Vergleichen Sie damit, wie sich der Atomradius als Funktion der Elektronenzahl verhält! Erläutern Sie das unterschiedliche Verhalten unter Berücksichtigung der unterschiedlichen Reichweiten der zugrunde liegenden Kräfte!

5. Die Kernkraft ist wesentlich stärker als die coulombsche Kraft oder die Gravitationskraft. Begründen Sie, warum die Kernkraft dennoch außerhalb des Atomkerns keine Rolle spielt!

6. Ein Atomkern besteht aus Nukleonen, also aus Protonen und Neutronen.
   Erläutern Sie, welche Kräfte zwischen den Teilchen wirken, und begründen Sie mit den wirkenden Kräften die Stabilität eines Atomkerns!

7. Ein Atomkern ist mit einem Wassertropfen vergleichbar, der aus vielen kleinen Tröpfchen zusammengesetzt ist und dennoch eine charakteristische Form hat.
   Das entsprechende Modell für den Atomkern wird als Tröpfchenmodell bezeichnet.
   a) Erkunden Sie, wodurch die charakteristische Form eines Wassertropfens zustande kommt!

   b) Kennzeichnen Sie das Tröpfchenmodell des Atomkerns! Nennen Sie dabei Analogien zu einem Wassertropfen!
   c) Erläutern Sie, warum folgender Sachverhalt keinen Widerspruch darstellt: Es ist der coulombschen Kraft zuzuordnen, dass Wasser zur Tropfenbildung neigt. Zwei Wassertropfen dagegen ziehen sich nicht gegenseitig an. Bedenken Sie: Wassermoleküle sind elektrisch neutral.

8. Trägt man die Bindungsenergie E_B je Nukleon gegen die Massenzahl A auf, so erhält man eine charakteristische Kurve.

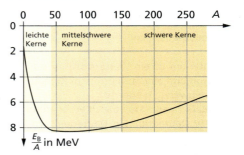

   a) Interpretieren Sie das Diagramm! Erläutern Sie dabei die beiden grundsätzlichen Möglichkeiten der Energiefreisetzung!
   b) Berechnen Sie aus den relativen Atommassen den Massendefekt und die Bindungsenergie je Nukleon für Cobalt-60. Dessen relative Atommasse beträgt 59,93381, die eines Protons 1,00783 und die eines Neutrons 1,00867!

9. Ein Heliumkern besteht aus vier Nukleonen. Nun sollen $10\,\text{g}$ Heliumkerne aus einzelnen Nukleonen gebildet werden.
   Welche Bindungsenergie wird dabei freigesetzt? Wie lange könnte man mit dieser Energie eine Energiesparlampe (15 W) betreiben?

10. Die Bindungsenergie eines Atomkerns wächst mit der Anzahl der Nukleonen in ihm. Stellen Sie diesen Zusammenhang grafisch dar (prinzipieller Verlauf des Graphen)! Interpretieren Sie das Diagramm!

11. α-Teilchen sind doppelt positiv geladene Heliumkerne ($_2^4$He). Die Masse eines solchen Heliumkerns beträgt $4{,}0015061\ u$. Berechnen Sie für ein α-Teilchen den Massendefekt und die Kernbindungsenergie!

12. Der Atomkern von Eisen-56 hat eine Masse von $56{,}449126\ u$, die Atommasse des Eisens beträgt $55{,}934939\ u$. Wie groß sind der Massendefekt und die mittlere Bindungsenergie je Nukleon für dieses Nuklid?

13. Ermitteln Sie die Bindungsenergie des Atomkerns von $_{58}^{138}$Ce und $_{88}^{226}$Ra. Bestimmen und vergleichen Sie auch die mittlere Bindungsenergie je Nukleon!

14. a) Berechnen Sie die Bindungsenergie der Nuklide Tritium (^{3}T, $m_\text{T} = 3{,}016049\ u$) und ^{3}He ($m_{3\text{He}} = 3{,}016029\ u$).
    b) Erklären Sie den Unterschied in den Bindungsenergien!

15. Deuterium ist ein Wasserstoffisotop mit einem Proton und einem Neutron im Kern, in Symbolschreibweise $_1^2$H oder $_1^2$D.
    a) Berechnen Sie die Kernbindungsenergie für Deuterium. Ein Deuteriumkern hat eine Masse von $2{,}0135532\ u$.
    b) Wie groß ist die Energie, die bei Bildung eines Deuteriumkerns über die Fusion von zwei Wasserstoffkernen frei wird?

16. Erläutern Sie anhand des Potenzialtopfmodells für den Atomkern die energetischen Verhältnisse in ihm!

17. Begründen Sie mithilfe des Potenzialtopfmodells, weshalb das γ-Spektrum eines Nuklids stets ein Linienspektrum ist!

18. Beim Zerfall von $_{11}^{22}$Na entsteht $_{10}^{22}$Ne. Die Atommasse von Na-22 beträgt $21{,}99444\ u$.
    a) Geben Sie die Zerfallsgleichung an!
    b) Berechnen Sie die mittlere Bindungsenergie je Nukleon für den Natriumkern!

19. Ähnlich wie für die Emission von Licht durch Vorgänge in der Atomhülle kann man auch für die Entstehung von α-, β- und γ-Strahlung durch Vorgänge im Atomkern ein Energieniveauschema angeben. Dabei werden die Kernumwandlungen und die Energieniveaus der Nukleonen im Atomkern berücksichtigt. Nachfolgend ist ein solches Schema für den Zerfall von Caesium-137 angegeben.

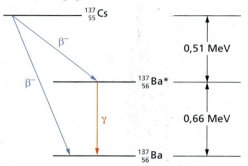

Interpretieren Sie dieses Energieniveauschema! Stellen Sie die entsprechenden Reaktionsgleichungen auf!

20. Polonium-212 zerfällt unter Abgabe eines α-Teilchens in Blei-208.
    a) Beschreiben Sie diesen Vorgang mit einer Reaktionsgleichung!
    b) Entwickeln Sie für diesen Vorgang ein Energieniveauschema analog zu der Darstellung in Aufgabe 19. Die Energiedifferenz zwischen Ausgangskern und Endkern beträgt 7 MeV.

21. Sterne entstehen, entwickeln sich und vergehen. Bei sehr massereichen Sternen wird nicht nur Energie durch die Fusion von Wasserstoff zu Helium freigesetzt, sondern in einem fortgeschrittenen Entwicklungsstadium des Sterns treten auch Fusionen von schwereren Elementen bis hin zum Eisen auf. Schließlich bildet sich ein Eisenkern aus.
    a) Der gesamte Prozess wird als „Schalenbrennen" bezeichnet.
       Informieren Sie sich über dieses „Schalenbrennen" im Innern eines Sterns!
    b) Begründen Sie, weshalb beim Ablauf der Eisenfusion der Umgebung Energie entzogen wird, während bei allen anderen Fusionsprozessen Energie an die Umgebung abgegeben wird!

5 Radioaktivität und Kernreaktionen

5.1   Radioaktive Strahlung

Strahlung aus dem Atomkern

Aus dem bisherigen Physikunterricht ist bereits bekannt:
Jedes Atom besteht aus **Atomhülle** und **Atomkern.** Atomkerne sind dadurch gekennzeichnet, dass
– sie nur einen geringen Raum im Atom einnehmen,
– in ihnen fast die gesamte Masse des Atoms konzentriert ist,
– sich in ihnen die gesamte positive Ladung des Atoms befindet.

Kernbausteine **(Nukleonen)** sind die positiv geladenen **Protonen** und die elektrisch neutralen **Neutronen,** die sehr dicht gepackt sind, sodass Kernmaterie eine außerordentlich große Dichte besitzt. Sie ist für alle Atomkerne annähernd gleich groß. Ihr Wert ist nebenstehend angegeben.

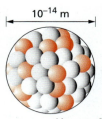

10^{-14} m

$\varrho \approx 1{,}8 \cdot 10^{14}$ g $\cdot$ cm^{-3}

Die Nukleonen lassen sich folgendermaßen kennzeichnen:

Die atomare Masseneinheit u hat den Wert $1{,}660\,540 \cdot 10^{-27}$ kg.

Nukleon	Symbol-schreibweise	Ruhemasse	Ruheenergie	Ladung
Proton	$^1_1$p	$1{,}672\,62 \cdot 10^{-27}$ kg $1{,}007\,276\ u$	938,28 MeV	+ 1 e $1{,}602 \cdot 10^{-19}$ C
Neutron	$^1_0$n	$1{,}674\,93 \cdot 10^{-27}$ kg $1{,}008\,665\ u$	939,57 MeV	0

Die **Massenzahl** oder Nukleonenzahl A ist gleich der Summe aus der Protonenzahl (Ordnungszahl im Periodensystem) Z und der Anzahl der Neutronen N:

$$A = Z + N$$

Der Quotient aus der Masse m_A eines Atoms und der atomaren Masseneinheit u wird als relative Atommasse bezeichnet. Es gilt:

$A_r = \frac{m_A}{u}$

Die Masse des Atomkerns ergibt sich dann näherungsweise als Summe der Massen aller seiner Protonen Z und seiner Neutronen N:

$$m_K \approx Z \cdot m_P + N \cdot m_n$$

Sie kann experimentell mithilfe von **Massenspektrografen** ermittelt werden.
Die Masse des Atomkerns ist stets kleiner als die Summe der Massen seiner Bestandteile (Massendefekt). Dem Massendefekt entspricht nach $E = \Delta m \cdot c^2$ die Bindungsenergie des Atomkerns (↗ S. 109).

Quelle der radioaktiven Strahlung ist der Atomkern. Dabei erfolgen bei der Aussendung von α- und β-Strahlung Kernumwandlungen (↗ S. 113, 115). Bei der Aussendung von γ-Strahlung geht der Atomkern auf ein niedrigeres Energieniveau über (↗ S. 114).

Kernumwandlungen und Radioaktivität

Atomkerne können spontan zerfallen, durch Beschuss mit Teilchen aufgespalten werden oder unter bestimmten Bedingungen auch miteinander verschmelzen. In allen diesen Fällen verändern sich die ursprünglichen Atomkerne. Sie wandeln sich in neue Kerne um.

> Unter einer **Kernumwandlung** oder **Kernreaktion** versteht man die Umwandlung von Atomkernen in andere Kerne.

Die neu entstehenden Kerne sind teilweise stabil, teilweise zerfallen sie ihrerseits wieder. Es gibt regelrechte Zerfallsreihen (↗ S. 128).

Bei einer Kernumwandlung wird Strahlung abgegeben, die als **radioaktive Strahlung** oder **Kernstrahlung** bezeichnet wird. Entdeckt wurde diese neue Art von Strahlung 1896 durch den französischen Physiker HENRI BECQUEREL (1852–1908). Er stellte fest, dass eine Fotoplatte geschwärzt wurde, wenn sich uranhaltige Mineralien in der Nähe befand er (↗ Abb.).

HENRI BECQUEREL (1852–1908) erhielt 1903 zusammen mit MARIE CURIE (1867 bis 1934) und PIERRE CURIE (1859–1906) für die Verdienste um die Entdeckung und Erforschung der Radioaktivität den Nobelpreis für Physik. M. und P. CURIE fanden 1898 die radioaktiven Elemente Radium und Polonium. Auf M. CURIE (↗ Abb.) geht auch der Begriff „Radioaktivität" zurück.

> Unter **Radioaktivität** versteht man die Erscheinung, dass sich Atomkerne unter Abgabe radioaktiver Strahlung verändern.

Die meisten Kerne der Atome, aus denen wir bestehen und die uns umgeben, sind stabil. Nur ein kleiner Bruchteil ist nicht stabil und zerfällt spontan mit einer gewissen Wahrscheinlichkeit.
Solche Atomkerne werden als **radioaktive Nuklide** oder **Radionuklide** bezeichnet. Dabei ist zwischen natürlicher und künstlicher Radioaktivität zu unterscheiden. In der nachfolgenden Übersicht sind die beiden Arten der Radioaktivität genauer charakterisiert.

Natürliche Radioaktivität	Künstliche Radioaktivität
In der Natur vorkommende Radionuklide wandeln sich spontan unter Aussendung von radioaktiver Strahlung um.	Künstlich erzeugte Radionuklide wandeln sich spontan unter Aussendung von radioaktiver Strahlung um.
Beispiel Radium-226 zerfällt unter Aussendung eines doppelt positiv geladenen Heliumkerns (α-Teilchen) in Radon-222.	**Beispiel** Wird Cobalt-59 mit Neutronen beschossen, so entsteht das Radionuklid Cobalt-60, das sich unter Abgabe eines Elektrons in Nickel umwandelt.
$$^{226}_{88}\text{Ra} \longrightarrow\ ^{222}_{86}\text{Rn} + ^{4}_{2}\alpha$$	$$^{1}_{0}\text{n} + ^{59}_{27}\text{Co} \longrightarrow\ ^{60}_{27}\text{Co} \longrightarrow\ ^{60}_{28}\text{Ni} + ^{0}_{-1}\text{e}$$

Experimente zur Unterscheidung der Strahlungsarten

Solche abgeschirmten Strahler sind für experimentelle Untersuchungen gedacht.

Man unterscheidet drei Arten radioaktiver Strahlung: α-Strahlung, β-Strahlung und γ-Strahlung. Eine Übersicht über diese drei Strahlungsarten ist unten gegeben. Die Entstehung der drei Strahlungsarten durch Prozesse im Atomkern ist auf den Seiten 113–115 dargestellt.

Wir können radioaktive Strahlung nicht unmittelbar wahrnehmen. Sie hat aber eine Reihe von Eigenschaften, die für ihren Nachweis, ihre Wirkungen und ihre Anwendungen sowie zum Schutz vor ihr von Bedeutung sind. Zugleich bieten verschiedene Eigenschaften die Möglichkeit, die drei Strahlungsarten voneinander zu unterscheiden.

> **Radioaktive Strahlung besitzt Energie.**

Dadurch können Gase ionisiert, Filme geschwärzt und biologische Zellen verändert werden. Das Ionisieren von Gasen und das Schwärzen von Filmen werden zum Nachweis radioaktiver Strahlung genutzt.

Sind z. B. bei einer Nebelkammer die Spuren alle etwa gleich lang, so kann man folgern: Es handelt sich um α-Strahlung (↗ Übersicht S. 125 unten).

α-Strahlung besitzt bestimmte, diskrete Energien in einer Größenordnung von 1–10 MeV. Die Energie liegt als kinetische Energie der α-Teilchen vor.
β-Strahlung hat stets ein kontinuierliches Energiespektrum mit einer maximalen Energie, die meist im Bereich von 1 MeV liegt. Es handelt sich dabei um kinetische Energie der Elektronen bzw. der Positronen.
γ-Strahlung besitzt bestimmte, diskrete Energien in der Größenordnung von ebenfalls 1 MeV. Es handelt sich hierbei um „Wellenpakete", vom physikalischen Charakter her um elektromagnetische Wellen kleiner Wellenlänge bzw. Quanten, vergleichbar mit dem Photon im sichtbaren Bereich des Spektrums.

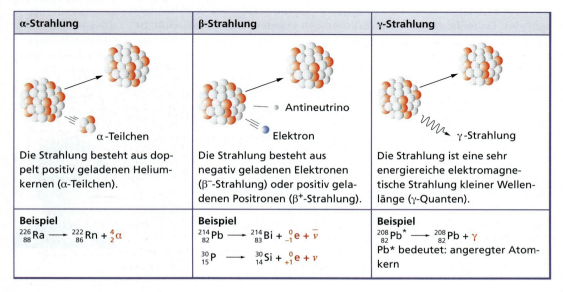

α-Strahlung	β-Strahlung	γ-Strahlung
α -Teilchen	Antineutrino Elektron	γ -Strahlung
Die Strahlung besteht aus doppelt positiv geladenen Heliumkernen (α-Teilchen).	Die Strahlung besteht aus negativ geladenen Elektronen (β⁻-Strahlung) oder positiv geladenen Positronen (β⁺-Strahlung).	Die Strahlung ist eine sehr energiereiche elektromagnetische Strahlung kleiner Wellenlänge (γ-Quanten).
Beispiel $^{226}_{88}\text{Ra} \longrightarrow {}^{222}_{86}\text{Rn} + {}^{4}_{2}\alpha$	**Beispiel** $^{214}_{82}\text{Pb} \longrightarrow {}^{214}_{83}\text{Bi} + {}^{0}_{-1}e + \bar{\nu}$ $^{30}_{15}\text{P} \longrightarrow {}^{30}_{14}\text{Si} + {}^{0}_{+1}e + \nu$	**Beispiel** $^{208}_{82}\text{Pb}^* \longrightarrow {}^{208}_{82}\text{Pb} + \gamma$ Pb* bedeutet: angeregter Atomkern

Nachweis von radioaktiver Strahlung

Bei allen Geräten zum Nachweis radioaktiver Strahlung nutzt man Eigenschaften der Strahlung, insbesondere das Ionisierungsvermögen und das Schwärzen von Filmen.

Die allerersten Messungen wurden von P. und M. CURIE mit einem **Elektroskop** durchgeführt. Gemessen wurde dabei allerdings nicht die Strahlung, sondern die Verringerung der elektrischen Ladung des Elektroskops infolge der Ionisierung von Luft.

Mit dem 1928 von H. GEIGER (1882–1945) und W. MÜLLER (1905–1979) entwickelten **Zählrohr** kann man nicht nur das Vorhandensein radioaktiver Strahlung, sondern auch ihre Intensität ermitteln. Den grundsätzlichen Aufbau eines solchen Zählrohrs zeigt Abb. 1. Dringt radioaktive Strahlung ins Innere, dann geschieht Folgendes:
– Aus Gasatomen werden Elektronen herausgeschlagen. Es entsteht durch Stoßionisation eine regelrechte Elektronenlawine und damit im Stromkreis ein Stromstoß. Dieser Stromstoß bewirkt am Widerstand R einen Spannungsstoß. In einem Lautsprecher ist er als Knacken hörbar.
– Während des Stromstoßes ist der Widerstand des Zählrohrs klein gegenüber R. Damit liegt an R eine große Teilspannung, am Zählrohr eine kleine.
– Durch die kleine Spannung kommen Stoßionisation und Stromfluss im Zählrohr zum Erliegen. In dieser Zeit ist das Zählrohr ca. 10^{-4} s lang unempfindlich (Totzeit).
– Anschließend spricht das Zählrohr wieder an.

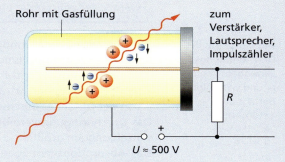

1 Geiger-Müller-Zählrohr

Heute gibt es solche Zählrohre in verschiedenen Bauformen.

Beim **Filmdosimeter** (↗ Übersicht unten) wird die Schwärzung einer fotografischen Schicht zum Nachweis genutzt. Durch eingebaute metallische Filter lässt sich die Strahlenbelastung abschätzen.

Die Spuren radioaktiver Strahlung lassen sich gut mithilfe von **Nebelkammern** oder **Blasenkammern** darstellen. Beide haben heute nur noch historische Bedeutung.

Moderne Nachweismöglichkeiten von radioaktiver Strahlung sind **Halbleiterdetektoren,** bei denen die ionisierende Wirkung der Strahlung genutzt wird. In **Szintillationsdetektoren** werden die beim Durchtritt von Strahlung entstehenden Photonen verstärkt und registriert.

Nachweismöglichkeiten radioaktiver Strahlung		
Filmdosimeter	**Zählrohr**	**Nebelkammer**
	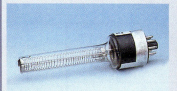	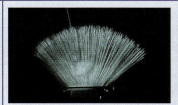
Bei einer Dosimeterplakette wird ein Film an den Stellen, an denen radioaktive Strahlung auftrifft, geschwärzt. Der Grad der Schwärzung des Films ist ein Maß für die Strahlenbelastung.	Bei einem Zählrohr wird die ionisierende Wirkung radioaktiver Strahlung genutzt. Je größer die Intensität der Strahlung ist, desto mehr Impulse werden registriert.	Bei einer Nebelkammer wird die ionisierende Wirkung radioaktiver Strahlung genutzt. Die Länge der Nebelspur ist ein Maß für die Energie der jeweiligen Strahlung.

> Radioaktive Strahlung kann Stoffe durchdringen und wird dabei teilweise oder vollständig absorbiert.

Das Verhältnis des Durchdringungsvermögens von α-, β- und γ-Strahlung beträgt etwa 1 : 100 : 10 000.

Das **Durchdringungsvermögen radioaktiver Strahlung** ist abhängig
– von der Art der Strahlung,
– von der Energie der Strahlung,
– von der Art des durchstrahlten Stoffs,
– von der Dicke des durchstrahlten Stoffs.
Das Durchdringungsvermögen von α-Strahlung ist am kleinsten, das von γ-Strahlung am größten.

Das **Absorptionsvermögen** eines Stoffs für radioaktive Strahlung hängt von den gleichen Faktoren wie das Durchdringungsvermögen ab.

Die Dicke eines Stoffs, bei der gerade 50 % der Strahlung hindurchtreten, bezeichnet man als **Halbwertsdicke**. Sie beträgt für die γ-Strahlung eines Co-Strahlers bei Blei etwa 13 mm. Für γ-Strahlung anderer Energie hat die Halbwertsdicke einen anderen Wert.

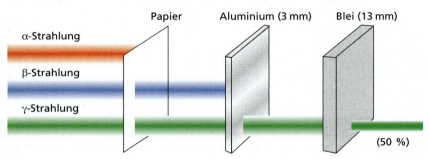

Für experimentelle Untersuchungen eignen sich eine Strahlungsquelle und ein Zählrohr. Bringt man zwischen die Strahlungsquelle und das Zählrohr verschiedene Stoffe, so kann man herausfinden, um welche Art der Strahlung es sich handeln könnte. Darüber hinaus lässt sich mit einer solchen Anordnung auch das Absorptionsvermögen von Stoffen untersuchen.

■ Für einen γ-Strahler wird untersucht, wie die Strahlung durch Blei abgeschirmt wird.

Beachten Sie:
Bei Messungen mit einem Zählrohr ist immer der Nulleffekt zu berücksichtigen, also die Strahlung, die ohne Strahlungsquelle in der Umgebung vorhanden ist.

Schichtdicke in mm	Impulse/min
0	600
5	460
10	340
15	270
20	205
25	150

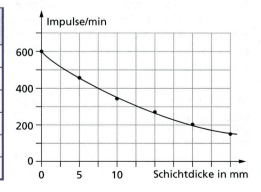

In der Regel breitet sich radioaktive Strahlung von einer Strahlungsquelle ausgehend geradlinig aus. Bewegt sich aber die Strahlung senkrecht zu den Feldlinien durch ein elektrisches oder ein magnetisches Feld, dann gilt:

Die Wirkung der Gewichtskraft auf die Teilchen ist vernachlässigbar.

> α- und β-Strahlung werden durch elektrische und magnetische Felder abgelenkt, γ-Strahlung dagegen nicht.

Ablenkung radioaktiver Strahlung

im elektrischen Feld	im magnetischen Feld

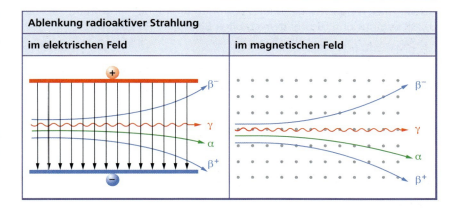

Die Richtung der Ablenkung im magnetischen Feld ergibt sich aus der Feldrichtung und der Ladung der Teilchen. Beim magnetischen Feld erhält man die Richtung der Ablenkung mithilfe der Rechte-Hand-Regel.

Der Daumen der rechten Hand zeigt in Bewegungsrichtung positiv geladener Teilchen (bei Elektronen gegen die Bewegungsrichtung), der Zeigefinger in Richtung des Magnetfelds und der Mittelfinger in Ablenkrichtung.

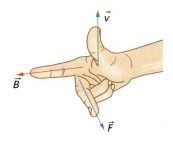

Die Ablenkung von α- und β-Strahlung in elektrischen und magnetischen Feldern kann man beispielsweise dazu nutzen, um die Art der Strahlung, die von der Strahlungsquelle ausgeht, zu bestimmen. Dazu wird die unten abgebildete Anordnung genutzt. Zunächst wird bei Mittelstellung des Zählrohrs die Zählrate ohne Magnetfeld bestimmt. Anschließend wird das Magnetfeld zwischen Strahlungsquelle und Zählrohr gebracht. Ändert sich die Zählrate nicht, liegt γ-Strahlung vor. Bei α- oder β-Strahlung verschiebt sich das Maximum der Zählrate nach hinten oder nach vorn.

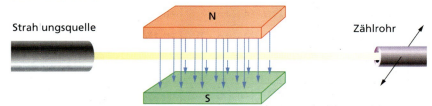

Strahlungsquelle

Zählrohr

Nicht eindeutig unterscheidbar sind bei dieser Versuchsanordnung α- und β^+-Strahlung.

Natürliche Zerfallsreihen

In der Natur gibt es auch Radionuklide außerhalb der Zerfallsreihen, z. B. Kalium-40 oder Rubidium-87.

Natürliche Radioaktivität gibt es seit Millionen Jahren. Dabei zeigt sich: Bei vielen in der Natur vorkommenden Radionukliden sind die entstehenden Folgekerne ebenfalls wieder radioaktiv. Es existieren ganze **Zerfallsreihen,** die bei einem bestimmten Nuklid beginnen und letztlich bei einem stabilen Nuklid enden.

Als Beispiel ist nachfolgend die Uran-Radium-Reihe dargestellt, die bei U-238 beginnt und die bei dem stabilen Bleinuklid Pb-206 endet.

Aus der Kernladungszahl ergibt sich das jeweilige Element (PSE nutzen!).

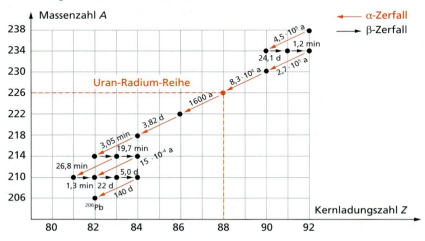

Die vollständigen Zerfallsreihen sind im Anhang oder in der Naturwissenschaftlichen Formelsammlung zu finden.

Eine Änderung der Massenzahl bei radioaktiven Zerfällen tritt nur bei α-Zerfällen auf. β-Zerfall bewirkt nur eine Änderung der Kernladungszahl. Beim α-Zerfall ändert sich die Massenzahl um -4. Daher sind, ausgehend vom jeweils schwersten Kern, nur vier Zerfallsreihen möglich. Es handelt sich um die der Elemente mit den Massenzahlen $A = 4n$, $A = 4n - 1$, $A = 4n - 2$ und $A = 4n - 3$ mit $n = 1, 2, \ldots$. In der Übersicht unten sind alle vier Zerfallsreihen dargestellt.

In der Natur existieren zu einem bestimmten Zeitpunkt nicht nur einzelne Nuklide der Zerfallsreihen, sondern aufgrund des Alters der Erde viele dieser Nuklide. Als Beispiel sei das Radium-226 genannt (im Diagramm oben rot markiert). Es handelt sich um ein Radionuklid mit einer Halbwertszeit von ca. 1600 Jahren. Durch α-Zerfall entsteht aus ihm das Radionuklid $^{226}_{86}\text{Rn}$, also Edelgas, das seinerseits zerfällt.

In der Natur beobachtet man heute nur drei Zerfallsreihen. Die Neptunium-Reihe spielt aufgrund ihrer relativ kurzen Halbwertszeit keine Rolle mehr.

Zerfallsreihe	Ausgangsnuklid		Endnuklid	Halbwertszeit der Zerfallsreihe
Thorium-Reihe	Th-232	$(A = 4n)$	Pb-208	$1{,}40 \cdot 10^{10}$ a
Uran-Radium-Reihe	U-238	$(A = 4n - 2)$	Pb-206	$4{,}51 \cdot 10^{9}$ a
Uran-Actinium-Reihe	U-235	$(A = 4n - 1)$	Pb-207	$7{,}13 \cdot 10^{8}$ a
Neptunium-Reihe	Pu-241	$(4n - 3)$	Bi-209	$2{,}40 \cdot 10^{6}$ a

Die Nuklidkarte

In der Kernphysik ist es üblich, die existierenden stabilen und instabilen Nuklide in einer Nuklidkarte zusammenzufassen. Dazu wählt man in der Regel ein *N-Z*-Diagramm: Horizontal wird die Anzahl der Neutronen *N* und vertikal die Anzahl der Protonen *Z* (Ordnungszahl im Periodensystem der Elemente) aufgetragen. Ein Ausschnitt aus einer solchen Nuklidkarte für leichte Elemente ist unten angegeben.

Bei instabilen Nukliden sind meist die Halbwertszeit und die Art des radioaktiven Zerfalls genannt. Das wird auch durch Farben kenntlich gemacht.

Ein größerer Ausschnitt aus einer Nuklidkarte ist im Anhang zu finden.

Für die drei radioaktiven Zerfallsarten ergibt sich in dieser Darstellung:

Beim α-Zerfall verringern sich die Neutronenzahl und die Protonenzahl um jeweils 2.

Beim β-Zerfall nimmt die Protonenzahl um 1 zu oder ab, während die Neutronenzahl um 1 ab- oder zunimmt.

Bei γ-Strahlung verändert sich die Anzahl der Protonen und Neutronen nicht.

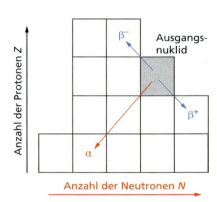

Im Ausschnitt der Nuklidkarte sind einige β-Zerfälle mit Pfeilen markiert.

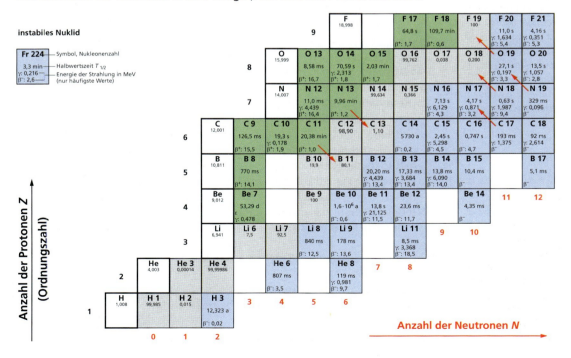

❉ Das Abstandsgesetz für β- und γ-Strahlung

Aufgrund des hohen Ionisierungsvermögens beträgt die Reichweite von α-Strahlung in Luft nur wenige Zentimeter. In festen Stoffen ist sie vernachlässigbar gering. Schon ein Blatt Papier reicht für eine Abschirmung. Es ist deshalb nicht erforderlich, für α-Strahlung ein Abstandsgesetz zu formulieren.

Anders ist die Situation für β- und γ-Strahlung, die in Luft eine größere Reichweite haben. Die Veränderung der Zählrate z und damit der Intensität der Strahlung in Abhängigkeit vom Abstand r von einer Strahlungsquelle kann man experimentell untersuchen. Dazu eignet sich die nachfolgend angegebene Versuchsanordnung.

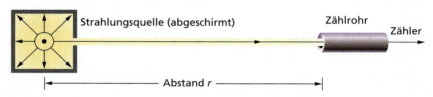

Es wird davon ausgegangen, dass die Strahlungsquelle gleichmäßig in alle Raumrichtungen abstrahlt.

Verdoppelt man den Abstand r zwischen einem γ-Strahler und dem Zählrohr, so sinkt die Zählrate z auf ein Viertel des Ausgangswerts ab. Bei dreifachem Abstand beträgt die Zählrate nur noch ein Neuntel der ursprünglichen. Daraus ergibt sich:

Für eine Strahlungsquelle, die gleichmäßig in alle Richtungen strahlt, gilt das Abstandsgesetz:

$z \sim \dfrac{1}{r^2}$ oder $z = \dfrac{\text{konstant}}{r^2}$ $\qquad$ z $\quad$ Zählrate

$\qquad\qquad\qquad\qquad\qquad\qquad\qquad\qquad$ r $\quad$ Abstand

---

Exakt gilt das Gesetz nur unter der Bedingung, dass keine Absorption stattfindet. Das ist für γ-Strahlung in Luft gut erfüllt, für β-Strahlung näherungsweise für kleine Abstände.

Das Abstandsgesetz lässt sich auch theoretisch unter Verwendung einiger Annahmen herleiten:

1. Die verwendete Strahlungsquelle kann als punktförmig angesehen werden.
2. Die Abstrahlung erfolgt gleichmäßig in alle Richtungen.
3. Es wird keine Strahlung absorbiert.
4. Jedes Teilchen, das auf das Zählrohr trifft, wird registriert.

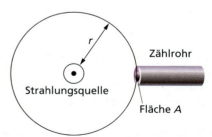

Gehen von der Quelle N Teilchen aus, dann gilt:

$$\frac{A}{O_{\text{Kugel}}} = \frac{A}{4\pi \cdot r^2}$$

Damit ergibt sich für die Zählrate z beim Zählrohr:

$$z = N \cdot \frac{A}{4\pi \cdot r^2} \quad \text{oder} \quad z \sim \frac{1}{r^2}$$

Gesetze des radioaktiven Zerfalls

Ist zu einem Zeitpunkt eine Anzahl N von Atomen eines radioaktiven Stoffs vorhanden, so wandelt sich in einer bestimmten Zeit
die Hälfte der Atomkerne um.
In der gleichen Zeit zerfällt dann
die Hälfte der Hälfte usw.
Diese Zeit wird als **Halbwertszeit**
bezeichnet. Jedes radioaktive
Nuklid hat eine charakteristische
Halbwertszeit.

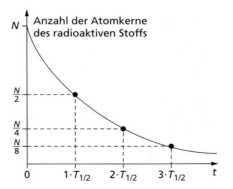

Die **Halbwertszeit** gibt an, in welcher Zeit jeweils die Hälfte der vorhandenen instabilen Atomkerne zerfällt.

Formelzeichen: $T_{1/2}$
Einheit: eine Sekunde (1 s)

Die Halbwertszeit
von Radionukliden
schwankt zwischen
Bruchteilen von
Sekunden und
einigen Milliarden
Jahren.

Für die zeitliche Abnahme der Anzahl der Ausgangsatome kann man ein
Gesetz angeben, das als **Zerfallsgesetz** bezeichnet wird.

Sind in einer Probe anfänglich N_0 instabile Atomkerne vorhanden,
dann befinden sich nach einer bestimmten Zeit t nur noch N Atome
dieser Sorte in der Probe. Die übrigen sind umgewandelt. Es gilt:

$N = N_0 \cdot e^{-\lambda \cdot t}$

N Anzahl der nicht zerfallenen Atomkerne
einer Sorte
N_0 Anzahl der ursprünglich vorhandenen
Atomkerne einer Sorte
λ Zerfallskonstante
t Zeit

Für $t = T_{1/2}$ ist
$N_0 = \frac{1}{2}N$.
Damit ergibt sich:
$\lambda = \frac{\ln 2}{T_{1/2}}$ bzw.
$T_{1/2} = \frac{\ln 2}{\lambda}$

Beachten Sie: Das
Zerfallsgesetz ist ein
stochastisches Ge-
setz. Es macht eine
Aussage über eine
große Anzahl von
Atomkernen, aber
keine Aussage über
einen bestimmten
einzelnen Atom-
kern.

Die Aktivität einer Strahlungsquelle

Strahlungsquellen können mehr oder weniger radioaktive Strahlung in der
Zeiteinheit abgeben. Das wird durch die Größe **Aktivität** A erfasst.

Die **Aktivität** A einer Strahlungsquelle gibt an, wie viele Kerne dN in
der Zeit dt zerfallen und dabei Strahlung abgeben.

$A = -\frac{dN}{dt} = A_0 \cdot e^{-\lambda \cdot t} = \lambda \cdot N$

Die Herleitung der
genannten Zusam-
menhänge ist auf
S. 132 dargestellt.

Aus der Gleichung oben ergibt sich als Einheit der Aktivität $\frac{1}{s}$. Diese Einheit
wird ein Becquerel (1 Bq) genannt. Beachten Sie: Die Einheit $\frac{1}{s}$ ist auch die
Einheit für die Frequenz und wird dort ein Hertz genannt.

■ Leiten Sie aus der Definition der Aktivität und dem Zerfallsgesetz ein Gesetz für die Abnahme der Aktivität eines Stoffs her!

Lösung:
Es gilt $A(t) = -\frac{dN}{dt} = -\dot{N}$. Setzt man für N das Zerfallsgesetz ein, so erhält man durch Differenzieren:

$$A(t) = -\frac{dN}{dt} = \lambda \cdot N_0 \cdot e^{-\lambda \cdot t} \tag{1}$$

Für die Zeit $t = 0$ ergibt sich $A(0) = \lambda \cdot N_0 = A_0$. Eingesetzt in Gleichung (1) erhält man:

$$A(t) = A_0 \cdot e^{-\lambda \cdot t} \tag{2}$$

Ergebnis:
Gleichung (2) ist das gesuchte Gesetz. Für die zeitliche Abnahme der Aktivität gilt ein zum Zerfallsgesetz analoges Gesetz.

■ Eine Probe des Gold-Nuklids Au-198 hat eine Aktivität von $1{,}6 \cdot 10^5$ Bq. Nach einem Tag beträgt sie nur noch $1{,}2 \cdot 10^5$ Bq. Wie groß sind Zerfallskonstante und Halbwertszeit für dieses Nuklid?

Da die Teilchenzahl proportional zur Masse ist ($N \sim m$), gilt auch für die Masse ein analoges Gesetz:
$m = m_0 \cdot e^{-\lambda \cdot t}$

Analyse:
Da die zeitliche Abnahme der Aktivität gegeben ist, kann die oben abgeleitete Gleichung (2) zur Lösung genutzt werden.

Gesucht: λ, $T_{1/2}$

Gegeben: $A_0 = 1{,}6 \cdot 10^5$ Bq

$A = 1{,}2 \cdot 10^5$ Bq

$t = 24$ h

In analoger Weise kann auch das Zerfallsgesetz umgestellt werden. Es gilt:
$-\ln \frac{A}{A_0} = \ln \frac{A_0}{A}$

Lösung:
Aus $A = A_0 \cdot e^{-\lambda \cdot t}$ oder $\frac{A}{A_0} = e^{-\lambda \cdot t}$ erhält man durch Logarithmieren:

$$\ln \frac{A}{A_0} = -\lambda \cdot t \quad \text{oder} \quad \ln \frac{A_0}{A} = \lambda \cdot t$$

Die Umstellung der Gleichung nach der Zerfallskonstanten λ ergibt:

$$\lambda = \frac{1}{t} \cdot \ln \frac{A_0}{A} = \frac{1}{24 \text{ h}} \cdot \ln \frac{1{,}6 \cdot 10^5 \text{ Bq}}{1{,}2 \cdot 10^5 \text{ Bq}}$$

$$\lambda = 0{,}012 \, \frac{1}{h}$$

Für den Zusammenhang zwischen der Zerfallskonstanten und der Halbwertszeit gilt die Beziehung (↗ S. 131):

$$T_{1/2} = \frac{\ln 2}{\lambda}$$

Mit dem oben berechneten Wert für λ erhält man:

$$T_{1/2} = \frac{\ln 2 \cdot \text{h}}{0{,}012} = 58 \text{ h}$$

Ergebnis:
Die Zerfallskonstante des Gold-Nuklids Au-198 beträgt $0{,}012 \, \frac{1}{h}$, die Halbwertszeit etwa 58 Stunden.

Modellierung des Zerfallsgesetzes

Bei Nutzung eines Computers kann man mit einem **Modellbildungssystem** den radioaktiven Zerfall von Stoffen modellieren.
Wir nehmen an, dass die Wahrscheinlichkeit für den Zerfall jedes Kerns einer Substanz gleich groß ist. Wenn diese doppelt so viele Kerne enthält, dann wird es auch durchschnittlich doppelt so viele Zerfälle geben. Die Anzahl der Zerfälle ist also proportional zur Anzahl der ursprünglich vorhandenen Kerne einer Substanz.

In einem Modellbildungssystem würde man diese Proportionalität so darstellen:

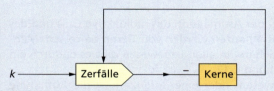

Die Proportionalitätskonstante k gibt an, welcher Anteil der Kerne während eines Zeitschritts zerfällt. Diese werden von den Kernen abgezogen und die neue Anzahl wirkt dann wieder auf die Anzahl der Zerfälle zurück.

In jedem Zeitschritt wird also folgendermaßen gerechnet:

```
PROGRAMM: (Zerfall)
Zerfälle:= k · Kerne
Kerne:= Kerne – Zerfälle · ZEITSCHRITT
ZEIT:= ZEIT + ZEITSCHRITT

Wir wählen folgende Startwerte:
k = 0,5
KERNE = 800
ZEITSCHRITT = 0,1
ZEIT = 0
```

Trägt man die Anzahl der Kerne (KERNE) als Funktion der Zeit (ZEIT) auf, erhält man das rechts oben dargestellte Diagramm.
Je größer die Anzahl der Kerne bei einer Messung ist, umso größer ist die Wahrscheinlichkeit einer guten Übereinstimmung mit der modellierten Kurve. Das hängt damit zusammen, dass das Zerfallsgesetz ein statistisches Gesetz ist, also Wahrscheinlichkeitsaussagen zu einer großen Teilchenanzahl trifft.

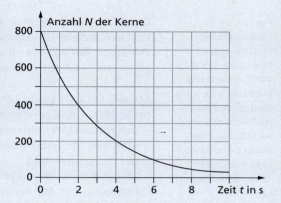

Oft ist das Zerfallsprodukt wieder radioaktiv und es ergibt sich ein Mutter-Tochter-Prozess. Wir erweitern das Modell:

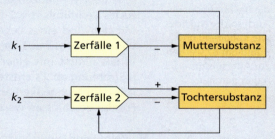

Die Zerfälle der Muttersubstanz verringern diese und reichern gleichzeitig die Tochtersubstanz an.

Für eine bestimmte Kombination der beiden Proportionalitätskonstanten k_1 und k_2 ergibt sich das unten dargestellte Zerfallsgesetz.
Interpretieren Sie dieses Diagramm!
Wie würde die Darstellung aussehen für $k_1 \gg k_2$ und $k_1 \ll k_2$?

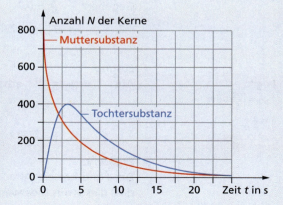

Altersbestimmung mit Radionukliden

Die von dem amerikanischen Physiker WILLARD FRANK LIBBY (1908 bis 1980) entwickelte Methode wird auch als **Radiokohlenstoffmethode** oder **Radiokarbonmethode** bezeichnet. LIBBY erhielt dafür 1960 den Nobelpreis für Chemie.
Weitere Methoden der **Altersbestimmung** sind die Tritiummethode und die Bleimethode. Auch solche Nuklide wie Kalium-40 und Rubidium-87 werden zur Altersbestimmung genutzt.

Das Alter von Gesteinen, archäologischen Funden und anderen Objekten lässt sich auf der Grundlage der in ihnen enthaltenen Radionuklide, deren Zerfallsprodukten oder der Isotopenzusammensetzung ermitteln. Die bekannteste Methode radioaktiver Zeitmessung ist die **C-14-Methode**.

Mit der C-14-Methode kann man das Alter **organischer Überreste** bestimmen. Die Grundlagen für diese Methode bestehen in Folgendem:
– Der radioaktive Kohlenstoff-14 entsteht in der Luft durch Kernumwandlung von Stickstoff infolge des ständigen „Beschusses" mit Neutronen der Höhenstrahlung.
– Man kann davon ausgehen, dass dieser Prozess seit Jahrtausenden vor sich geht und der Anteil an C-14-Isotopen in der Atmosphäre weitgehend gleich war und ist.
– Alle Pflanzen nehmen bei der Assimilation das radioaktive C-14 und das nicht radioaktive C-12 auf. Pflanzen werden von Tieren gefressen. Menschen essen Pflanzen und Tiere. In allen Lebewesen gibt es dadurch ein festes Verhältnis von C-14 und C-12.
– Mit dem Tod eines Lebewesens oder einer Pflanze hört die Aufnahme von Kohlenstoff auf. Der Anteil von C-14 am Kohlenstoff des toten Materials nimmt mit einer Halbwertszeit von 5730 Jahren ab. C-14 gibt β-Strahlung ab. Es entsteht das stabile Nuklid N-14.
Aus dem Mengenverhältnis von C-14 und C-12 kann auf das Alter eines Fundes geschlossen werden.

■ Beim Fund einer ägyptischen Mumie beträgt der C-14-Anteil nur noch 70 % des heutigen Anteils. Auf welches Alter kann man daraus schließen?

Bei der abgebildeten Mumie aus Peru ergab sich ein Alter von ca. 1000 Jahren.

Analyse:
Genutzt werden kann zur Berechnung des Alters das Zerfallsgesetz (↗ S. 131).
Gesucht: t
Gegeben: $\frac{N}{N_0} = 0{,}7$

$T_{1/2} = 5730$ a

Es gilt:
$T_{1/2} = \frac{\ln 2}{\lambda}$ oder
$\lambda = \frac{\ln 2}{T_{1/2}}$

Lösung:
Aus $N = N_0 \cdot e^{-\lambda \cdot t}$ erhält man: $\ln \frac{N_0}{N} = \lambda \cdot t$ oder

$$t = \frac{1}{\lambda} \cdot \ln \frac{N_0}{N} = \frac{T_{1/2}}{\ln 2} \cdot \ln \frac{N_0}{N}$$

$$t = \frac{5730 \text{ a}}{\ln 2} \cdot \ln 1{,}43 = 2950 \text{ a}$$

Ergebnis:
Der Fund hat ein Alter von etwa 3000 Jahren. Dabei ist zu beachten, dass dieses aus Messwerten bestimmte Alter fehlerbehaftet ist.

Das Alter **anorganischer Stoffe,** z. B. von Gesteinen, lässt sich mit der **Uran-Blei-Methode** abschätzen. Grundlage der Methode ist die Uran-Radium-Zerfallsreihe (↗ S. 128). Geht man davon aus, dass ursprünglich nur Uran in einem Mineral eingelagert wurde, dann kann man aus dem Verhältnis von U-238 zu Pb-208 das Alter ermitteln, denn die Halbwertszeit für die gesamte Reihe ist bekannt. Auf diese Weise kann man das Alter der Erde zu ca. 4 Milliarden Jahre bestimmen.

Die Halbwertszeit für die gesamte Zerfallsreihe beträgt $4{,}51 \cdot 10^9$ Jahre.

■ U-238 zerfällt über eine Reihe von Zwischenprodukten zum Endprodukt Pb-206. Wegen der relativ kleinen Halbwertszeiten der Zwischenprodukte kann für die folgenden Überlegungen in guter Näherung ein direkter Zerfall von U-238 in Pb-206 angenommen werden.
Bestimmen Sie das Massenverhältnis von Blei und Uran, das sich nach der Zeit $t = 1{,}2 \cdot 10^9$ Jahren in einer Gesteinsprobe aufgrund des radioaktiven Zerfalls einstellt!

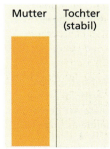

Analyse:
Die Aufgabe kann unter Nutzung des Zerfallsgesetzes gelöst werden.
Gesucht: Massenverhältnis $\frac{m_{Pb}}{m_U}$

Gegeben: $t = 1{,}2 \cdot 10^9$ a

$T_{1/2} = 4{,}5 \cdot 10^9$ a

Anzahl der Mutterkerne zu Beginn = Anzahl der Mutterkerne + Anzahl der Tochterkerne

Lösung:
Zur Zeit $t = 0$ liegen N_0 Uran-238-Kerne vor; zur Zeit t sind es:

$$N(t) = N_0 \cdot e^{-\lambda \cdot t}$$

Damit gibt es zur Zeit t

$$N_0 - N_0 \cdot e^{-\lambda \cdot t} = N_0 \cdot (1 - e^{-\lambda \cdot t}) \text{ Pb-206-Kerne.}$$

Die Masse von U-238 beträgt zum Zeitpunkt t
$$N_0 \cdot 238\, u \cdot e^{-\lambda \cdot t},$$
die von Blei
$$N_0 \cdot 206\, u \cdot (1 - e^{-\lambda \cdot t}).$$

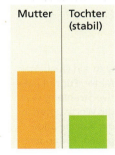

Damit ergibt sich das Massenverhältnis von Blei zu Uran zu:

$$\frac{m_{Pb}}{m_U} = \frac{N_0 \cdot 206\, u \cdot (1 - e^{-\lambda \cdot t})}{N_0 \cdot 238\, u \cdot e^{-\lambda \cdot t}}$$

Die Vereinfachung und Umformung ergibt:

$$\frac{m_{Pb}}{m_U} = \frac{206}{238} \cdot \left(e^{\lambda \cdot t} - 1\right)$$

Mit $\lambda = \frac{\ln 2}{T_{1/2}}$ erhält man:

$$\frac{m_{Pb}}{m_U} = \frac{206}{238} \cdot \left(e^{\frac{\ln 2 \cdot t}{T_{1/2}}} - 1\right) \quad \text{und damit}$$

$$\frac{m_{Pb}}{m_U} = \frac{206}{238} \cdot \left(e^{\frac{\ln 2 \cdot 1{,}2}{4{,}5}} - 1\right) = 0{,}176$$

Beachten Sie: Jede Altersbestimmung ist fehlerbehaftet. Der Messfehler hängt von einer Reihe von Faktoren ab.

Ergebnis:
Das Massenverhältnis von Blei zu Uran beträgt 0,176.

**Achtung!
Ionisierende Strahlung**

Strahlenbelastung und Strahlenschutz

Wir alle sind ständig den unterschiedlichsten Strahlungen ausgesetzt: den bei Handys, Rundfunk und Fernsehen genutzten elektromagnetischen Wellen, den verschiedenen Strahlungen der Sonne, der Röntgenstrahlung bei einer ärztlichen Untersuchung, radioaktiver Strahlung durch natürliche oder künstliche Radioaktivität.

Problematisch sind die Arten von Strahlung, die nachweislich Körperzellen schädigen können. Das sind alle Arten von ionisierender Strahlung. Dazu gehören neben den drei Arten radioaktiver Strahlung die Röntgenstrahlung und die kurzwellige UV-Strahlung.

Wir betrachten nachfolgend nur diese Art der Strahlenbelastung.

> Eine biologisch wirksame Strahlenbelastung kann durch ionisierende Strahlung (radioaktive Strahlung, Röntgenstrahlung, kurzwelliges UV, Teilchenstrahlung) hervorgerufen werden.

Um die Wirkung ionisierender Strahlung auf Körper bzw. Lebewesen genauer zu erfassen, nutzt man die Größen **Energiedosis** und **Äquivalentdosis**.

Q ist ein Qualitätsfaktor. Für radioaktive Strahlung sind die Werte unten in der Tabelle angegeben. Für andere Strahlungsarten gilt:

Röntgenstrahlung:
$Q = 1$

Strahlung aus langsamen Neutronen:
$Q = 1 \dots 5$

Strahlung aus Protonen:
$Q = 5$

Strahlung aus schnellen Neutronen:
$Q = 10 \dots 20$
Früher wurde dieser Faktor als Bewertungsfaktor bezeichnet.

Energiedosis D	Äquivalentdosis H
Die Energiedosis gibt an, wie viel Energie E eine bestimmte Masse m eines bestrahlten Stoffs durch die Strahlung aufnimmt.	Die Äquivalentdosis ist ein Maß für die biologische Wirkung ionisierender Strahlung.
$D = \frac{E}{m}$	$H = D \cdot Q = \frac{E}{m} \cdot Q$
Die Einheit der Energiedosis ist ein Gray (1 Gy): $1\,\text{Gy} = 1\,\frac{J}{kg}$	Die Einheit der Äquivalentdosis ist ein Sievert (1 Sv). $1\,\text{Sv} = 1\,\frac{J}{kg}$
1 J ... 1 kg	γ-Strahlung 1 J ... 1 kg
Benannt ist die Einheit nach dem englischen Physiker LOUIS HAROLD GRAY (1905–1965).	Benannt ist die Einheit nach dem schwedischen Strahlenforscher ROLF SIEVERT (1898–1966).
Eine Energiedosis von ca. 6 Gy führt als Ganzkörperbestrahlung zum Tod eines Menschen.	Der Qualitätsfaktor Q hängt von der Art der radioaktiven Strahlung ab: α-Strahlung: $Q = 20$ β-Strahlung: $Q = 1$ γ-Strahlung: $Q = 1$

Mittlere Strahlenbelastung in der Bundesrepublik Deutschland im Jahr	
Art der Strahlung	**Äquivalentdosis**
von der Umgebung (Erde) ausgehende terrestrische Strahlung	0,4 mSv/Jahr
kosmische Strahlung	0,3 mSv/Jahr
Strahlung durch die aufgenommene Nahrung/Luft	1,7 mSv/Jahr
Medizinische Anwendungen einschließlich Röntgenuntersuchungen	1,5 mSv/Jahr
Strahlung durch Kernkraftwerke, Kernwaffenversuche	0,01 mSv/Jahr
Strahlung durch Bildschirm des Fernsehapparats und des Computers	0,02 mSv/Jahr
Gesamtbelastung	≈ 4 mSv/Jahr

Die **durchschnittliche Strahlenbelastung** beträgt in Deutschland im Mittel 4 mSv/Jahr. Sie kann aber von Ort zu Ort sehr unterschiedlich sein. So beträgt z. B. die von der Umgebung ausgehende Strahlung (terrestrische Strahlung) in Norddeutschland (Mecklenburg-Vorpommern, Brandenburg, Schleswig-Holstein, Niedersachsen) ca. 0,15 mSv/Jahr, erreicht im Erzgebirge ca. 1 mSv/Jahr und im Bayerischen Wald 1,5 mSv/Jahr.
Radioaktive Strahlung kann Veränderungen an Zellen hervorrufen und bei hoher Dosierung zu Strahlenschäden bis hin zum Tod führen.
Bei organischem Gewebe, vor allem bei hoch entwickelten Säugetieren und beim Menschen, können zwei Arten von **Strahlenschäden** auftreten.

Eine erhöhte Strahlenbelastung tritt bei Langstreckenflügen und beim Aufenthalt im Gebirge auf.

Aktuelle Werte werden von den zuständigen Umweltämtern im Internet veröffentlicht.

Somatische Schäden wirken sich auf den Gesundheitszustand des betreffenden Lebewesens (Menschen) aus.
Genetische Schäden wirken sich erst bei den Nachkommen aus.
Mögliche Schäden sind in der Übersicht rechts dargestellt.
Besonders gefährlich ist eine kurzzeitige hohe Strahlenbelastung.
Über Schäden durch geringe Strahlenbelastung über einen längeren Zeitraum hinweg liegen keine eindeutigen Erkenntnisse vor.

Absorption radioaktiver Strahlung

↓

Veränderung in den Zellen

↓   ↓

Körperzellen   Keimzellen

↓   ↓

Somatische Schäden: Genetische Schäden:

– Organschäden   – Sterilität
– Krebs   – Erbkrankheiten
            – Missbildungen

Für eine Risikoabschätzung sind deshalb für einzelne Organe bzw. Gewebe Wichtungsfaktoren festgelegt, mit denen die Äquivalentdosis multipliziert wird. Der Wichtungsfaktor beträgt z. B. für Keimzellen 0,25 und für die Schilddrüse 0,03.

Ob Strahlenschäden eintreten oder nicht, ist vor allem abhängig von
– der Art der Strahlung, der Energiedosis und der Dauer der Einwirkung,
– der Empfindlichkeit der bestrahlten Organe. Besonders empfindlich sind Knochenmark, Lymphknoten und Keimzellen.

Als Grundsatz für den Umgang mit Strahlenquellen gilt:

> Die ionisierende Strahlung, der man sich aussetzt, sollte so gering wie möglich sein. Es gilt: Abstand! Abschirmung! Aufnahme verhindern!

Hinweise zu Strahlenschutzmaßnahmen sind auf S. 139 gegeben.

Präsentieren von Informationen

Ergebnisse der Arbeit zu einem Thema oder das, was Sie im Team erarbeitet haben, sollten den Mitschülern, vielleicht sogar allen Schülern der Schule oder der Öffentlichkeit, präsentiert werden.

Für die Präsentation von Informationen gibt es unterschiedliche Möglichkeiten, beispielsweise:
– einen Vortrag halten,
– eine Wandzeitung oder ein Poster für den Physikraum oder den Schulflur gestalten,
– eine Präsentation mit dem Computer anfertigen und vorführen,
– eine Internetseite zu einem Thema gestalten.

Vorbereiten eines Referats

Ein Referat muss gründlich und systematisch vorbereitet sein. Dabei ist es zweckmäßig, die folgenden Schritte zu beachten:
1. Verschaffen Sie sich einen Überblick über das Thema! Nutzen Sie dazu verschiedene Informationsquellen (↗ Abb. unten)!
2. Wählen Sie die Schwerpunkte aus, zu denen Sie etwas vortragen wollen! Informieren Sie sich über diese Schwerpunkte genauer!
3. Gliedern Sie das Referat! Formulieren Sie die Schwerpunkte in Kurzform schriftlich (z. B. Kärtchen mit Stichwörtern)!
4. Stellen Sie Bilder, Folien oder Plakate bereit, die für das Referat genutzt werden sollen! Ein Referat mit Beamer bietet viele Gestaltungsmöglichkeiten.

Halten eines Referats

Ein Referat soll „ankommen". Damit das der Fall ist, sollten ein paar Regeln beachtet werden:

1. Wecken Sie am Anfang des Referats Interesse und Neugier und nennen Sie das Thema! Beginnen Sie mit: „Wusstet ihr überhaupt ...?" oder „Hättet ihr gedacht, dass ..."
2. Nennen und zeigen Sie die Gliederung (Tafel, Folie, Power-Point-Präsentationen, Plakat)!
3. Sprechen Sie in kurzen Sätzen! Verwenden Sie nur Fachbegriffe, die Sie auch selbst erklären können!
4. Bemühen Sie sich, laut, langsam und deutlich zu sprechen! Nutzen Sie Ihre Notizen! Versuchen Sie trotzdem, frei zu sprechen und die Zuhörer anzuschauen!
5. Leiten Sie neue Teile deutlich ein, z.B.: „Ein weiterer Punkt ist ..." oder „Als Nächstes möchte ich ...".
6. Achten Sie auf die Zeit! Schließen Sie das Referat mit einer kurzen Zusammenfassung ab!

Strahlenschutz

1. Grundlagen für den Strahlenschutz
   - Abstand
   - Abschirmung
   - Aufnahme in den Körper verhindern

2. Strahlungsquellen
   - Natürliche Quellen
   - Künstliche Quellen (z. B. Strahlung aus radioaktiven Abfällen)

3. Gefahren der Strahlung
   Welche Gefahren gehen von Strahlung aus? Wie sind sie zu bewerten?

4. Pressemeldungen
   Meldungen zu radioaktiver Strahlung aus dem Internet und der Presse mit Bewertung

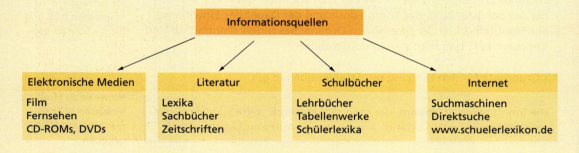

Informationsquellen			
Elektronische Medien	**Literatur**	**Schulbücher**	**Internet**
Film	Lexika	Lehrbücher	Suchmaschinen
Fernsehen	Sachbücher	Tabellenwerke	Direktsuche
CD-ROMs, DVDs	Zeitschriften	Schülerlexika	www.schuelerlexikon.de

Anfertigen eines Posters

Poster eignen sich gut dazu, Informationen und Arbeitsergebnisse der Schulöffentlichkeit vorzustellen. Damit das auch gut gelingt, sollten ein paar Tipps beachtet werden:

1. Jedes Poster hat ein Thema, das über den Inhalt informieren und Neugier wecken soll. Es sollte auffällig (groß, farbig) gestaltet sein.
2. Verwenden Sie Abbildungen, Grafiken, Skizzen, Schemata! Gehen Sie sparsam mit Text um!
3. Ordnen Sie die Inhalte übersichtlich an!
4. Kennzeichnen Sie das, was inhaltlich zusammengehört, mit gleichen Schriftarten, Farben oder Formen! Verwenden Sie dabei aber keine zu große Vielfalt!
5. Testen Sie die Erkennbarkeit und Lesbarkeit aus größerer Entfernung!
6. Bei einem umfangreicheren Thema kann man mehrere Poster zu einer kleinen Ausstellung zusammenfassen.

Ob Referat, Poster oder Power-Point-Präsentation, jede Präsentationstechnik hat Vor- und Nachteile. Deshalb sollten bei der Auswahl der Präsentationstechnik folgende Fragen berücksichtigt werden:
– Welche Medien und Hilfsmittel unterstützen mich optimal bei der Vermittlung meiner Informationen? Will ich farbige Bilder, einfache Grafiken oder nur eine Gliederung zeigen?

Schutz vor Strahlung

Beachte folgende Strahlenschutzregeln:

Abstand
von Strahlungsquellen halten!

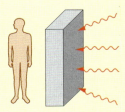

Abschirmung
von Strahlungsquellen vornehmen!

Aufnahme
von strahlenden Stoffen verhindern!

– Wie flexibel möchte ich agieren können? Soll ein Schaubild entwickelt werden oder will ich es als komplettes Bild anbieten?
– Welche Medien und Bedingungen gibt es am Ort der Präsentation? Woher bekomme ich die nötigen Geräte und Hilfsmittel?

Gestaltung einer Internetseite

Im World Wide Web (www) kann man nicht nur Informationen suchen, sondern auch selbst Informationen präsentieren. Dazu ist eine eigene **Homepage** nötig oder es wird die Homepage der Schule genutzt.
Zur Erstellung der Seiten gibt es spezielle Programme.
Für die attraktive Gestaltung von Webseiten gelten die gleichen Hinweise wie für die Anfertigung eines Posters. Vorteil ist aber beim Web: Es können auch Animationen, Videos oder Audios mit eingebaut werden. Es können auch schnell Änderungen und Aktualisierungen vorgenommen werden. Beachten Sie: Für Bilder und Texte gilt das **Urheberrecht**.

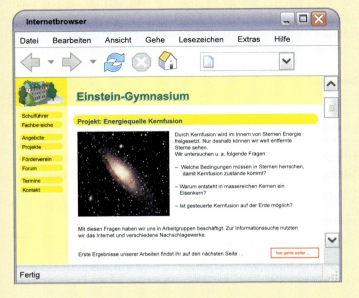

5.2   Kernreaktionen und Aspekte der Nutzung von Kernenergie

Energie- und Impulsbilanzen bei Kernreaktionen

Statt von Kernreaktion spricht man häufig auch von **Kernumwandlung.**

Unter einer **Kernreaktion** versteht man die Umwandlung eines Atomkerns in andere Kerne. Eine solche Kernreaktion kann spontan erfolgen oder künstlich hervorgerufen werden. Beteiligt sind daran häufig energiereiche Teilchen, die in der Natur vorkommen (z. B. in der Höhenstrahlung) oder künstlich erzeugt werden (z. B. langsame Neutronen). Nachfolgend sind einige Beispiele für Kernreaktionen genannt.

Natürliche Kernumwandlungen	Künstliche Kernumwandlungen
α-Zerfall von Polonium: $^{210}_{84}\text{Po} \longrightarrow \, ^{206}_{82}\text{Pb} + \, ^{4}_{2}\alpha$	Erste künstliche Kernumwandlung (E. RUTHERFORD 1919): $^{14}_{7}\text{N} + \, ^{4}_{2}\alpha \longrightarrow \, ^{17}_{8}\text{O} + \, ^{1}_{1}\text{p}$
β^+-Zerfall von Natrium: $^{22}_{11}\text{Na} \longrightarrow \, ^{22}_{10}\text{Ne} + \, ^{0}_{+1}\text{e} + \nu$	Entstehung von Kohlenstoff-14 durch Höhenstrahlung: $^{14}_{7}\text{N} + \, ^{1}_{0}\text{n} \longrightarrow \, ^{14}_{6}\text{C*} + \, ^{1}_{1}\text{p}$
β^--Zerfall von Strontium: $^{90}_{38}\text{Sr} \longrightarrow \, ^{90}_{39}\text{y} + \, ^{0}_{-1}\text{e} + \bar{\nu}$	Erzeugung von Transuranen: $^{238}_{92}\text{U} + \, ^{4}_{2}\alpha \longrightarrow \, ^{241}_{94}\text{Pu*} + \, ^{1}_{0}\text{n}$
Kernfusion in der Sonne: Wasserstoffkerne $\longrightarrow$ Heliumkerne	Kernspaltung durch Beschuss mit Neutronen: $^{235}_{92}\text{U} + \, ^{1}_{0}\text{n} \longrightarrow$ 2 mittelschwere Kerne + Neutronen

Die Kernreaktionen, die bei Kernspaltung und Kernfusion vor sich gehen, werden auf den Seiten 143–149 genauer betrachtet.

Die Übersicht oben zeigt die vielfältigen Möglichkeiten für Kernumwandlungen. Wie für alle anderen Vorgänge in Natur und Technik gelten auch für Kernreaktionen die grundlegenden Erhaltungssätze der Physik, insbesondere der Energieerhaltungssatz und der Impulserhaltungssatz.
Der Energieerhaltungssatz lautet in seiner allgemeinen Formulierung:

Neben Energie- und Impulserhaltungssatz gilt für Kernreaktionen auch der Ladungserhaltungssatz.

> In einem abgeschlossenen System ist die Gesamtenergie E konstant.

Die Energie kann im System aber von einer Form in andere umgewandelt oder von einem Objekt auf andere übertragen werden. Darüber hinaus ist bei Kernreaktionen die Äquivalenz von Masse und Energie zu beachten.
Bei Kernreaktionen gilt auch stets der Impulserhaltungssatz, der besagt:

Für den Impuls $\vec{p}$ eines Körpers gilt:
$\vec{p} = m \cdot \vec{v}$
m Masse
$\vec{v}$ Geschwindigkeit

> In einem kräftemäßig abgeschlossenen System bleibt der Gesamtimpuls $\vec{p}$ erhalten.

Kräftemäßig abgeschlossenes System bedeutet, dass auf das System keine äußeren Kräfte wirken.

Arbeiten mit Erhaltungsgrößen

Ladung, Masse, Energie und Impuls sind Erhaltungsgrößen. Für sie gilt jeweils ein Erhaltungssatz, wobei Masse und Energie nicht unabhängig voneinander sind.

Für Vorgänge, bei denen Erhaltungsgrößen eine Rolle spielen, kann man für die jeweilige Größe eine Bilanz aufstellen. In dieser Bilanz wird in der Regel der Anfangszustand und der Endzustand betrachtet. Solche Bilanzen sind dazu geeignet, zeitliche Veränderungen quantitativ zu erfassen und effektive Berechnungen durchzuführen.

Als Beispiel soll ein α-Zerfall betrachtet werden:

$$^{226}_{88}\text{Ra} \longrightarrow {}^{222}_{86}\text{Rn} + {}^{4}_{2}\alpha$$

Nach dem **Erhaltungssatz der Ladung** bleibt die Ladung in einem abgeschlossenen System immer erhalten:

vor dem Zerfall	nach dem Zerfall
88 e$^+$	86 e$^+$ + 2 e$^+$ = 88 e$^+$

Bei der Reaktionsgleichung ist also die Protonenzahl links und rechts gleich groß.

Entsprechendes gilt auch für die Massenzahl A (Erhaltung der Ruhemasse):

vor dem Zerfall	nach dem Zerfall
Z = 226	Z = 222 + 4 = 226

Damit ist aber eine solche Kernreaktion noch nicht vollständig beschrieben. Wichtig ist in vielen Fällen die Energiebilanz, die in der Kernphysik die Einbeziehung der einsteinschen Gleichung $E = m \cdot c^2$ erfordert. Das bedeutet für unser Beispiel:

vor dem Zerfall	nach dem Zerfall
$E_{\text{vor}} = m_{\text{vor}} \cdot c^2$	$E_{\text{nach}} = m_{\text{nach}} \cdot c^2$
$m_{\text{vor}} = 226{,}025\,40\ u$	$\begin{aligned} & 222{,}017\,57 \quad u \\ + \ & 4{,}002\,603 \quad u \\ \hline m_{\text{nach}} = \ & 226{,}020\,173 \quad u \end{aligned}$

Mit $m_{\text{vor}} - m_{\text{nach}} = 0{,}005\,227\ u$ erhält man
$\Delta E = (0{,}005\,227\ u) \cdot c^2 = 4{,}9$ MeV

Die berechnete Energie ist positiv, wird also freigesetzt. Sie liegt dann in folgenden Formen vor:
– als kinetische Energie von Tochternuklid Rn-222 und α-Teilchen,
– als Kernenergie im angeregten Radonkern.

Rn-222

Ra-226

α-Teilchen

Es ist üblich, diese Energiedifferenz bei Kernreaktionen als **Q-Faktor** oder als **Q-Wert** zu bezeichnen. Für den Q-Faktor gilt dann allgemein:

$$Q = (m_{\text{vor}} - m_{\text{nach}}) \cdot c^2$$

Ist $Q > 0$, so liegt eine exotherme Reaktion vor. Es wird Energie abgegeben.
Ist $Q < 0$, so ist die Reaktion endotherm. Es muss Energie zugeführt werden.
Man beachte dabei: Die Berechnung des Q-Faktors kann über die Nuklidmassen oder über die Atommassen erfolgen. Die Nuklidmassen ergeben sich aus der Anzahl der Protonen und Neutronen im Kern. Die Atommassen sind in Formelsammlungen oder Tabellenwerken zu finden.

Neben der freigesetzten Energie ist häufig auch von Interesse, wie sich die Energie auf die Zerfallsprodukte verteilt, in unserem Fall auf das Radon und das α-Teilchen. Um diese Frage beantworten zu können, muss neben dem Energieerhaltungssatz der Impulserhaltungssatz angewendet werden. Dabei kann man z. B. annehmen, dass der Impuls im Ausgangszustand null ist. Damit erhält man als Impulsbilanz:

vor dem Zerfall	nach dem Zerfall
$p_{\text{Ra}} = 0$	$\vec{p}_{\text{Rn}} + \vec{p}_{\text{He}} = 0$

Mit der Definition des Impulses $p = m \cdot v$ erhält man ohne Berücksichtigung des Rückstoßes:

$$m_{\text{Rn}} \cdot v_{\text{Rn}} = m_{\text{He}} \cdot v_{\text{He}} \quad \text{oder}$$

$$222 \cdot v_{\text{Rn}} = 4 \cdot v_{\text{He}}$$

Die Umformung ergibt: $\dfrac{v_{\text{Rn}}}{v_{\text{He}}} = \dfrac{4}{222}$

Das bedeutet: Die Geschwindigkeit des α-Teilchens ist wesentlich größer als die des Radons.

Nachfolgend ist ein weiteres Beispiel dargestellt, das exemplarisch zeigt, wie man zu quantitativen Aussagen über Kernreaktionen gelangt.

■ Wir greifen das Beispiel von S. 141 auf und untersuchen, wie sich die frei werdende Energie auf den Radonkern und das α-Teilchen aufteilt. Für die kinetische Energie ergibt sich:

Die Bewegung des Ra-Kerns aufgrund des Rückstoßes wird vernachlässigt.

$$E_{Rn} = \frac{1}{2}\, m_{Rn} \cdot v_{Rn}^2 = \frac{1}{2} \cdot 222\, u \cdot v_{Rn}^2 \quad \text{und}$$

$$E_{He} = \frac{1}{2}\, m_{He} \cdot v_{He}^2 = \frac{1}{2} \cdot 4\, u \cdot v_{He}^2$$

Die Division beider Gleichungen liefert:

$$\frac{E_{Rn}}{E_{He}} = \frac{222}{4} \cdot \frac{v_{Rn}^2}{v_{He}^2}$$

Mit $\frac{v_{Rn}}{v_{He}} = \frac{4}{222}$ ($\nearrow$ S. 141) erhält man:

$$\frac{E_{Rn}}{E_{He}} = \frac{222}{4} \left(\frac{4}{222}\right)^2 = \frac{4}{222} = 0{,}018 \qquad (1)$$

Mit $E_{Rn} + E_{He} = 4{,}9$ MeV erhält man $E_{Rn} = 4{,}9$ MeV $- E_{He}$ oder eingesetzt in (1):

$$\frac{4{,}9\ \text{MeV} - E_{He}}{E_{He}} = 0{,}018 \qquad (2)$$

Die Umstellung nach E_{He} ergibt:

$$E_{He} = 4{,}8\ \text{MeV}$$

Das bedeutet: Der überwiegende Teil der frei werdenden Energie wird auf das leichte α-Teilchen übertragen, ein geringer Teil auf den Ra-Kern.

Als weiteres Beispiel betrachten wir eine Kernreaktion, bei der neutrale Atome mit Teilchen (Protonen, Neutronen, Elektronen, α-Teilchen) beschossen werden.

■ Bor-11 wird mit Protonen beschossen. Dabei geht folgende Kernreaktion vor sich:

$$\,^{1}_{1}p + \,^{11}_{5}B \longrightarrow \,^{11}_{6}C + \,^{1}_{0}n$$

Welcher Q-Faktor ergibt sich für diese Kernreaktion? Wie ist dieser Wert zu interpretieren?

Die Rechnung kann vereinfacht werden, wenn man sofort den Wert für den konstanten Faktor $u \cdot c^2$ nutzt.
Mit der atomaren Masseneinheit $u = 1{,}660\,540 \cdot 10^{-27}$ kg und der Vakuumlichtgeschwindigkeit c ergibt sich:
$u \cdot c^2 = 931{,}5$ MeV

Für den Q-Faktor erhält man bei Beachtung des Hinweises in der Randspalte:

$$Q = \left\{ m_p + m_A\left(\,^{11}_{5}B\right) - \left[m_A\left(\,^{11}_{6}C\right) + m_N \right] \right\} \cdot c^2$$

$$Q = \left\{ 1{,}007\,825 + 11{,}009\,305 - \left[11{,}011\,433 + 1{,}008\,665 \right] \right\} \cdot 931{,}5\ \text{MeV}$$

$$Q = -2{,}67\ \text{MeV}$$

Das bedeutet: Aufgrund des negativen Q-Faktors ist die Reaktion **endotherm**. Das Proton muss als „Geschoss" zum Auslösen der Reaktion mindestens 2,7 MeV Bewegungsenergie besitzen.

Die Kernspaltung

Die Kernreaktion, die nach ihrer Entdeckung 1938/39 relativ schnell für militärische und später auch für friedliche Zwecke genutzt wurde, ist die **Kernspaltung.**

> Unter Kernspaltung versteht man die Zerlegung eines schweren Atomkerns durch Beschuss mit Neutronen in zwei leichtere Atomkerne. Dabei werden Energie und Neutronen freigesetzt.

Wird z. B. Uran-235 mit Neutronen beschossen, so bildet sich Uran-236. Dieses U-236 zerfällt spontan in Bruchteilen einer Sekunde z. B. in Krypton und Barium. Zugleich werden bei dieser Kernspaltung drei Neutronen frei, die ihrerseits den Prozess der Kernspaltung fortsetzen können, wenn genügend U-235 vorhanden ist. So kann die Kernspaltung als **Kettenreaktion** ablaufen.

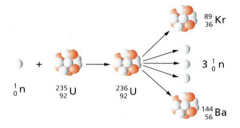

Die Ursache dafür, dass Energie freigesetzt wird, ergibt sich aus der unterschiedlichen mittleren Bindungsenergie je Nukleon (↗ S. 110 f.).

■ Wie viel Energie wird bei der Spaltung eines Urankerns frei?
Wir betrachten als Beispiel folgende Kernreaktion:

$$^{236}_{92}\text{U} \longrightarrow {}^{100}_{40}\text{Zr} + {}^{133}_{52}\text{Te} + 3 \cdot {}^{1}_{0}\text{n}$$

Zirkon und Tellur sind ihrerseits Radionuklide. Der Q-Faktor für diese Kernreaktion ergibt sich zu:

$$Q = \left\{ m_A \left({}^{236}_{92}\text{U} \right) - \left[m_A \left({}^{100}_{40}\text{Zr} \right) + m_A \left({}^{133}_{52}\text{Te} \right) + 3 \cdot m_N \right] \right\} c^2$$

$$Q = \left\{ 236{,}052\,59 - \left[99{,}958\,31 + 132{,}844\,76 + 3{,}025\,995 \right] \right\} \cdot 931{,}5 \text{ MeV}$$

$$Q = 0{,}223\,525 \cdot 931{,}5 \text{ MeV} = 208 \text{ MeV}$$

Bei der Spaltung eines Urankerns wird eine Energie von etwa 200 MeV freigesetzt.

Damit kann man ermitteln, wie viel Energie bei der vollständigen Spaltung von 1 kg Uran freigesetzt wird.
Die Masse eines Atoms U-236 beträgt 236,053 u. Für ein Kilogramm ergibt sich als Anzahl der Atome:

$$N = \frac{1 \text{ kg}}{236{,}053 \, u} = \frac{1 \text{ kg} \cdot 10^{27}}{236{,}053 \cdot 1{,}66 \text{ kg}} = 2{,}55 \cdot 10^{24}$$

Damit ergibt sich mit $Q = 200$ MeV bei der vollständigen Spaltung von 1 kg Uran eine Energie von 200 MeV $\cdot$ 2,55 $\cdot$ 10^{24} = 5,1 $\cdot$ 10^{26} MeV.

1945 wurden die ersten Kernspaltungsbomben (Atombomben) fertiggestellt und über den japanischen Städten Hiroshima und Nagasaki zur Explosion gebracht.

Die Aufspaltung eines Urankerns in Krypton und Barium wurde 1938/39 durch OTTO HAHN (1879–1968), FRITZ STRASSMANN (1902 bis 1980) und LISE MEITNER (1878 bis 1968) entdeckt und gedeutet.

Für den Zerfall von U-236 gibt es unterschiedliche Möglichkeiten.

Das entspricht einer Energie von etwa 1 MeV je Nukleon. Das ist der für Kernspaltung typische Wert.

Mit
1 eV = 1,602 $\cdot$ 10^{-19} J
erhält man:
$E = 8{,}2 \cdot 10^{13}$ J

Die Entdeckung der Kernspaltung

In den Dreißigerjahren des 20. Jahrhunderts beschäftigten sich viele Physiker und Chemiker mit ionisierender Strahlung.

ENRICO FERMI (1901–1954) beschoss zahlreiche Elemente mit Neutronen und stellte fest, dass sich dadurch fast alle Stoffe umwandeln lassen. Er nannte die neu entstehenden Stoffe Transurane, weil er zunächst annahm, dass alle diese Stoffe im Periodensystem jenseits des Urans liegen, also eine Ordnungszahl von über 92 hätten. 1934 erhielt FERMI durch Beschuss von Platin mit Neutronen Gold.
IRÈNE JOLIOT-CURIE (1897–1956), die Tochter von MARIE CURIE, und ihr Mann FRÉDÉRIC JOLIOT-CURIE (1900–1958) entdeckten 1934 die künstliche Radioaktivität.

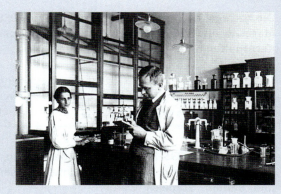

1 OTTO HAHN (1879–1968) und LISE MEITNER (1878–1968) bei der Arbeit

In Deutschland beschäftigten sich in Berlin OTTO HAHN, FRITZ STRASSMANN und LISE MEITNER, die im Jahr 1938 emigrierte, mit der Untersuchung von Transuranen.
HAHN und STRASSMANN bestrahlten Uran mit Neutronen und untersuchten die dann entstandenen Nuklide. Dabei machten sie Ende 1938 eine Entdeckung, die ihnen selbst unwahrscheinlich vorkam.

In der Zeitschrift „Naturwissenschaften" erschien am 6. Januar 1939 ein Artikel von ihnen, in dem es heißt: „… *Nun müssen wir aber noch auf einige neuere Untersuchungen zu sprechen kommen, die wir der seltsamen Ergebnisse wegen nur zögernd veröffentlichen. … Wir kommen zu dem Schluss: Unsere ‚Radiumisotope' haben die Eigenschaften des Bariums; als Chemiker müssten wir eigentlich sagen, bei den neuen Körpern handelt es sich nicht um Radium, sondern um Barium, denn andere Elemente als Barium und Radium kommen nicht in Frage. … Als der Physik in gewisser Weise nahestehende ‚Kernchemiker' können wir uns zu diesem, allen bisherigen Erfahrungen der Kernphysik widersprechenden Sprung noch nicht entschließen … Es könnte doch eine Reihe seltsamer Zufälle unsere Ergebnisse vorgetäuscht haben."*

Wenig später gelang es, die Spaltprodukte eindeutig zu identifizieren. Durch Beschuss von Uran mit Neutronen waren Krypton und Barium entstanden. Zugleich wurden bei jeder Kernspaltung drei Neutronen und Energie freigesetzt. Kurze Zeit später gelang der Nachweis weiterer Spaltprodukte von Uran, z. B. Strontium und Yttrium.

Damit war die Kernspaltung entdeckt, für die OTTO HAHN im Jahr 1945, nach Ende des Zweiten Weltkriegs, den Nobelpreis für Chemie für das Jahr 1944 erhielt.

Die Möglichkeit der Energiegewinnung aus Kernspaltung war bereits 1939 diskutiert worden. Mit Beginn des Zweiten Weltkriegs trat immer mehr die Frage in den Vordergrund, ob die Kernenergie auch militärisch nutzbar sei.
1942 begann in den USA die intensive Arbeit an Atomwaffen, die innerhalb von drei Jahren zum Bau von Kernspaltungsbomben (Atombomben) führte. Am 6. August und am 9. August 1945 gab es die erste „Anwendung" der Kernspaltung, die Zündung von Atombomben durch US-Amerikaner über den japanischen Städten Hiroshima und Nagasaki mit Hunderttausenden Toten.

2 Arbeitstisch von OTTO HAHN (Deutsches Museum München)

Bei der Spaltung eines Urankerns werden im Mittel 2–3 Neutronen freigesetzt. Sorgt man dafür, dass diese Neutronen eine passende Geschwindigkeit haben, so können sie weitere Kernspaltungen hervorrufen. Es kommt zu einer **Kettenreaktion.**
Eine solche Kettenreaktion kann gesteuert oder ungesteuert verlaufen. Eine gesteuerte Kettenreaktion wird genutzt, um in Kernkraftwerken Energie zu gewinnen.

Das erste Kernkraftwerk der Welt wurde 1954 in Obninsk bei Moskau in Betrieb genommen. In Deutschland waren 2010 insgesamt 17 Kernkraftwerke in Betrieb, die ca. 25 % des Elektroenergiebedarfs erzeugten.

Das Kernstück eines Kernkraftwerks ist der Kernreaktor, in dem eine **gesteuerte Kettenreaktion** stattfindet. Um sie zu realisieren, müssen eine Reihe von Bedingungen vorhanden sein:
– Erforderlich ist eine ausreichende Menge an spaltbarem Material. Die mindestens notwendige Masse wird als **kritische Masse** bezeichnet. Das spaltbare Material, meist angereichertes Uranoxid mit 3,5 % U-235 und 96,5 % U-238, befindet sich in Kugel- oder Tablettenform in Brennstoffstäben (↗ Abb. rechts und Abb. 153, Randspalte).
– Es müssen Neutronen existieren, die die für die Kernspaltung notwendige Geschwindigkeit haben. Das sind relativ langsame, sogenannte **thermische Neutronen.** Dazu werden die bei der Kernspaltung freigesetzten schnellen Neutronen durch **Moderatoren** (Wasser, Grafit) abgebremst.
– Die Neutronenzahl und damit die Kettenreaktion muss gesteuert werden. Dazu nutzt man **Regelstäbe** aus Bor oder Cadmium. Diese Stoffe absorbieren Neutronen. Durch Hinein- oder Herausfahren der Regelstäbe wird die Neutronenzahl annähernd konstant gehalten.

Die Skizze unten zeigt stark vereinfacht den Aufbau eines Kernkraftwerks mit **Druckwasserreaktor.** Beim Betrieb jedes Kernkraftwerks fällt radioaktiver Abfall an. Das ist strahlendes Material mit teilweise hoher Radioaktivität. Für den Umgang mit solchem radioaktiven Abfall gibt es verschiedene Möglichkeiten (↗ S. 153).

✴ Entdeckung und Nachweis des Neutrons

JAMES CHADWICK
(1891–1974)

Nachdem ERNEST RUTHERFORD (1871–1937) die Kern-Hülle-Struktur des Atoms entdeckt hatte, ging man zunächst einmal davon aus, dass der Kern aus Protonen aufgebaut ist. Die Diskrepanz zwischen Massenzahl A und Kernladungszahl Z (z.B. Massenzahl 16 und Kernladungszahl 8 bei Sauerstoff) führte zu der Annahme, dass sich im Kern neben Protonen auch Elektronen aufhalten. Damit ließ sich auch ohne große Probleme ein β^--Zerfall erklären. Die heisenbergsche Unschärferelation zeigte dann jedoch, dass es keine Elektronen im Kern geben kann. Selbst RUTHERFORD vermutete schon 1920, dass es im Kern ein weiteres „neutrales" Teilchen geben muss, der Nachweis des Teilchens gelang aber erst Jahre später.

WALTHER BOTHE und sein Student BECKER entdeckten 1930 beim Beschuss von Beryllium, Bor und Lithium mit den α-Teilchen von radioaktivem Polonium eine sehr durchdringende, elektrisch neutrale Strahlung, welche bei Blei eine Halbwertsdicke von ca. 5 cm aufwies (γ-Strahlung hat zum Vergleich nur eine Halbwertsdicke von rund 1,5 cm!). Man nannte diese Strahlung „Beryllium-Strahlung".

IRÈNE und FRÉDÉRIC JOLIOT-CURIE experimentierten 1931 mit der „Beryllium-Strahlung". Sie zeigten, dass diese Strahlung in einer Ionisationskammer keinen nennenswerten Strom hervorruft. Brachten sie vor die Ionisationskammer eine wasserstoffhaltige Schicht (wie Paraffin), dann stieg der Strom in der Ionisationskammer stark an. Die Vermutung war, dass sich aus der Paraffinschicht durch die Strahlung Protonen abgelöst haben, welche dann die Ionisierung in der Kammer hervorriefen. Die entstehenden „Rückstoßprotonen" konnten sie in einer Nebelkammer nachweisen. Die Reichweite von bis zu 26 cm ließen auf eine Energie von ca. 5,7 MeV schließen. Eine derartige Energie wäre jedoch nur mit elektromagnetischer Strahlung von 50–100 MeV auf ein Proton übertragbar, wobei diese Strahlung nur eine Halbwertsdicke von ca. 1 cm aufweisen würde.

Nach ihrer Energie unterscheidet man zwischen langsamen (thermischen) Neutronen ($E < 0,1$ eV), mittelschnellen Neutronen ($E = 1$ eV ... 1 MeV) und schnellen Neutronen ($E > 1$ MeV). Die Skizze unten zeigt den Aufbau einer Neutronenquelle.

Neutronen

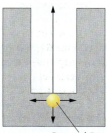

Ra und Be
Po und Be

Erst im Jahr 1932 gelang es schließlich JAMES CHADWICK (1891–1974), die merkwürdige „Berylliumstrahlung" als Neutronen zu erkennen. Er ging in dem gleichen Versuch davon aus, dass es sich um ein neutrales Teilchen handelt und nicht um eine elektromagnetische Strahlung. Mithilfe der Energie der Rückstoßkerne (Protonen und Stickstoff) berechnete er aus dem Energie- und dem Impulserhaltungssatz die Masse eines auslösenden Teilchens, die sich in der Größenordnung eines Protons ergab. Nachdem sich diese Teilchen jedoch nicht in elektrischen und magnetischen Feldern ablenken ließen, handelte es sich offentsichtlich um neutrale Teilchen, die gesuchten Neutronen. Die Reaktionsgleichung für den Beschuss von Beryllium mit α-Teilchen lautet:

$$^{9}_{4}\text{Be} + ^{4}_{2}\alpha \longrightarrow ^{12}_{6}\text{C} + ^{1}_{0}\text{n}$$

Freie Neutronen zerfallen mit einer Halbwertszeit von ca. 13 Minuten in ein Proton, ein Elektron und ein Antineutrino.

Die Kernfusion

Neben der Kernspaltung spielt für die Energiegewinnung in Natur und Technik die **Kernfusion** eine entscheidende Rolle.

> Unter Kernfusion versteht man die Verschmelzung leichter Atomkerne zu schwereren. Dabei wird Energie freigesetzt.

Gearbeitet wird seit geraumer Zeit an **Fusionsreaktoren,** die eine gesteuerte Kernfusion ermöglichen (↗ S. 149).

Wie bei der Kernspaltung (↗ S. 143) hängt die Energiefreisetzung bei der Kernfusion von der mittleren Bindungsenergie je Nukleon ab (↗ S. 110 f.). Im Durchschnitt wird bei der Fusion von Atomkernen eine Energie von 7 MeV je Nukleon freigesetzt.

Kernfusionen vollziehen sich ständig im Innern der Sonne und anderer Sterne. Nachfolgend sind vereinfacht die Prozesse dargestellt, die im Innern der Sonne vor sich gehen. Der Vorgang wird als **Helium-synthese** oder als **Proton-Proton-Reaktion** bezeichnet. Die Sonne setzt ihre Energie durch Fusion von Wasserstoffkernen frei. Von verschiedenen Reaktionsmöglichkeiten läuft in der Sonne im Wesentlichen die rechts dargestellte Reaktion ab.

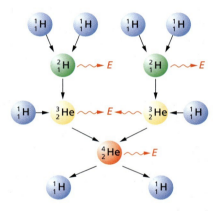

Der gesamte Prozess ist vereinfacht dargestellt. Zunächst verschmelzen je zwei Wasserstoffkerne (Protonen) zu einem Deuteriumkern ($_1^2$H).
Im nächsten Schritt lagert sich ein weiteres Proton an einem Deuteriumkern an. Dadurch entsteht ein Helium-3-Kern. Schließlich verschmelzen zwei Helium-3-Kerne zu einem Helium-4-Kern. Insgesamt wird bei dem Vorgang Wasserstoff verbraucht und Helium gebildet.

Als Reaktionsgleichungen lassen sich die Vorgänge so beschreiben:

$$_1^1\text{H} + {}_1^1\text{H} \longrightarrow {}_1^2\text{H} + e^+ + \nu + 1{,}44 \text{ MeV}$$

$$_1^2\text{H} + {}_1^1\text{H} \longrightarrow {}_2^3\text{He} + \gamma + 5{,}49 \text{ MeV}$$

$$_2^3\text{He} + {}_2^3\text{He} \longrightarrow {}_2^4\text{He} + {}_1^1\text{H} + {}_1^1\text{H} + 12{,}85 \text{ MeV}$$

e^+ bezeichnet ein Positron, ν ein Neutrino und γ ist das Kürzel für Gammastrahlung. Bei dem gesamten Prozess wird eine Energie von etwa 26 MeV. freigesetzt.

Damit überhaupt Kernfusion vor sich geht, müssen ein großer Druck und hohe Temperaturen vorhanden sein. Die Bedingungen sind im Innern der Sonne erfüllt: In ihrem Kern herrschen Temperaturen von etwa 15 Millionen Kelvin und ein Druck von etwa 10^{16} Pascal. Als Dichte der Materie werden etwa 160 g/cm^3 angenommen. Analoge Bedingungen herrschen auch im Innern anderer Sterne.

Gesteuerte Kernfusion

Bei der Fusion von leichten Kernen werden große Energiemengen frei. Die auf S. 147 beschriebene Fusion von Wasserstoff zu Helium ist der Prozess, der sich im Innern der Sonne und anderer Hauptreihensterne vollzieht. Dabei verschmelzen in jeder Sekunde 567 Mio. Tonnen Wasserstoff zu 562,7 Mio. Tonnen Helium. Der Massendefekt der Sonne beträgt demzufolge in jeder Sekunde 4,3 Mio. Tonnen. Das entspricht nach der einsteinschen Masse-Energie-Äquivalenz ($E = \Delta m \cdot c^2$) einer Energie von $3{,}85 \cdot 10^{26}$ J, die in jeder Sekunde an den umgebenden Weltraum abgegeben wird. Davon erreicht eine Strahlungsleistung von etwa 10^{17} W die Erde und ermöglichte hier die Entstehung und Entwicklung des Lebens.

Die Heliumsynthese ist nicht die einzige Möglichkeit der Energiefreisetzung durch Kernfusion. Sind bei massereichen Sternen (Masse größer als 12 Sonnenmassen) die Wasserstoffvorräte im Innern erschöpft, so setzt im Zentrum die Fusion von Helium ein. Die Wasserstofffusion setzt sich in der Schale des Sterns fort. Gehen die Heliumvorräte im Zentrum zur Neige, so kommt es durch Kontraktion zu weiterer Temperaturerhöhung und im Kern zur Fusion von Elementen mit noch höherer Ordnungszahl bis hin zum Eisen. Dieser Gesamtvorgang wird in der Astronomie als **Schalenbrennen** bezeichnet.

Seit Langem wird auch die Frage untersucht, ob Kernfusion nicht eine Möglichkeit wäre, die Energieprobleme der Menschheit zu lösen. Forschungen dazu werden seit etwa 50 Jahren durchgeführt.

Moderne Teilchenbeschleuniger scheinen ein geeignetes Hilfsmittel zu sein, um Kernfusionen zu bewerkstelligen: Man schießt ein atomares Projektil mit einer derart großen Geschwindigkeit auf einen weiteren Atomkern, dass beide, sofern sie die elektrische Abstoßung der positiven Kernladungen überwinden, in den Wirkungsbereich der Kernkräfte gelangen und sich miteinander verbinden. Einzelne Atome kann man in Beschleunigern tatsächlich unter Aufwendung enormer Energiemengen auf diese Weise verschmelzen.

Damit bei einer Kernfusion aber mehr Energie frei wird, als man zuvor an Beschleunigungsenergie aufzubringen hat, müssen pro Zeiteinheit sehr viele Teilchen miteinander reagieren. Dazu eignet sich jedoch kein Teilchenbeschleuniger, sondern nur ein Prozess, in den eine möglichst große Menge an extrem heißer und deshalb auch gasförmiger und ionisierter Materie eingebunden wird – ein Plasma. Sehr heiß muss das Plasma deshalb sein, weil dann nach den Gesetzen der kinetischen Gastheorie auch hohe Teilchengeschwindigkeiten bzw. Teilchenenergien auftreten, die für eine Kernverschmelzung ausreichend sind. Die notwendigen Temperaturen liegen im Bereich von Millionen Kelvin – die thermisch ausgelöste Kernfusion nennt man thermonukleare Reaktion. Aber selbst bei einer Temperatur von 20 Millionen Kelvin ist die mittlere kinetische Energie der Atomkerne so gering, dass ihre Coulomb-Abstoßung nicht überwunden wird. Dennoch erfolgt bei dieser Temperatur die Wasserstoffverschmelzung – andernfalls würde die Sonne nicht leuchten, die im Innern etwa so heiß ist.

Das Zustandekommen der Fusion hat drei Ursachen: Erstens besitzen die Gasteilchen eine maxwellsche Geschwindigkeitsverteilung, es gibt also auch immer einige Atome, die bedeutend höhere Energien als die mittlere Energie aufweisen. Zweitens können bei entsprechend hoher Materiedichte sehr häufig Zusammenstöße zwischen Atomen erfolgen, sodass auch bei einer geringen Reaktionswahrscheinlichkeit noch genügend viele Fusionen erfolgen. Drittens müssen die Kernteilchen den Coulombwall des Zielkerns nicht überwinden, sondern können diesen mit einer geringen Wahrscheinlichkeit aufgrund quantenmechanischer Gesetze auch durchtunneln.

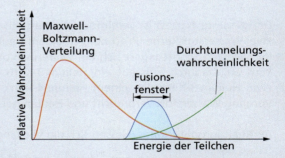

In der Abbildung sind drei Wahrscheinlichkeitsverteilungen über der Teilchenenergie eingetragen. Die rote Kurve ist die Maxwell-Verteilung, die grüne Kurve ist die von GEORGE GAMOV (1904–1968) berechnete Kurve der Durchtunnelungswahrscheinlichkeit. Wie man auch anschaulich erwartet, nimmt diese Wahrscheinlichkeit mit steigenden Teilchenenergien zu. Nur dort, wo sich beide Kurven überlappen, besteht eine gewisse Wahrscheinlichkeit für die Fusion, das sogenannte Fusionsfenster.

Die hohen Plasmatemperaturen sind das größte Problem einer gesteuerten Kernfusion. In dem heißen Gas bauen sich gewaltige Drücke auf, die es auseinanderpressen. Tief im Inneren der Sonne wird das Plasma durch die darüber befindlichen Materieschichten zusammengehalten. Bei der Fusionsbombe (Wasserstoffbombe) nutzt man als Zünder eine „gewöhnliche" Atombombe, die von einem starken Mantel aus Deuteriumverbindungen ($_1^2$H) umgeben ist. Dadurch wird das Reaktionsgemisch nur eine kurze, aber dennoch ausreichende Zeit zusammengehalten. Die anschließende Ausdehnung der heißen Gase – die Explosion – ist von den Militärs ja „erwünscht".

Ein kontrollierter und kontinuierlich ablaufender Kernfusionsprozess, der übrigens keinerlei thermonukleare Explosionsgefahr birgt, konnte bislang nicht realisiert werden. Kurzzeitige Reaktionen hat man aber schon zustande gebracht. Gegenwärtig werden zwei technische Varianten zur Realisierung der gesteuerten Fusion favorisiert.

In den weitaus meisten Fusionsexperimenten, die bislang erfolgt sind, hat man versucht, das Plasma durch starke Magnetfelder einzuschließen. Dies ist möglich, weil sich geladene Teilchen entlang der magnetischen Feldlinien bewegen. Das dabei am häufigsten genutzte Verfahren beruht auf dem sogenannten **Tokamak-Prinzip,** abgeleitet vom russischen „**to**roidalnaya **ka**mera sz **ma**gnitnimi **ka**tuschkami": In einem Spulentorus befindet sich das ringförmig verteilte Plasma, das durch spezielle Methoden aufgeheizt wird.

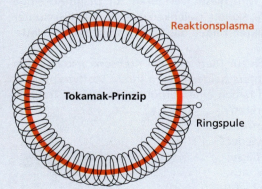

Reaktionsplasma

Tokamak-Prinzip

Ringspule

Wichtige Fusionsexperimentieranlagen dieser Art sind das in weltweiter Kooperation geplante ITER und der europäische JET (Joint European Torus) in Culham bei Oxford (England). Die Abbildung rechts oben zeigt ein Modell dieser Anlage.

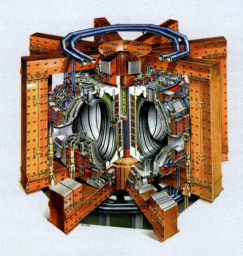

Bei der **Laserfusion** arbeitet man mit periodisch wiederkehrenden sehr kurzen Laserimpulsen. Kleine Hohlkugeln aus Glas umschließen das Fusionsmaterial. Durch gleichzeitigen Beschuss mit mehreren Hochleistungslasern erfolgt die Zündung. Im auseinanderstrebenden Gas kann die Fusion kurzzeitig erfolgen. Aus einem Vorratsbehälter wird anschließend eine weitere Kugel für den nächsten Laserimpuls zugeführt (↗ Abb. unten).

Aus Berechnungen des Fusionsfensters hat man einige aussichtsreiche Reaktionen für eine gesteuerte Kernfusion ermittelt. Zu diesen Reaktionen gehört die Verschmelzung von Deuterium zu Tritium:

$$_1^2\text{H} + {_1^2}\text{H} \longrightarrow {_1^3}\text{H} + {_1^1}\text{H} + 4{,}17 \text{ MeV}$$

Im natürlichen Wasserstoff ist Deuterium nur zu rund 0,015 % enthalten. Trotz dieses geringen prozentualen Anteils steht es in den Weltmeeren praktisch unbegrenzt zur Verfügung. Die gesteuerte Kernfusion könnte die Energiekrise der Menschheit lösen, die sich bei der Erschöpfung der fossilen Brennstoffvorräte einstellen wird. Das Problem der Radioaktivität wäre aber nicht gelöst. Tritium ist radioaktiv.

Glaskugeln mit Reaktionsstoff im Vorratsbehälter

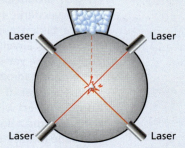

Laser

Laser

Laser

Laser

✲ Anwendungen der Kernenergietechnik in der Medizin

Viele Informationen dazu findet man im Internet unter dem Suchwort „Nuklearmedizin". Abgeleitet ist der Begriff von *nucleus* (lat.) = Kern.

Der Bereich der Medizin, der sich mit der Anwendung von Erkenntnissen der Atom- und Kernphysik in der Medizin beschäftigt, wird als **Nuklearmedizin** bezeichnet. Diese umfasst die Anwendung von Radionukliden und kernphysikalischer Verfahren zur Diagnostik und zur Therapie. Nachfolgend sind einige ausgewählte Anwendungen dargestellt.

Nuklearmedizinische Diagnostik

In der nuklearmedizinischen Diagnostik geht es um das Sichtbarmachen von Stoffwechselvorgängen. Dazu werden den Patienten geeignete Substanzen verabreicht, die ganz spezifisch an dem zu untersuchenden Stoffwechselprozess beteiligt sind und diesen somit markieren. Das Sichtbarmachen der Prozesse erfolgt zum Beispiel mit einer sogenannten Gammakamera, welche die ausgesandte Gammastrahlung erkennt und in ein diagnostisches Bild (Szintigramm) verwandelt. Das Bild zeigt das Szintigramm einer Schilddrüse, bei der rechts krankhafte Veränderungen zu erkennen sind.

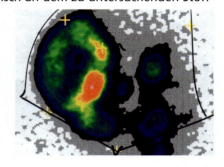

Zur Untersuchung der **Schilddrüse** verwendet man z. B. die γ-Strahler Jod-131 (Halbwertszeit: 8 h) oder Technetium-99 (Halbwertszeit: 6 h). Das Medikament wird in eine Vene gespritzt und breitet sich im Körper mit dem Blut aus. Dabei reichert es sich sehr schnell in der Schilddrüse an. Am Szintigramm kann der Fachmann erkennen, ob Größe, Lage und Funktion der Schilddrüse normal sind, oder ob Erkrankungen vorliegen.
Auch bei anderen Organen wird dieses Verfahren zur Diagnose eingesetzt, z. B. bei Herz, Milz, Niere, Skelett, Gelenken oder auch bei Hirnuntersuchungen. Die Aufnahmen unten zeigen das Szintigramm eines Skeletts.

Die Nuklearmedizin wird auch zur Diagnose von Krebserkrankungen angewandt. Die Tumorzellen unterscheiden sich in ihrem Stoffwechsel von gesunden Zellen: Krebszellen haben einen erhöhten Bedarf an Traubenzucker. Bei einigen Krebserkrankungen produziert das betroffene Organ verstärkt Hormone, wieder andere bilden auf der Oberfläche bestimmte Eiweißstrukturen aus. Zur Diagnose verwendet man meist mit einem Radioisotop markierten Traubenzucker (F-18), der in den Körper injiziert wird. Eine Ganzkörperaufnahme zeigt dann sogar entstandene Metastasen (Bild rechts).

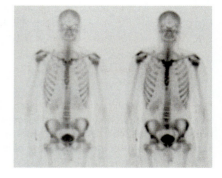

Ein wichtiges bildgebendes Verfahren ist die Positronen-Emissions-Tomografie, abgekürzt PET. Es wurde speziell für die Darstellung von Stoffwechselvorgängen entwickelt.

Bei der Positronen-Emissions-Tomografie werden radioaktiv markierte Substanzen (Tracer), die **Positronen** abstrahlen, in den Stoffwechsel eingebracht und ihre Verteilung im menschlichen Körper mit einer PET-Kamera aufgezeichnet. Die Besonderheit dieser Methode ist, dass das emittierte Positron im Gewebe umgehend auf ein Elektron trifft und in zwei γ-Quanten zerstrahlt (Paarvernichtung). Die PET-Kamera registriert die γ-Quanten und erstellt so Schritt für Schritt ein Bild des zu untersuchenden Bereichs.

Das Bild links zeigt ein modernes PET-Gerät. In Kombination mit einer Computertomografie (CT) oder einer Magnetresonanztomografie (MR) erhält man detailreiche Bilder, etwa vom Gehirn. Links ist ein MR-Bild zu sehen, in der Mitte ein PET-Bild und rechts das aus beiden Verfahren kombinierte Bild.

 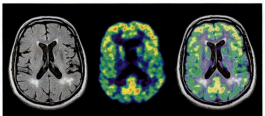

Nuklearmedizinische Therapie

Nuklearmedizinische Methoden können nicht nur zur Diagnostik, sondern auch in der Therapie eingesetzt werden. Während bei der Strahlentherapie mit Röntgenstrahlung, radioaktiver Strahlung oder Teilchenstrahlung die Bestrahlung von außen erfolgt und dabei auch gesundes Gewebe geschädigt wird, gelangt bei der nuklearmedizinischen Therapie ein Radiopharmazeutikum direkt bis an die krankhaften Zellen und zerstört sie durch radioaktive Strahlung.

Bei Rheumapatienten kann man bei besonders schwer betroffenen Gelenken mit dem Verfahren der **Radiosynoviorthese** therapieren: Man injiziert direkt in die betroffene Stelle ein Radiopharmazeutikum, meist einen Beta-Strahler mit sehr geringer Reichweite. Durch die Strahlung werden die entzündeten Zellen zerstört. Aufgrund der kurzen Reichweite werden gesunde Zellen dabei nicht zerstört. Die Reichweite von Betastrahlung in Gewebe beträgt nur wenige Millimeter, die der seltener genutzten α-Strahlung nur einige Mikrometer. Die Abbildungen rechts zeigen Aufnahmen eines mit diesem Verfahren behandelten Schultergelenks aus verschiedenen Richtungen.

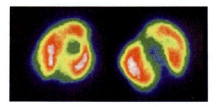

Im November 2009 wurde in Heidelberg ein Ionenstrahl-Therapiezentrum eröffnet. Behandelt werden Tumore durch Beschuss mit Protonen- und Schwerionenstrahlen.

Chancen und Risiken der Kernenergietechnik

1938 entdeckte OTTO HAHN die Kernspaltung. Es war sehr schnell klar, dass sich durch Kernspaltung viel Energie gewinnen lässt. 1942 wurde durch ENRICO FERMI der erste Kernreaktor der Welt gebaut und damit nachgewiesen, dass eine sich selbst erhaltende Kettenreaktion mit Neutronen technisch praktikabel ist. Heute trägt die Kernenergie in vielen Ländern wesentlich zur Stromerzeugung bei. In Deutschland produzierten 2008 Kernanlagen ca. 149 Milliarden Kilowattstunden mit einer hohen Verfügbarkeit. Die deutschen Anlagen gelten als sehr sicher. Sie zeichnet auch eine gute Wirtschaftlichkeit aus, und der Betrieb der Anlagen erfolgte bislang ohne größeren Störfall.

Das Diagramm rechts unten zeigt den Anteil von „Atomstrom" an der gesamten Elektroenergiegewinnung.

Erste Vertrauensverluste in die Kernenergie traten nach Unfällen in Harrisburg (Three Mile Island; USA 1979), bei dem der Kern eines Druckwasserreaktors durch einen Kühlungsstörfall teilweise schmolz, und dem schweren Reaktorunfall in Tschernobyl (Ukraine, 1986) auf. Folgen dieses Unfalls sind Gesundheitsschäden bei vielen Menschen in der Umgebung des Reaktors. Große Landstriche wurden radioaktiv verseucht. Allerdings beruht der Unfall auf geringer Reaktorsicherheit und geschah bei einem unzulässig durchgeführten Experiment im Reaktor.

Die Auswirkungen dieses Unfalls waren selbst in Deutschland noch nachweisbar. Es wurde eine erhöhte Strahlenbelastung registriert.

In den 70er- und 80er-Jahren kam es zu zahlreichen Protestaktionen der Anti-AKW-Bewegung. Neben Befürwortern der Kernenergie gibt es auch zahlreiche Gegner dieser Technologie, die vor allem deren Sicherheit infrage stellen.

Soll die Kerntechnologie perspektivisch verwendet werden, muss sie weiter entwickelt werden, die Sicherheit soweit wie möglich erhöht werden, ohne dass die Kosten des Stroms dabei wesentlich zunehmen. Staaten wie China, Japan, Korea, Taiwan, Indien u.a. machen zurzeit große Anstrengungen in der Weiterentwicklung der Kernenergie. In diesen Ländern wird heute die Reaktortechnik weiterentwickelt. In Deutschland wurde vor einigen Jahren der politische Entschluss gefasst, aus der Kernenergie auszusteigen und die bestehenden Kraftwerke nach einem abgestimmten Plan in den nächsten Jahren vom Netz zu nehmen. Über diese Entscheidung wird noch weiterhin diskutiert.

Das Kernkraftwerk Neckarwestheim verfügt über zwei Druckwasserreaktoren. 2006 wurden etwa 17 Mrd. kWh Elektroenergie in das Netz eingespeist.

Die Sicherheitsanforderungen, die an Kernkraftwerke zu stellen sind, wurden im Atomgesetz vom 28.07.1994 klar formuliert. Es müssen mehrfache Sicherheitsbarrieren vorhanden sein, die den Austritt radioaktiver Stoffe verhindern.

Frankreich	77 %
Belgien	55 %
Schweiz	38 %
Japan	36 %
Deutschland	25 %
USA	21 %
Kanada	13 %

In den deutschen Kernkraftwerken werden folgende Sicherheitsbarrieren genutzt:
– gasdichte Metallumhüllung der Brennstäbe,
– abgeschlossenes Reaktordruckgefäß mit Ringspalt, in dem Unterdruck herrscht,
– Sicherheitsbehälter für den gesamten Reaktor einschließlich des Rohrsystems im Primärkreiskauf,
– Betonabschirmung des Reaktors nach unten,
– Stahlbetonhülle des Reaktorgebäudes, in dem ein geringer Unterdruck herrscht.

In Deutschland sind **Grenzwerte** für die Strahlenbelastung in der Umgebung von Kernkraftwerken festgelegt. Schon beim Genehmigungsverfahren für den Bau einer Anlage werden die in der Strahlenschutzverordnung festgeschriebenen Bestimmungen genau geprüft, automatische Systeme überwachen ständig die Umgebung. Die Überwachung erfolgt einmal durch den Betreiber der Anlage, zum anderen durch die Aufsichtsbehörden, die im Umkreis Luft, Boden und Gewässer kontrollieren. Außerdem werden regelmäßig Proben von Lebensmitteln untersucht.
Seit Beginn der CO_2–Diskussion und aufgrund der steigenden Energienachfrage der Industrie- und Schwellenländer ist die Kernenergie, neben den alternativen Energien, wieder mehr in den Vordergrund gerückt. Kernreaktoren arbeiten im sogenannten Grundlastbereich, ihre Energie steht rund um die Uhr zur Verfügung. Bei Sonnen- oder Windenergie geht das nicht, sie können nur Energie erzeugen, wenn die Sonne scheint bzw. entsprechende Windverhältnisse vorhanden sind.

Zum Betreiben einer Kernanlage gehört auch ein entsprechender Versorgungs- und Entsorgungsplan. Zur Versorgung gehören die Beschaffung von Brennelementen, zur Entsorgung der Abtransport und die Lagerung ausgebrannter Brennelemente. Will man einen vernünftigen Brennstoffkreislauf erreichen, benötigt man eine Aufbereitungsanlage (wie in La Hague in Frankreich), in der Spaltprodukte vom noch spaltbaren Material getrennt werden. Dabei entstehen aber auch radioaktive Abfälle, welche über Jahrzehnte hinweg sicher gelagert werden müssen. Das Problem der Endlagerung ist in Deutschland bisher noch nicht geklärt.

Ein weiteres Problem ist der Abbau eines abgeschalteten Kraftwerks. Vor dem Abbau muss sämtliche Strahlung im Innern weitgehend erloschen sein, ehe die Demontage des Reaktors erfolgen kann.

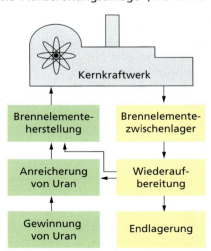

Der Brennstoff befindet sich in Form von Tabletten in metallischen Brennstoffstäben.

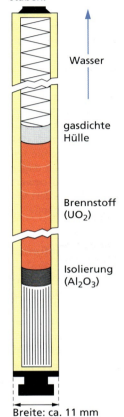

Wasser

gasdichte Hülle

Brennstoff (UO_2)

Isolierung (Al_2O_3)

Breite: ca. 11 mm
Länge: 4,17 m

Zwischenlager befinden sich in Deutschland in ehemaligen Bergwerken in Gorleben (Niedersachsen) und in Morsleben (Sachsen-Anhalt). Zwischengelagert wird radioaktiver Abfall auch in Kernkraftanlagen selbst, um die Aktivität vor einem Transport abklingen zu lassen.

Suchen und Bewerten von Informationen

Zum Halten von Referaten, Anfertigen von Präsentationen, Plakaten usw. benötigt man Informationen. Ebenso werden zum Erlernen neuen Stoffs oder auch zur Vorbereitung auf eine Prüfung zuverlässige Informationen benötigt.

Informationen sind auch erforderlich, wenn man sich eine fundierte Meinung zu einer strittigen Frage bilden will.

Wie gelangt man zu Informationen?

Unser Thema, zu dem wir Informationen beschaffen sollen, heißt: „Pro und Kontra zur Kernenergie".

Es ist bekannt, dass in Deutschland die Nutzung der Kernenergie umstritten ist. Was spricht für die Nutzung, was dagegen? Wie sind die einzelnen Argumente zu bewerten? Die Beantwortung solcher Fragen erfordert fundiertes Wissen über Fakten und Zusammenhänge.

Mögliche Informationsquellen

– Die erste und grundlegende Informationsquelle ist das jeweilige Lehrbuch.
– In Bibliotheken oder auch Buchgeschäften kann man sich Fachliteratur, Lexika oder wissenschaftliche Zeitschriften zum Thema besorgen.
– Weitere Informationsquellen sind Funk und Fernsehen. Wissenschaftliche Berichte oder auch Nachrichten zur Kernenergie können hier nützlich sein.
– Die Energieversorger liefern zur Kernenergie Broschüren, CDs und DVDs mit Filmen und Animationen zur Kerntechnik.
– Aus den Ministerien von Bund und Ländern gibt es Handreichungen zum Thema Kerntechnik, die Nutzen und Schaden mit Zahlen belegen.
– Eine weitere wichtige Informationsquelle ist heutzutage das Internet.

Mithilfe von **Suchmaschinen** kann man durch Eingabe entsprechender Suchwörter, z.B. „Kernenergie", nach Informationen zu seinem Thema Ausschau halten. Man erhält dann zahlreiche Vorschläge von Internetseiten unterschiedlicher Anbieter, so z.B. Seiten von:
– Enzyklopädien, welche zum Teil ehrenamtlich erstellt werden,
– Universitäten und anderen wissenschaftlichen Einrichtungen,

– Schulen,
– Schulbuchverlagen,
– Kernforschungsanlagen,
– bestehenden Kernkraftwerken,
– Strom erzeugenden Firmen,
– Verlagen, die Literatur zum Thema anbieten,
– Werbematerialien,
– Seiten, die das Wort enthalten, sonst aber kaum etwas mit dem Thema zu tun haben.

Auswahl der Informationen

Die Vielfalt der Informationsquellen erfordert es, eine Auswahl zu treffen. Dafür kann man einige Kriterien angeben, die beachtet werden sollten:

(1) Je genauer die Suchkriterien gewählt werden, umso eingeschränkter ist die Anzahl der Informationsquellen.
(2) Bei Universitäten und anderen wissenschaftlichen Einrichtungen kann man davon ausgehen, dass abgesicherte wissenschaftliche Informationen veröffentlicht werden. Das gilt auch für Lexika und Fachbücher, für das Internet allerdings nur sehr beschränkt.
(3) Bei Veröffentlichungen von Einrichtungen, welche die Interessen bestimmter Gruppen vertreten, ist keine ausgewogene Information zu erwarten.

1 Ein solches Angebot erhält man im Internet bei Nutzung einer Suchmaschine mit dem Suchwort „Kernenergie".

Eine Institution, welche Atomstrom verkauft, wird kaum Mängel in der Sicherheit ihrer Anlagen im Internet veröffentlichen. Umgekehrt wird auf einer Internetseite von Kernkraftgegnern sicherlich kein Argument für die Kernenergie zu finden sein. Selbst Quellen aus Ministerien müssen in die entsprechende Zeitmeinung möglichst objektiv einsortiert werden. Wenn die politische Meinung gegen die Atomkraft ist, werden auch entsprechende Broschüren in den Ministerien zu erhalten sein, im umgekehrten Fall eben nicht.

Verarbeiten von Informationen

Die ausgewählten Informationen, die als Dateien oder gedruckt vorliegen, müssen nun verarbeitet werden. Das bedeutet:
- Die Informationen werden nach Schwerpunkten, die man zuvor festlegt, sortiert. In unserem Fall könne man ordnen:
  (1) nach Pro oder Kontra Kernenergie und
  (2) innerhalb dieser beiden Gruppen z.B. nach ökonomischen, ökologischen und sonstigen Aspekten.
- Die Informationen werden verglichen: Wo gibt es gleiche, wo widersprüchliche Aussagen? Wie werden die Positionen begründet?

Bewerten von Informationen

Das Bewerten der vielfältigen und teilweise auch widersprüchlichen Informationen ist eine überaus anspruchsvolle Aufgabe.

Bewerten heißt:
Zu einer Information oder einem Sachverhalt wird nach kritischer Prüfung und sorgfältigem Abwägen unter Nutzung von Fach- und Methodenwissen sowie unter Beachtung von Wertekategorien eine begründete Meinung formuliert.

Im Fall der Kernenergie spielt z.B. das Wissen über kernphysikalische Zusammenhänge eine Rolle, etwa Kenntnisse über Halbwertszeiten und die Aktivität von radioaktiven Abfällen oder darüber, dass ein Kernreaktor nicht wie eine Atombombe explodieren kann.
Kenntnisse über Eigenschaften und Wirkungen radioaktiver Strahlung sind ebenfalls nützlich, um zu einer fundierten Bewertung zu kommen.

1   Suchergebnis auf der Internetseite des Bayerischen Staatsministeriums für Umwelt und Gesundheit

Wertekategorien, die man im Zusammenhang mit der Kernenergie einbeziehen könnte, sind beispielsweise:
- das Menschenrecht auf Schutz und körperliche Unversehrtheit,
- die Frage, wie in einer modernen Gesellschaft eine ausreichende Energieversorgung für alle gewährleistet werden kann.

Im Folgenden ist eine Auswahlliste mit Argumenten für die Kernenergie und einigen gegen die Kernenergie zu finden:

Pro Kernenergie:
- Bei der Stromerzeugung entsteht kein CO_2.
- Gewinnung in der Medizin nötiger radioaktiver Präparate durch Wiederaufarbeitung.
- Arbeitsplätze werden gesichert.
- Bei bestehenden Anlagen gibt es einen relativ günstigen Strompreis.
- Strom steht unabhängig von Wind und Wetter jederzeit zur Verfügung.

Kontra Kernenergie:
- Es bestehen Probleme bei der Endlagerung des radioaktiven Mülls.
- Schwere Reaktorunfälle führen zu großen Strahlenbelastungen (vgl. Tschernobyl).
- Kernkraftwerke als Gefahr für den Weltfrieden (Erzeugung von Material für Kernwaffen!).
- Niemand hat gern ein Kernkraftwerk als Nachbarn.
- Gefährdung durch Flugzeugabsturz auf einen Reaktor.
- Der Brennstoff (Uran) reicht nur begrenzte Zeit.

Radioaktivität und Kernreaktionen

Unter **Radioaktivität** versteht man die Erscheinung, dass sich Atomkerne unter Abgabe radioaktiver Strahlung verändern.

α-Zerfall: $^A_Z X \longrightarrow \,^{A-4}_{Z-2} Y^{2-} + \,^4_2 He^{2+}$

β-Zerfall: $^A_Z X \longrightarrow \,^A_{Z+1} Y^+ + \,^0_{-1} e^- + \,^0_0 \bar{\nu}$

γ-Zerfall: $^A_Z X* \longrightarrow \,^A_Z X + \,^0_0 \gamma$

X (bzw. X* beim γ-Zerfall) bezeichnet das Radionuklid, Y (bzw. X beim γ-Zerfall) das Zerfallsprodukt.

Die drei Strahlungsarten unterscheiden sich u. a. in ihrem Durchdringungsvermögen und in ihrer Ablenkbarkeit durch elektrische und magnetische Felder.

Für den radioaktiven Zerfall gilt das **Zerfallsgesetz**:

$$N = N_0 \cdot e^{-\lambda \cdot t}$$

N	Anzahl der zur Zeit t noch nicht zerfallenen Atome
N_0	ursprüngliche Anzahl der Atome
λ	Zerfallskonstante

Zwischen der **Zerfallskonstanten** λ und der **Halbwertszeit** $T_{1/2}$ gilt:

$$T_{1/2} = \frac{\ln 2}{\lambda}$$

Die Wirkung ionisierender Strahlung auf Lebewesen wird durch die Größen Energiedosis D und Äquivalentdosis H erfasst:

$$D = \frac{E}{m} \qquad H = Q \cdot D = Q \cdot \frac{E}{m}$$

E	die von einem Körper absorbierte Energie
m	Masse des Körpers
Q	Qualitätsfaktor ($Q = 20$ für α-Strahlung, $Q = 1$ für β- und γ-Strahlung)

Unter einer **Kernreaktion** versteht man die Umwandlung von Atomkernen in andere Atomkerne. Für die Berechnung der Energie, die bei einer Kernreaktion freigesetzt wird oder die zu ihrer Auslösung erforderlich ist, wird der **Q-Faktor** (Q-Wert) genutzt:

$$Q = (m_{vor} - m_{nach}) \cdot c^2$$

m_{vor}	ist die Summe aller Massen vor der Reaktion.
m_{nach}	ist die Summe aller Massen nach der Reaktion.

Wichtige Formen von **exothermen Kernreaktionen** ($Q > 0$) sind die **Kernspaltung** und die **Kernfusion**. Es wird Energie freigesetzt. Die Erklärung dafür bietet die unterschiedliche Bindungsenergie je Nukleon.

Bei der Kernspaltung wird im Durchschnitt eine Energie von 1 MeV je Nukleon freigesetzt, bei der Kernfusion etwa 7 MeV je Nukleon.

Die gesteuerte Kernspaltung wird in Kernkraftwerken genutzt. Kernfusion erfolgt im Innern von Sternen. Dabei können Elemente bis hin zum Eisen fusionieren.

Aufgaben

1. Mit einem Zählrohr wird die Intensität der radioaktiven Strahlung einer Quelle in Abhängigkeit vom Abstand von ihr gemessen. Dabei wurden folgende Messwerte aufgenommen:

Impulse je Minute	245	86	42	25	23
Abstand in cm	5	10	15	20	25

a) Welcher Zusammenhang ist zwischen der Zählrate und dem Abstand zu erwarten?
b) Zeichnen und interpretieren Sie das Diagramm! Welche Folgerungen ergeben sich daraus für den Strahlenschutz?
c) Auch wenn die Quelle radioaktiver Strahlung sehr weit entfernt ist, werden am Zählrohr Impulse registriert!
Geben Sie eine Erklärung dafür an!

2. Mit einer Nebelkammer kann man α- und β-Strahlung nachweisen. Das Foto zeigt eine für schulische Zwecke gedachte Nebelkammer. Darunter sind Skizzen von zwei möglichen Nebelkammerbildern angegeben.

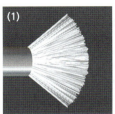
(1)

(2)

a) Erkunden Sie den Aufbau und die Wirkungsweise einer Nebelkammer! Bereiten Sie dazu ein Kurzreferat vor!

b) Geben Sie an, um welche Art von Strahlung es sich jeweils handelt! Begründen Sie Ihre Aussagen!

3. Erstellen Sie eine Präsentation über Geräte, mit denen Sie radioaktive Strahlung nachweisen können!

4. α-Teilchen und Positronen gleicher Geschwindigkeit werden durch ein elektrisches Feld senkrecht zu ihrer Bewegungsrichtung abgelenkt.
a) Skizzieren Sie diesen Sachverhalt und charakterisieren Sie Bewegungsart und Bahnform der Teilchen!
b) Begründen Sie, weshalb Positronen trotz ihrer kleineren Ladung stärker abgelenkt werden!

5. Schätzen Sie die maximal mögliche Energie ab, die beim α-Zerfall von Ra-226 frei wird! Mit welcher Geschwindigkeit verlässt das α-Teilchen den Atomkern? ($m_{Rn} = 222{,}017\,57\ u$).

6. Sc-47 ist instabil und zerfällt in Ti-47. Meistens geht der Sc-Kern in einen angeregten Ti-Kern über, wobei die kinetische Energie der Zerfallsprodukte 0,45 MeV beträgt. In den übrigen Fällen entsteht der Ti-Kern im Grundzustand, und die Zerfallsprodukte besitzen 0,61 MeV kinetische Energie.
a) Um welche Zerfallsart handelt es sich? Geben Sie die Reaktionsgleichung des Zerfalls an!
b) Zeichnen Sie ein Energieniveauschema, das Mutter- und Tochternuklid sowie die Übergänge mit den frei werdenden Energiebeträgen enthält!
c) Erklären Sie anhand des Energieniveauschemas, wie es beim Zerfall von Sc-47 auch zum Auftreten von γ-Strahlung kommt! Berechnen Sie deren Wellenlänge!
*d) Nun wird eine Sc-47-Probe so umschlossen, dass in der Umgebung nur noch die γ-Strahlung nachweisbar ist. In 50 cm Entfernung beträgt die Zählrate 5 760 min^{-1}. Dieser Wert ist bereits hinsichtlich des Nulleffekts, der sich auf 20 min^{-1} beläuft, bereinigt.
Welche Zählrate ist zu erwarten, wenn die Entfernung zwischen Präparat und Nachweisapparatur auf 400 cm vergrößert wird? Warum weicht der berechnete Wert vom gemessenen Wert ab, auch wenn keine Messfehler vorliegen?

7. Das Radium-Nuklid Ra-226 hat eine Halbwertszeit von 1 600 Jahren.

a) Bestimmen Sie, wie viele Kerne je Sekunde bei einem Gramm Radium zerfallen!

b) Errechnen Sie die Masse des Radium-Nuklids, die bei 1 g Anfangsmasse nach 100 Jahren noch aktiv, also noch nicht zerfallen ist!

c) Nach welcher Zeit hat die Aktivität einer bestimmten Menge von Ra-226 auf 10 % abgenommen?

8. Holmium-183 hat eine Halbwertszeit von 7 Tagen, Phosphor-32 dagegen von 14 Tagen.

a) Wie verhalten sich die Aktivitäten beider Nuklide zueinander, wenn die gleiche Anzahl von nicht zerfallenen Atomkernen vorhanden sind?

b) In welchem Verhältnis müsste die Anzahl der Atomkerne beider Nuklide stehen, wenn die Aktivitäten gleich sein sollen?

9. Die Aktivität einer medizinischen Strahlenquelle mit Cobalt-60 (Halbwertszeit 5,26 Jahre) wurde 1991 zu 370 kBq bestimmt.

a) Schätzen Sie ab, ob die Aktivität im Jahre 2011 unter die Freigrenze von 50 kBq abgesunken ist!

b) Berechnen Sie die Zeit, in der die Aktivität des Cobalt-60-Strahlers von 370 kBq auf unter 50 kBq absinkt!

10. Beim Zerfall des radioaktiven Isotops Bi-215 (Halbwertszeit 8,0 Minuten) entsteht eine im Magnetfeld ablenkbare Strahlung (↗Skizze). Das Magnetfeld zeigt in die Blattebene hinein.

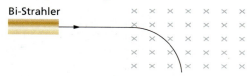

Bi-Strahler

a) Um welche Art von Strahlung handelt es sich? Welcher Kern entsteht durch den Zerfall? Geben Sie die Zerfallsgleichnug an!

b) $^{215}_{83}$ Bi ist ein Glied einer radioaktiven Zerfallsreihe und entsteht aus dem Ausgangselement dieser Zerfallsreihe durch fünf α-Zerfälle und einen β⁻-Zerfall.
Bestimmen Sie die Kernladungszahl und die Massenzahl des Ausgangselements!

c) Wie viele Prozent einer bestimmten Menge Bi-215 sind nach 64 min noch vorhanden?

11. Eine Möglichkeit der Bestimmung des Alters organischer Stoffe ist die C-14-Methode. Dabei spielt das Kohlenstoffnuklid C-14 eine wichtige Rolle.

a) C-14 entsteht in der Atmosphäre aus dem Stickstoff der Luft durch Beschuss mit Neutronen, die Teil der Höhenstrahlung sind. Geben Sie die Reaktionsgleichung an!

b) Bei einer Mumie wurde festgestellt, dass der C-14-Anteil nur noch 25 % des heutigen beträgt. Auf welches Alter der Mumie kann man daraus schließen? Die Halbwertszeit des Kohlenstoffnuklids beträgt 5 730 Jahre.

*12. Bei Altersbestimmungen in der Geologie spielt die Kalium-Argon-Methode eine große Rolle. Das Nuklid K-40 zerfällt mit einer Halbwertszeit $T_{1/2} = 1,3 \cdot 10^9$ Jahren. 11% der Zerfälle führen zu stabilen Ar-40, der Rest zu stabilem Calcium. Aus geschmolzenem Gestein entweicht das Edelgas Argon durch Diffusion, sodass eine heute untersuchte Probe nur das seit der Erstarrung entstandene Ar-40 enthält. Über das Mutter-Tochter-Isotopenverhältnis lässt sich die verstrichene Zeit t seit der Erstarrung bestimmen.

a) Leiten Sie für diese Zeit t die Gleichung

$$t = \frac{T_{1/2}}{\ln 2} \cdot \ln \left(1 + \frac{N_{Ar}}{0,11 \cdot N_K} \right) \text{ her.}$$

Dabei sind N_{Ar} die Anzahl der nach der Erstarrung gebildeten Ar-40-Atome und N_K die Anzahl der noch vorhandenen Kalium-40-Atome in der Probe.

b) Aus dem Nördlinger Ries wird eine Gesteinsprobe entnommen. Die Masse des Ar-40 wird zu $m_{Ar} = 2,8 \cdot 10^{-5}$ g bestimmt. Die Messung der Aktivität des K-40 ergibt 7,7 kBq.
Berechnen Sie N_{Ar} und N_K in der Probe! Vor wie vielen Jahren erstarrte das Gestein?

13. Die Strahlenbelastung durch einen vom Menschen mit der Nahrung oder durch Medikamente aufgenommenen radioaktiven Stoff hängt davon ab, wie schnell dessen Aktivität abklingt und wie schnell der Stoff aus dem Körper wieder ausgeschieden wird. Damit ergeben die physikalische Halbwertszeit T_P und die biologische Halbwertszeit T_B für die mit dem Stoffwechsel verbundene Ausscheidung eine effektive Halbwertszeit T_{eff} für das Abklingen der Aktivität im menschlichen Körper.

a) Wie groß wäre die effektive Halbwertszeit für einen radioaktiven Stoff, dessen physikalische und biologische Halbwertszeit gleich sind und jeweils 4 Tage betragen?

*b) Weisen Sie nach, dass man das auf S. 156 genannte Zerfallsgesetz auch in der Form $N = N_0 \cdot 2^{-\frac{t}{T_{1/2}}}$ schreiben kann!

*c) Ein im medizinischen Bereich genutztes Nuklid ist Iod-123 mit einer Halbwertszeit von 12,3 h. Wie viele Atome sind in einem Gramm Iod-123 enthalten? Stellen Sie die Zerfallskurve grafisch dar!

d) Berechnen Sie, wie groß für dieses Iod-Nuklid die Zerfallskonstante λ ist!

e) Wie viele Zerfälle finden in einer Sekunde in einem Gramm Iod-123 statt?

f) Nach welcher Zeit sind bei diesem Nuklid 10 % der ursprünglich vorhandenen Kerne noch nicht zerfallen? Wie groß ist dann die Aktivität des Stoffs?

14. Für den radioaktiven Zerfall von Stoffen gilt das Zerfallsgesetz $N = N_0 \cdot e^{-\lambda \cdot t}$. Eine für jeden Stoff charakteristische Größe ist dabei die Halbwertszeit $T_{1/2}$.

a) Geben Sie an, was man unter der Halbwertszeit $T_{1/2}$ versteht! Beschreiben Sie eine Möglichkeit, wie man die Halbwertszeit eines Nuklids bestimmen kann!

*b) Wie groß wäre die effektive Halbwertszeit von Strontium-90 mit einer physikalischen Halbwertszeit von 28 Jahren und einer biologischen Halbwertszeit von 49 Jahren?

15. Erstellen Sie eine Präsentation über die natürliche Strahlenbelastung der Menschen in Deutschland! Vergleichen Sie diese mit der zusätzlichen künstlichen Strahlenbelastung aus Kraftwerken, Medizin usw.

16. Ein bedeutender Anteil der natürlichen terrestrischen Radioaktivität rührt von α-Zerfällen des Edelgases Radon her.

a) Vergleichen Sie die Begriffe Energiedosis und Äquivalentdosis und grenzen Sie die beiden Größen gegeneinander ab!

b) Vergleichen Sie die biologische Wirksamkeit von α-, β- und γ-Strahlung!

c) Radon dringt aus dem Untergrund durch Risse und Spalten im Fundament in Gebäude ein. Ein Durchschnittswert für die Belastung mit Rn-222 ist 60 Bq/m³.
Erläutern Sie, was diese Angabe bedeutet, und berechnen Sie mithilfe der Halbwerts-

zeit, wie viele Rn-222-Kerne in einem Kubikmeter Raumluft durchschnittlich enthalten sind!

d) Die Lunge eines Erwachsenen hat ein Fassungsvermögen von etwa 6 Liter Luft.
Berechnen Sie die Gesamtzahl von Rn-222-Zerfällen in 6 l Luft im Lauf eines Jahrs unter der Voraussetzung, dass die angegebene Belastung von 60 Bq/m³ infolge kontinuierlicher Nachlieferung zeitlich konstant ist!

e) Welche Gesamtenergie in Joule hinterlassen die α-Teilchen aus dem Rn-222-Zerfall im Laufe eines Jahrs in der Lunge, wenn die kinetische Energie eines solchen Teilchens 5,55 MeV beträgt?

*17. Die erste künstliche Kernumwandlung wurde 1919 von E. RUTHERFORD in einer mit Stickstoff gefüllten Nebelkammer beobachtet. Dem Engländer J. CHADWICK gelang 1932 durch Beschuss von Beryllium mit α-Teilchen der experimentelle Nachweis von Neutronen.

a) Geben Sie für beide Kernumwandlungen die Reaktionsgleichungen an!

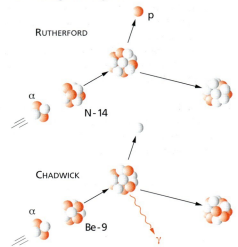

b) Berechnen Sie für beide Reaktionen den Q-Faktor!

18. Auf S. 141 ist die Impulsbilanz beim α-Zerfall von Radium-226 beschrieben.

a) Skizzieren Sie eine Möglichkeit für das entsprechende Impulsdiagramm!

b) Wie wirkt sich der Rückstoß auf die Energiebilanz nach der Kernreaktion aus? Begründen Sie Ihre Aussagen!

19. Beim Beschuss stabiler Atomkerne mit Teilchen großer kinetischer Energie können Kernreaktionen stattfinden. So tritt z. B. beim Beschuss von Lithium mit beschleunigten Protonen folgende Reaktion auf:

$$^{7}_{3}\text{Li} + ^{1}_{1}\text{p} + E_1 \longrightarrow 2 \cdot ^{4}_{2}\text{He} + E_2$$

   a) Interpretieren Sie diese Reaktionsgleichung! Gehen Sie insbesondere darauf ein, warum eine Energie E_1 erforderlich ist!
   b) Die kinetische Energie des auftreffenden Protons betrug 0,75 MeV. Zeigen Sie, dass die bei der Kernreaktion frei werdende Energie größer ist als diese kinetische Energie!
   c) Wie groß ist die Geschwindigkeit der beiden entstehenden α-Teilchen unmittelbar nach der Kernreaktion?

20. Die Bindungsenergien betragen für die Kerne von U-238 1 801,6 MeV, für Th-234 1 777,6 MeV und für He-4 28,3 MeV.
   a) Wie groß ist die Reaktionsenergie beim α-Zerfall von U-238?
   b) Diese Energie verteilt sich auf den emittierten He-Kern und den Kern von Thorium. Bestimmen Sie mithilfe des Energie- und Impulserhaltungssatzes den Anteil der Energie, der auf das α-Teilchen entfällt!

21. Uran kann in vielfältiger Weise zerfallen. Eine mögliche Reaktionsgleichung lautet:

$$^{235}_{92}\text{U} + ^{1}_{0}\text{n} \longrightarrow ^{140}_{58}\text{Ce} + ^{94}_{40}\text{Zr} + 2\,^{1}_{0}\text{n} + 6\,^{0}_{-1}\text{e}$$

Für die relativen Atommassen der beteiligten Nuklide gilt:

Nuklid	relative Atommasse
Uran-235	235,043 92
n	1,008 67
Cerium-140	139,905 39
Zirconium-94	93,906 31

Wie groß ist die bei dieser Kernspaltung frei werdende Energie? Die entstehende Betastrahlung kann vernachlässigt werden!

22. Betrachten Sie die folgende Fusionsreaktion:

$$^{2}_{1}\text{D} + ^{3}_{1}\text{T} \longrightarrow ^{4}_{2}\text{He} + ^{1}_{0}\text{n} + \Delta E$$

   a) Berechnen Sie die bei dieser Reaktion frei werdende Energie!
   b) Berechnen Sie die bei der Fusion von 1,00 kg Helium frei werdende Energie in kWh!

23. Fertigen Sie eine Präsentation über die verschiedenen Bauweisen von Druckwasserreaktor und Siedewasserreaktor an! Gehen Sie auf Vor- und Nachteile ein!

24. Welche Vorteile sehen Sie bei einem Fusionsreaktor gegenüber einen Kernspaltungsreaktor?

25. Das Americium-Nuklid $^{241}_{95}\text{Am}$ ist ein α-Strahler.
   a) Geben Sie die entsprechende Zerfallsgleichung an!
   Die Masse eines Americium-Kerns beträgt 241,004 59 u, der nach dem Zerfall entstehende Tochterkern hat die Masse 236,997 04 u. Die Kernmasse von $^{4}_{2}\text{He}$ beträgt 4,001 606 5 u.
   b) Berechnen Sie den Betrag der Energie, die bei dem Zerfall freigesetzt wird, in MeV!
   c) Wie verteilt sich die Energie auf Zerfallsprodukte, wenn man davon ausgeht, dass der Americium-Kern vor dem Zerfall in Ruhe war? Welche Geschwindigkeit ergibt sich daraus für die α-Teilchen?
   d) Nun soll die Geschwindigkeit der α-Teilchen mithilfe eines Geschwindigkeitsfilters gemessen werden.
   Beschreiben Sie anhand einer Skizze die Wirkungsweise eines Geschwindigkeitsfilters.
   e) Berechnen Sie den Betrag der Geschwindigkeit $\vec{v}_0$ der Teilchen, die das Filter unabgelenkt passieren, wenn $B_0 = 0,220$ T und $E_0 = 3,57 \cdot 10^6$ V/m sind! Vergleichen Sie das Ergebnis mit der Überlegung aus Aufgabe c).

26. Sammeln und bewerten Sie Argumente für bzw. gegen die Endlagerung radioaktiver Abfälle! Was spräche für eine Wiederaufarbeitungsanlage, was dagegen?

27. Die Auffassungen darüber, ob Kernenergie sicher ist, gehen weit auseinander. Diskutieren und bewerten Sie Vor- und Nachteile der Nutzung von Kernenergie in Kraftwerken!

28. Informieren Sie sich über den aktuellen Stand der Fusionsforschung! Bereiten Sie dazu ein Referat vor!

6 Abiturvorbereitung – Grundwissen, Hinweise und Aufgaben

Grundwissen aus den Jahrgangsstufen 7–11

Im Physikunterricht der Jahrgangsstufen 7–11 haben Sie eine Reihe grundlegender Begriffe, Gesetze und Modelle kennengelernt. Nachfolgend ist dieses Grundwissen aus dem gesamten bisherigen Physikunterricht in kurzer und übersichtlicher Form zusammengestellt. Die mit ✪ gekennzeichneten Inhalte gehören nicht zum Grundwissen, sind aber sinnvolle Ergänzungen. Für die Abiturprüfung ist nur die „Naturwissenschaftliche Formelsammlung" zugelassen.

Gleichförmige und gleichmäßig beschleunigte Bewegungen

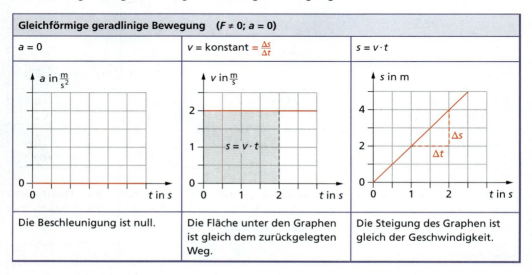

Gleichförmige geradlinige Bewegung ($F \neq 0$; $a = 0$)		
$a = 0$	$v = \text{konstant} = \dfrac{\Delta s}{\Delta t}$	$s = v \cdot t$
Die Beschleunigung ist null.	Die Fläche unter den Graphen ist gleich dem zurückgelegten Weg.	Die Steigung des Graphen ist gleich der Geschwindigkeit.

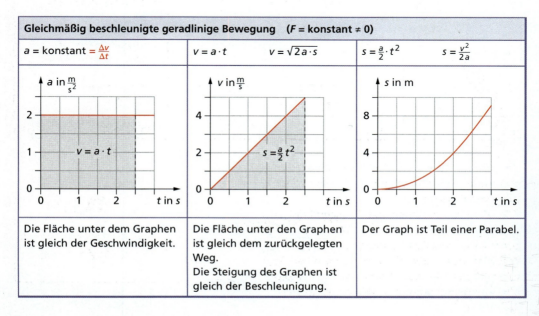

Gleichmäßig beschleunigte geradlinige Bewegung ($F = \text{konstant} \neq 0$)		
$a = \text{konstant} = \dfrac{\Delta v}{\Delta t}$	$v = a \cdot t \qquad v = \sqrt{2a \cdot s}$	$s = \dfrac{a}{2} \cdot t^2 \qquad s = \dfrac{v^2}{2a}$
Die Fläche unter dem Graphen ist gleich der Geschwindigkeit.	Die Fläche unter den Graphen ist gleich dem zurückgelegten Weg. Die Steigung des Graphen ist gleich der Beschleunigung.	Der Graph ist Teil einer Parabel.

Die newtonschen Gesetze

Mithilfe der von ISAAC NEWTON (1643–1727) formulierten grundlegenden Gesetze der Mechanik lassen sich die Bewegungen von Körpern, die man als Massepunkte betrachten kann, erklären und voraussagen.
Ob und wie sich ein Körper bewegt, hängt immer von der Summe der auf ihn wirkenden Kräfte ab.

1. newtonsches Gesetz (Trägheitsgesetz)	Ein Körper bleibt in Ruhe oder in gleichförmiger geradliniger Bewegung, solange die Summe der auf ihn wirkenden Kräfte null ist: $\vec{v}$ = konstant bei $F = 0$	
2. newtonsches Gesetz (newtonsches Grundgesetz)	$F = m \cdot a$ a = konstant bei F = konstant $\neq 0$	
3. newtonsches Gesetz (Wechselwirkungsgesetz)	Wirken zwei Körper aufeinander ein, so wirkt auf jeden Körper eine Kraft. Die Kräfte sind gleich groß und entgegengesetzt gerichtet: $\vec{F}_1 = -\vec{F}_2$	

Jeweils zwei Kräfte lassen sich zu einer **resultierenden Kraft** zusammenfassen. Damit kann man die auf einen Körper wirkende **Gesamtkraft** ermitteln. Dabei ist zu beachten, dass Kräfte vektorielle Größen sind.

Zusammensetzung von Kräften			
gleiche Richtung	entgegengesetzte Richtung	rechtwinklig zueinander	bei beliebigem Winkel
$F = F_1 + F_2$	$F = F_1 - F_2$	$F = \sqrt{F_1^2 + F_2^2}$	$F = \sqrt{F_1^2 + F_2^2 + 2F_1 \cdot F_2 \cdot \cos\alpha}$

Umgekehrt kann eine Kraft $\vec{F}$ in zwei Komponenten zerlegt werden, wenn deren Richtungen bekannt sind.
Wie die Kraft ist auch die Geschwindigkeit eine vektorielle Größe. Die Zusammensetzung von zwei Geschwindigkeiten zu einer Resultierenden oder die Zerlegung einer Geschwindigkeit in zwei Komponenten erfolgt bei Geschwindigkeiten so wie bei Kräften.

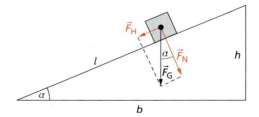

Eindimensionale und zweidimensionale Bewegungen

Bei **eindimensionalen Bewegungen** (Auto auf gerader Strecke, Fallbewegung eines Körpers, Schwingung eines Federpendels) lässt sich die Lage eines Körpers eindeutig durch eine Koordinate (Ort, Weg) kennzeichnen.
Die Art der Bewegung hängt von der wirkenden Kraft ab.

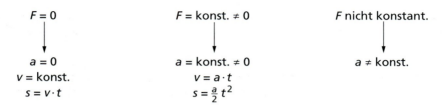

$$F = 0$$

$$a = 0$$
$$v = \text{konst.}$$
$$s = v \cdot t$$

$$F = \text{konst.} \neq 0$$

$$a = \text{konst.} \neq 0$$
$$v = a \cdot t$$
$$s = \frac{a}{2} t^2$$

$$F \text{ nicht konstant.}$$

$$a \neq \text{konst.}$$

Für den freien Fall in der Nähe der Erdoberfläche ist $F = F_G = m \cdot g$ mit $g = 9{,}81 \, \frac{m}{s^2}$. Damit erhält man:

$$v = g \cdot t \qquad v = \sqrt{2g \cdot s} \qquad s = \frac{g}{2} \cdot t^2 \qquad s = \frac{v^2}{2g}$$

Zweidimensionale Bewegungen (waagerechter Wurf, Kreisbewegung) lassen sich in *x-y*-Koordinatensystemen beschreiben.

Ein **waagerechter Wurf** ✱ setzt sich aus einer gleichförmigen Bewegung in horizontaler Richtung und dem freien Fall in vertikaler Richtung zusammen.

Eine **gleichförmige Kreisbewegung** ist die Bewegung eines Körpers (Massepunkts) auf einer Kreisbahn mit konstanter Bahngeschwindigkeit $\vec{v}$ bzw. Winkelgeschwindigkeit ω.

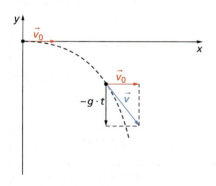

Die Bahnkurve ist Teil einer Parabel.
$$x(t) = v_0 \cdot t \qquad v_x = v_0$$
$$y(t) = -\frac{g}{2} t^2 \qquad v_y = -g \cdot t$$

Die Bahnkurve ist ein Kreis.
$$v = \frac{2\pi \cdot r}{T} = \omega \cdot r$$
$$\omega = \frac{\Delta \varphi}{\Delta t} = \frac{2\pi}{T}$$

Als beschleunigende Kraft wirkt die konstante Gewichtskraft

$$F_G = m \cdot g$$

senkrecht nach unten.

Als beschleunigende Kraft wirkt die konstante Zentripetalkraft

$$F_Z = \frac{m \cdot v^2}{r} = m \cdot \omega^2 \cdot r$$

in Richtung Kreismittelpunkt M.

Arten von Kräften

Kräfte können unterschiedliche Ursachen und Wirkungen haben. Nachfolgend sind ausgewählte Arten von Kräften dargestellt.

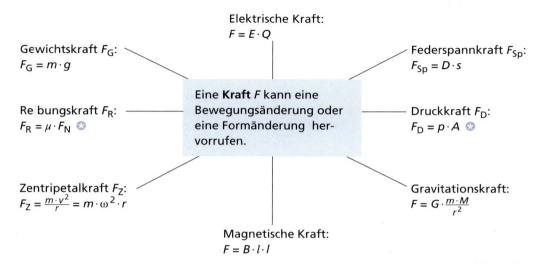

Elektrische Kraft:
$F = E \cdot Q$

Gewichtskraft F_G:
$F_G = m \cdot g$

Federspannkraft F_{Sp}:
$F_{Sp} = D \cdot s$

Reibungskraft F_R:
$F_R = \mu \cdot F_N$ ✪

Eine **Kraft** F kann eine Bewegungsänderung oder eine Formänderung hervorrufen.

Druckkraft F_D:
$F_D = p \cdot A$ ✪

Zentripetalkraft F_Z:
$F_Z = \frac{m \cdot v^2}{r} = m \cdot \omega^2 \cdot r$

Gravitationskraft:
$F = G \cdot \frac{m \cdot M}{r^2}$

Magnetische Kraft:
$F = B \cdot l \cdot I$

Mechanische Arbeit, Leistung und Wirkungsgrad

Mechanische Arbeit W wird verrichtet, wenn ein Körper durch eine Kraft bewegt oder verformt wird.

Unter der Bedingung, dass die Kraft F konstant ist und in Richtung des Wegs wirkt, gilt.

$W = F \cdot s$

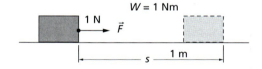

$W = 1$ Nm

1 N

$\vec{F}$

1 m

s

Hubarbeit W_{Hub}	Beschleunigungsarbeit W_B	Federspannarbeit W_{Sp}
wird beim gleichförmigen Heben eines Körpers verrichtet.	wird beim Beschleunigen eines Körpers verrichtet.	wird beim Spannen einer elastischen Feder verrichtet.
$W_{Hub} = F_G \cdot h = m \cdot g \cdot h$	$W_B = F \cdot s = m \cdot a \cdot s = \frac{1}{2}m \cdot v^2$	$W_{Sp} = \frac{1}{2}F_E \cdot s = \frac{1}{2}D \cdot s^2$
Dabei sind m die Masse, g die Fallbeschleunigung und h die Hubhöhe.	Dabei sind m die Masse und v die Geschwindigkeit.	Dabei sind F_E die maximale Kraft (Endkraft), s die Dehnung der Feder und D die Federkonstante.

Die **mechanische Leistung** P gibt an, wie schnell mechanische Arbeit verrichtet wird.

$P = \frac{W}{t}$ $P = \frac{F \cdot s}{t}$

Der **Wirkungsgrad** ist ein Maß für die Güte der Energieumwandlung.

$\eta = \frac{E_{nutz}}{E_{zu}}$

Energie und Impuls von Körpern

Die **Energie** E ist eine fundamentale physikalische Größe. Sie spielt auch in unserem alltäglichen Leben eine wichtige Rolle.

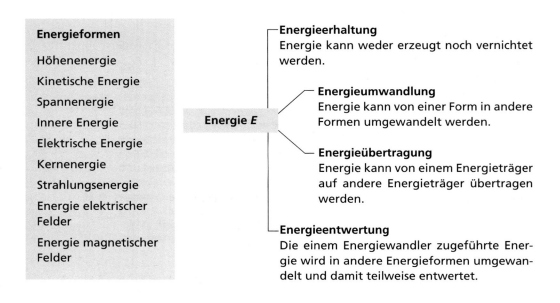

Energieformen

Höhenenergie

Kinetische Energie

Spannenergie

Innere Energie

Elektrische Energie

Kernenergie

Strahlungsenergie

Energie elektrischer Felder

Energie magnetischer Felder

Energie E

Energieerhaltung
Energie kann weder erzeugt noch vernichtet werden.

Energieumwandlung
Energie kann von einer Form in andere Formen umgewandelt werden.

Energieübertragung
Energie kann von einem Energieträger auf andere Energieträger übertragen werden.

Energieentwertung
Die einem Energiewandler zugeführte Energie wird in andere Energieformen umgewandelt und damit teilweise entwertet.

Höhenenergie E_H	Kinetische Energie E_{kin}	Spannenergie E_{Sp}
besitzen gehobene Körper bez. eines Nullniveaus.	besitzen bewegte Körper.	besitzen verformte elastische Federn.
$E_H = F_G \cdot h = m \cdot g \cdot h$	$E_{kin} = \frac{1}{2} m \cdot v^2$	$E_{Sp} = \frac{1}{2} F_E \cdot s = \frac{1}{2} D \cdot s^2$

Die mechanische Energie eines Körpers kann durch Verrichten von Arbeit verändert werden. Für den Zusammenhang zwischen Arbeit W und Energie E gilt:

$$\Delta E = W$$

Das Produkt aus der Masse m eines Körpers und seiner Geschwindigkeit $\vec{v}$ nennt man **Impuls $\vec{p}$**:

$$\vec{p} = m \cdot \vec{v}$$

Energie und Impuls sind **Erhaltungsgrößen.** Für sie gilt jeweils ein Erhaltungssatz.

Energieerhaltungssatz	Impulserhaltungssatz
In einem abgeschlossenen System bleibt die Gesamtenergie E erhalten.	In einem abgeschlossenen System bleibt der Gesamtimpuls $\vec{p}$ erhalten.
Es gilt: $E = E_1 + E_2 + \dots = $ konstant	Es gilt: $\vec{p} = \vec{p}_1 + \vec{p}_2 + \dots = $ konstant
$E_1, E_2, \dots$ Energieformen	$\vec{p}_1, \vec{p}_2, \dots$ Impulse der einzelnen Körper

Schwingungen und Wellen

Eine harmonische Schwingung liegt vor, wenn die rücktreibende Kraft F proportional zur Auslenkung y ist. Für eine solche harmonische Schwingung gilt:

$$y = A \cdot \sin\left(\frac{2\pi}{T} \cdot t\right) = A \cdot \sin(\omega \cdot t)$$

Federpendel: $\quad\quad T = 2\pi\sqrt{\frac{m}{D}}$

Fadenpendel bei kleiner Auslenkung: $\quad T = 2\pi\sqrt{\frac{l}{g}}$

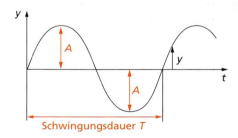

Eine **Welle** ist die Ausbreitung einer Auslenkung in einem Medium. Dabei erfolgt eine räumliche und zeitliche Änderung von physikalischen Größen (z.B. Auslenkung, Druck, Geschwindigkeit, Beschleunigung, Stärke des elektrischen Felds).

Für t = konstant gilt:

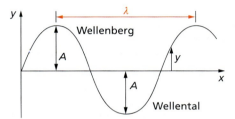

Für x = konstant gilt:

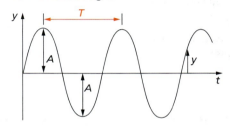

Für die Ausbreitungsgeschwindigkeit v von Wellen gilt:

$$v = \lambda \cdot f$$

λ Wellenlänge
f Frequenz

Zu unterscheiden ist zwischen **Longitudinalwellen** (Ausbreitungsrichtung und Schwingungsrichtung stimmen überein.) und **Transversalwellen** (Ausbreitungsrichtung senkrecht zur Schwingungsrichtung).

Wellen können reflektiert, gebrochen und gebeugt werden sowie sich überlagern.

Reflexion	**Brechung**	**Beugung**	**Interferenz**

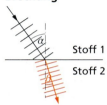

Wellen werden zurückgeworfen.

Wellen ändern ihre Ausbreitungsrichtung.

Wellen breiten sich hinter einem Spalt in den Raum aus.

Es treten Verstärkung und Auslöschung auf.

Grenzen der klassischen Physik – die spezielle Relativitätstheorie (SRT)

Die klassische Physik geht von einem absoluten Raum und einer davon unabhängigen absoluten Zeit aus. Die auf diesen Vorstellungen basierende **newtonsche Mechanik** galt bis zum Beginn des 20. Jahrhunderts als Kernstück der klassischen Physik.
Zu Beginn des 20. Jahrhunderts entwickelte A. EINSTEIN neue Vorstellungen über Raum und Zeit. Die betreffende Theorie wird als **spezielle Relativitätstheorie** bezeichnet.

In der speziellen Relativitätstheorie formulierte A. EINSTEIN 1905 zwei Postulate.
– **Relativitätsprinzip:**
  Alle Inertialsysteme sind bezüglich physikalischer Gesetze gleichberechtigt.
– **Prinzip von der Konstanz der Lichtgeschwindigkeit:**
  Die Lichtgeschwindigkeit im Vakuum ist in allen Inertialsystemen stets gleich groß. Sie ist unabhängig vom Bewegungszustand der Lichtquelle und des Beobachters bei der Messung. Ihr Wert beträgt $c = 299\,792{,}458\ \frac{km}{s}$.
Aus diesen Postulaten ergeben sich wichtige Folgerungen und neue Vorstellungen über Raum und Zeit. Insbesondere sind Raum und Zeit nicht unabhängig voneinander und auch nicht absolut.

Relativität der Gleichzeitigkeit
Zwei Ereignisse, die in einem Inertialsystem S gleichzeitig stattfinden, erfolgen in einem dazu bewegten Inertialsystem S' nicht gleichzeitig.

Relativität der Zeitmessung
In seinem Ruhesystem dauert ein physikalischer Vorgang am kürzesten (Eigenzeit). Von einem dazu bewegten System aus wird die Zeitdauer größer gemessen. Für die **Zeitdilatation** gilt:

$$t = t' \cdot \frac{1}{\sqrt{1 - \frac{v^2}{c^2}}} = t' \cdot \gamma$$

γ Lorentzfaktor

Relativität der Längenmessung
In seinem Ruhesystem hat ein Körper seine größte Länge (Eigenlänge). In einem dazu bewegten System ist die Länge geringer. Für die **Längenkontraktion** gilt:

$$l = l' \cdot \sqrt{1 - \frac{v^2}{c^2}} = \frac{l'}{\gamma}$$

Die **Masse von Körpern** bzw. **Teilchen** nimmt mit der Geschwindigkeit zu. Es gilt:

$$m = \frac{m_0}{\sqrt{1 - \frac{v^2}{c^2}}} = \gamma \cdot m_0$$

Die **Gesamtenergie E** eines Körpers und seine **dynamische Masse m** sind zueinander proportional.

Die **Ruheenergie** beträgt $E_0 = m_0 \cdot c^2$, die relativistische kinetische Energie $E_{kin} = (m - m_0) \cdot c^2$.

$$E = m \cdot c^2$$
$$E = \frac{m_0 \cdot c^2}{\sqrt{1 - \frac{v^2}{c^2}}} = \gamma \cdot m_0 \cdot c^2$$
$$E = m_0 \cdot c^2 + E_{kin}$$

Geschwindigkeiten addieren sich stets so, dass ihre Summe kleiner oder höchstens gleich der Vakuumlichtgeschwindigkeit ist. Diese ist eine Grenzgeschwindigkeit.
Bei Geschwindigkeiten von $v < 0{,}1\ c$ kann in guter Näherung mit den Gesetzen der klassischen Physik gearbeitet werden.

Wärmelehre

Körper können sich in verschiedenen Aggregatzuständen befinden. Zufuhr oder Abgabe von Energie kann zu einer Aggregatzustandsänderung führen. Für Wasser gelten die folgenden Werte:

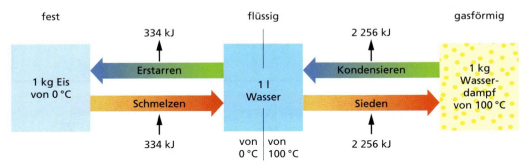

Viele Erscheinungen in der Wärmelehre lassen sich mit einem einfachen **Teilchenmodell** erklären bzw. voraussagen:
– Alle Stoffe bestehen aus Teilchen.
– Die Teilchen befinden sich in ständiger Bewegung.
– Zwischen den Teilchen wirken Kräfte.

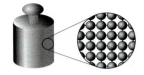

Temperaturen werden in Grad Celsius (°C) oder in Kelvin (K) angegeben. Dabei gilt:
$$T \text{ (in K)} = 273{,}15 + \vartheta \text{ (in °C)}$$

Für die **Längenänderung** Δl fester Körper bei Temperaturänderung gilt:
$$\Delta l = \alpha \cdot l \cdot \Delta T$$

Für die **Volumenänderung** ΔV von Flüssigkeiten bei Temperaturänderung gilt:
$$\Delta V = \varrho \cdot V \cdot \Delta T$$

Wird einem Körper Wärme zugeführt oder von ihm abgegeben (ohne Aggregatzustandsänderung), dann gilt die Grundgleichung der Wärmelehre:
$$Q = c \cdot m \cdot \Delta T$$

Wärme Q kann von einem Körper auf einen anderen durch **Wärmeleitung, Wärmeströmung** oder **Wärmestrahlung** übertragen werden.

Wird einem Körper Wärme zugeführt oder von ihm an seine Umgebung abgegeben, so ändert sich seine innere Energie E_i. Es kann dabei auch Arbeit verrichtet werden.

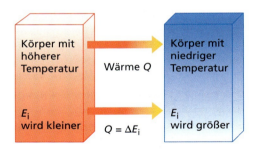

Für ein abgeschlossenes System gilt der 1. Hauptsatz der Wärmelehre:

$$\Delta E_i = W + Q$$

Ladung, Spannung, Stromstärke und Widerstand

Die Ladung Q	Die Stromstärke I	Die Spannung U
gibt an, wie groß der Elektronenmangel oder der Elektronenüberschuss ist.	gibt an, wie viel Ladung Q in der Zeiteinheit durch einen Leiterquerschnitt transportiert wird.	gibt an, wie stark der Antrieb des elektrischen Stroms ist.
Einheit: ein Coulomb (1 C) Messgerät: Elektrometer	Einheit: ein Ampere (1 A) Messgerät: Amperemeter	Einheit: ein Volt (1 V) Messgerät: Voltmeter
$Q = N \cdot e \qquad Q = I \cdot t$	$I = \frac{\Delta Q}{\Delta t}$	$U = \frac{\Delta E}{Q}$

In einem elektrischen Stromkreis bewegen sich Ladungsträger gerichtet. Das lässt sich im Modell darstellen (↗ Skizze rechts).
Die Ladung, die ein Elektron transportiert, beträgt:

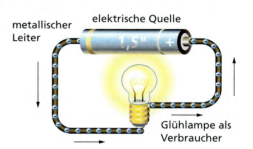

$$e = 1{,}6 \cdot 10^{-19} \text{ C}$$

Man nennt sie **Elementarladung**.

Die Bewegung der Ladungsträger in einem Leiter wird behindert. Wie stark der Strom behindert wird, erfasst man durch die Größe **elektrischer Widerstand** R.

Für alle metallischen Leiter gilt unter der Bedingung, dass die Temperatur konstant ist, das **ohmsche Gesetz:**

$$I \sim U \quad \text{oder} \quad \frac{U}{I} = \text{konstant}$$

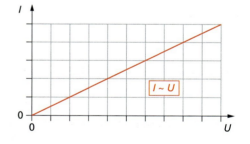

Für ein beliebiges Bauteil wird der Quotient aus der anliegenden Spannung U und der Stromstärke I durch das Bauteil als Widerstand definiert:

$$R = \frac{U}{I} \qquad \text{Einheit: ein Ohm (1 } \Omega \text{)}$$

Bauteile können in Stromkreisen hintereinander oder parallel zueinander geschaltet werden. Dafür gelten die nachfolgend genannten Gesetze.

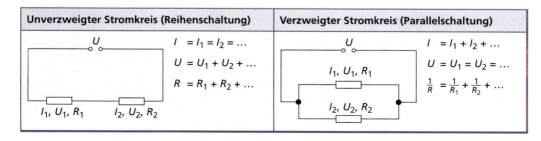

Unverzweigter Stromkreis (Reihenschaltung)	Verzweigter Stromkreis (Parallelschaltung)
$I = I_1 = I_2 = \ldots$ $U = U_1 + U_2 + \ldots$ $R = R_1 + R_2 + \ldots$	$I = I_1 + I_2 + \ldots$ $U = U_1 = U_2 = \ldots$ $\frac{1}{R} = \frac{1}{R_1} + \frac{1}{R_2} + \ldots$

Elektrische Energie und Leistung

Mit elektrischem Strom wird elektrische Energie transportiert. In Verbrauchern wird diese Energie in andere Energieformen umgewandelt.

Für die in einem Verbraucher umgesetzte **elektrische Energie** gilt:

$$E = U \cdot I \cdot t$$

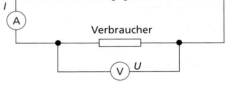

Die Messung erfolgt im Haushalt mit einem Elektrizitätszähler in Kilowattstunden (kWh).

Die **Leistung** P gibt an wie schnell die elektrische Energie umgesetzt wird:

$$P = \frac{E}{t} = U \cdot I$$

Ladungen und Magnete

Körper bzw. Teilchen können elektrisch neutral, positiv geladen oder negativ geladen sein.

Dauermagnete und **Elektromagnete** besitzen mindestens zwei Pole.

Gleichnamig geladene Körper stoßen sich ab, ungleichnamig geladene Körper ziehen sich an.

Gleichnamige Magnetpole stoßen sich ab, ungleichnamige Magnetpole ziehen sich an.

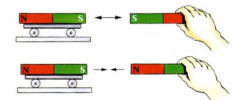

Elektrische und magnetische Felder

Der besondere Zustand eines Raums um elektrisch geladene Körper, um Dauermagnete oder um stromdurchflossene Leiter wird in der Physik als **Feld** bezeichnet.

Um elektrisch geladene Körper befindet sich ein elektrisches Feld, um Dauermagnete oder stromdurchflossene Leiter ein magnetisches Feld. Elektrische und magnetische Felder kann der Mensch mit seinen Sinnesorganen nicht wahrnehmen. Wir können sie nur an ihren Wirkungen erkennen.

Elektrische Felder	Magnetische Felder
Ein **elektrisches Feld** existiert im Raum um elektrisch geladene Körper.	Ein **magnetisches Feld** existiert im Raum um Dauermagnete und stromdurchflossene Leiter.
Im elektrischen Feld wirken Kräfte auf elektrisch geladene Körper.	Im magnetischen Feld wirken Kräfte auf ferromagnetische Stoffe, andere Magnete sowie auf stromdurchflossene Leiter.

Statisches elektrisches Feld

Ein elektrisches Feld, das sich zeitlich nicht ändert, wird als statisches elektrisches Feld bezeichnet.

Die Struktur eines elektrischen Felds lässt sich mit **Feldlinien** oder mit **Äquipotenziallinien** beschreiben. Ein Feldlinienbild oder ein Bild aus Äquipotenziallinien ist ein **Modell** des real existierenden elektrischen Felds.

Nach der Struktur der Felder wird zwischen homogenen und inhomogenen Feldern unterschieden.

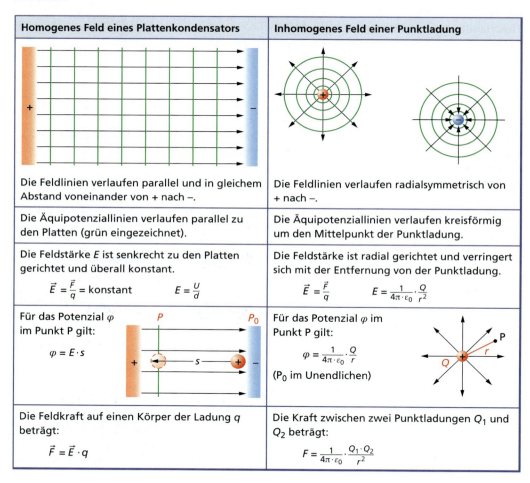

Homogenes Feld eines Plattenkondensators	Inhomogenes Feld einer Punktladung
Die Feldlinien verlaufen parallel und in gleichem Abstand voneinander von + nach –.	Die Feldlinien verlaufen radialsymmetrisch von + nach –.
Die Äquipotenziallinien verlaufen parallel zu den Platten (grün eingezeichnet).	Die Äquipotenziallinien verlaufen kreisförmig um den Mittelpunkt der Punktladung.
Die Feldstärke E ist senkrecht zu den Platten gerichtet und überall konstant. $$\vec{E} = \frac{\vec{F}}{q} = \text{konstant} \qquad E = \frac{U}{d}$$	Die Feldstärke ist radial gerichtet und verringert sich mit der Entfernung von der Punktladung. $$\vec{E} = \frac{\vec{F}}{q} \qquad E = \frac{1}{4\pi \cdot \varepsilon_0} \cdot \frac{Q}{r^2}$$
Für das Potenzial φ im Punkt P gilt: $$\varphi = E \cdot s$$	Für das Potenzial φ im Punkt P gilt: $$\varphi = \frac{1}{4\pi \cdot \varepsilon_0} \cdot \frac{Q}{r}$$ (P_0 im Unendlichen)
Die Feldkraft auf einen Körper der Ladung q beträgt: $$\vec{F} = \vec{E} \cdot q$$	Die Kraft zwischen zwei Punktladungen Q_1 und Q_2 beträgt: $$F = \frac{1}{4\pi \cdot \varepsilon_0} \cdot \frac{Q_1 \cdot Q_2}{r^2}$$

Kondensatoren dienen als Speicher für Ladung und Energie.

Kapazität C	Energie E
gibt an, wie viel Ladung bei bestimmter Spannung gespeichert werden kann. $$C = \frac{Q}{U} \qquad C = \varepsilon_0 \cdot \varepsilon_r \cdot \frac{A}{d}$$	gibt an, wie viel Energie im elektrischen Feld des Kondensators gespeichert werden kann. $$E = \frac{1}{2} Q \cdot U \qquad E = \frac{1}{2} C \cdot U^2$$

Statisches magnetisches Feld

Ein magnetisches Feld, das sich zeitlich nicht ändert, wird als statisches magnetisches Feld bezeichnet. Die Struktur eines magnetischen Felds lässt sich mit dem **Modell Feldlinienbild** beschreiben.

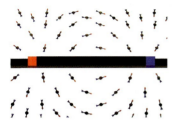

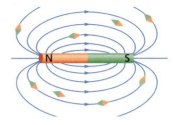

Für die Feldlinien eines Magnetfelds gilt:
- Als Richtung der Feldlinien ist im Außenraum eines Magneten die Richtung vom Nordpol zum Südpol festgelegt (bei Spulen im Innern von S nach N).
- Bringt man kleine, drehbare Magnetnadeln in ein Magnetfeld, so richten sich diese längs der Feldlinien aus. Der Nordpol der drehbaren Magnetnadeln zeigt in Richtung der Feldlinien.
- Je größer die Anzahl der Feldlinien in einem bestimmten Gebiet des Felds ist, desto stärker ist dort das Feld.
- Die Feldlinien beim Magnetfeld sind – im Unterschied zum elektrischen Feld – geschlossene Linien. Das bedeutet: Auch innerhalb eines Magneten existiert ein magnetisches Feld.

Die Stärke des magnetischen Felds wird mit der **magnetischen Flussdichte** B beschrieben.

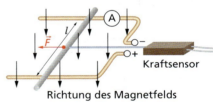
Kraftsensor
Richtung des Magnetfelds

$$B = \frac{F}{I \cdot l}$$ (B, F und I senkrecht zueinander)

Im Innern einer langen, stromdurchflossenen Spule besteht näherungsweise ein homogenes Feld. Für die magnetische Flussdichte im Innern einer solchen Spule gilt:

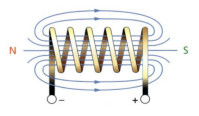

$$B = \mu_0 \cdot \mu_r \cdot \frac{N \cdot I}{l}$$

Um einen geraden, stromdurchflossenen Leiter bilden die Feldlinien konzentrische Kreise. Die magnetische Flussdichte nimmt mit der Entfernung r vom Leiter ab. Für die magnetische Flussdichte gilt:

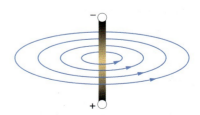

$$B \sim \frac{1}{r}$$

Bewegung geladener Teilchen in Feldern

Befinden sich frei bewegliche, elektrisch geladene Teilchen im homogenen elektrischen oder magnetischen Feld, so wird die Bewegung dieser Teilchen je nach den gegebenen Bedingungen beeinflusst.

In einem **homogenen elektrischen Feld** wirkt auf geladene Teilchen eine konstante Feldkraft $F_{el} = q \cdot E$ in Richtung der Feldlinien oder entgegengesetzt zu ihnen. Im elektrischen Längsfeld (links) erfolgt eine Beschleunigung oder Abbremsung, im Querfeld (rechts) eine Ablenkung.

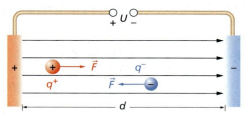

Positiv und negativ geladene Teilchen werden aus der Ruhe beschleunigt.

$$q \cdot U = \frac{1}{2} m \cdot v^2$$

$$v = \sqrt{2U \cdot \frac{q}{m}}$$

Positiv geladene Teilchen werden in Feldrichtung (nach oben), negativ geladene Teilchen entgegen der Feldrichtung (nach unten) beschleunigt und damit abgelenkt. Die Bahnkurve verläuft parabelförmig.

Bei Geschwindigkeiten von mehr als 10 % der Vakuumlichtgeschwindigkeit kann die Zunahme der Masse mit der Geschwindigkeit nicht mehr vernachlässigt werden.
Die **Energie von geladenen Teilchen** wird häufig in der Einheit Elektronenvolt (1 eV) angegeben. Es gilt: 1 eV = $1{,}602 \cdot 10^{-19}$ J
In einem **homogenen magnetischen Feld** wirkt auf bewegte geladene Teilchen eine Kraft senkrecht zur Bewegungsrichtung und senkrecht zur Richtung des Magnetfelds. Die Richtung der Ablenkung hängt auch von der Art der Ladung ab.

Der **Betrag der Lorentzkraft** kann mit folgender Gleichung berechnet werden:

$$F_L = Q \cdot v \cdot B$$

Die Richtung der Lorentzkraft ergibt sich mit der Rechte-Hand-Regel.
Unter der Voraussetzung $\vec{v} \perp \vec{B}$ wirkt die Lorentzkraft als Zentripetalkraft:

$$Q \cdot v \cdot B = m \cdot \frac{v^2}{r} \quad \text{oder} \quad \frac{Q}{m} = \frac{v}{r \cdot B}$$

Elektromagnetische Induktion

Wird ein Leiter der Länge l senkrecht zu den Feldlinien im homogenen Magnetfeld gleichförmig bewegt, so gilt für die in ihm induzierte Spannung:

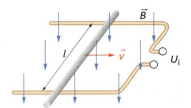

$$U_i = -B \cdot l \cdot v$$

Allgemein gilt: In einer Leiterschleife oder in einer Spule wird eine Spannung induziert, solange sich der magnetische Fluss durch die Leiterschleife oder Spule zeitlich ändert. Diese Änderung kann in unterschiedlicher Weise erfolgen.

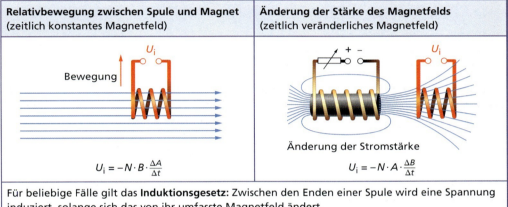

Relativbewegung zwischen Spule und Magnet (zeitlich konstantes Magnetfeld)	**Änderung der Stärke des Magnetfelds** (zeitlich veränderliches Magnetfeld)
$U_i = -N \cdot B \cdot \dfrac{\Delta A}{\Delta t}$	$U_i = -N \cdot A \cdot \dfrac{\Delta B}{\Delta t}$

Für beliebige Fälle gilt das **Induktionsgesetz:** Zwischen den Enden einer Spule wird eine Spannung induziert, solange sich das von ihr umfasste Magnetfeld ändert.

$$U_i = -N \cdot \frac{\Delta \Phi}{\Delta t} = -N \cdot \frac{\Delta (B \cdot A)}{\Delta t} \qquad U_i = -N \cdot \dot{\Phi} \qquad \Phi = B \cdot A$$

Anwendung: Generator	Anwendung: Transformator
Bei gleichförmiger Rotation einer Spule in einem homogenen Magnetfeld entsteht eine sinusförmige Wechselspannung:	Für einen unbelasteten Transformator gilt: $\dfrac{U_p}{U_s} = \dfrac{N_p}{N_s}$
$U = U_{max} \cdot \sin(\omega t)$	Für einen stark belasteten Transformator gilt: $\dfrac{I_p}{I_s} = \dfrac{N_s}{N_p}$

Für die elektromagnetische Induktion gilt der **Energieerhaltungssatz:**

Der Induktionsstrom ist immer so gerichtet, dass er der Ursache seiner Entstehung entgegenwirkt (lenzsches Gesetz).

Im Magnetfeld einer Spule ist die Energie $E = \frac{1}{2} L \cdot I^2$ gespeichert.

$$L = \mu_0 \cdot \mu_r \cdot \frac{N^2 \cdot A}{l}$$

In einer felderzeugenden Spule selbst wird eine Spannung induziert, wenn sich das von ihr umfasste Magnetfeld ändert (Selbstinduktion). Der Betrag der Selbstinduktionsspannung hängt von der Induktivität L ab.

$$U_i = -L \cdot \frac{\Delta I}{\Delta t}$$

Elektromagnetische Schwingungen und Wellen

Elektromagnetische Schwingungen entstehen in einem **Schwingkreis,** einer Reihenschaltung aus Kondensator und Spule.

Die **Schwingungsdauer** hängt nur von der Induktivität L der Spule und der Kapazität C des Kondensators ab.

Es gilt für $R = 0$ die **thomsonsche Schwingungsgleichung:**

$$T = 2\pi\sqrt{L \cdot C}$$

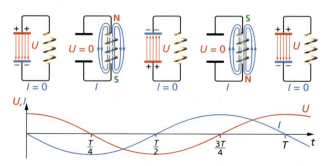

Jedes zeitlich veränderliche elektrische Feld ist untrennbar mit einem magnetischen Feld verbunden, jedes zeitlich veränderliche magnetische Feld mit einem elektrischen Feld.

Unter **elektromagnetischen Wellen** versteht man die Ausbreitung elektromagnetischer Schwingungen im Raum. Elektromagnetische Wellen werden von Dipolen (Antennen) abgestrahlt. Sie breiten sich mit Lichtgeschwindigkeit aus. Es gilt:

$$c = \lambda \cdot f \qquad \text{mit } f = \frac{1}{T}$$

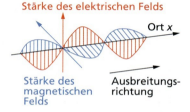

Elektromagnetische Wellen haben analoge Eigenschaften wie mechanischen Wellen:
– Die Ausbreitung in einem Stoff erfolgt in der Regel geradlinig.
– Beim Auftreffen auf Hindernisse kann **Reflexion** auftreten.
– Beim Übergang von einem Stoff in einen anderen kann **Brechung** auftreten.
– Es können unter bestimmten Bedingungen die wellentypischen Eigenschaften **Beugung, Interferenz** und **Polarisation** auftreten.
– Hin- und rücklaufende Welle können sich zu einer stehenden Welle überlagern.

Licht kann als elektromagnetische Welle betrachtet werden. Es treten bei Licht typische Welleneigenschaften (Beugung, Interferenz) auf. Für die **Interferenz** am **Doppelspalt** und am **optischen Gitter** gilt:

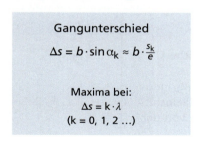

Gangunterschied

$$\Delta s = b \cdot \sin\alpha_k \approx b \cdot \frac{s_k}{e}$$

Maxima bei:
$$\Delta s = k \cdot \lambda$$
$$(k = 0, 1, 2 \ldots)$$

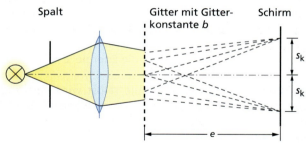

Ausbreitung, Reflexion und Brechung von Licht

Die uns umgebende Welt können wir nur deshalb sehen, weil Licht von Lichtquellen oder von beleuchteten Körpern in unsere Augen fällt.

Für die **Ausbreitung von Licht** gilt:
– Von einer Lichtquelle breitet sich Licht in der Regel geradlinig und nach allen Seiten aus.
– Der Weg des Lichts kann durch Lichtstrahlen veranschaulicht werden.
– Lichtstrahlen sind im Unterschied zu Lichtbündeln ein Modell.
– Im Vakuum und in Luft beträgt die Lichtgeschwindigkeit etwa $300\,000\,\frac{km}{s}$, in anderen Stoffen ist sie kleiner (Wasser: $225\,000\,\frac{km}{s}$).
– Trifft Licht auf Körper, so wird es teilweise absorbiert (vom Körper aufgenommen), teilweise gestreut und teilweise reflektiert.
– Hinter lichtundurchlässigen Körpern bilden sich Schatten.
– Bei durchsichtigen und durchscheinenden Körpern tritt der größte Teil des Lichts hindurch. Das restliche Licht wird absorbiert.

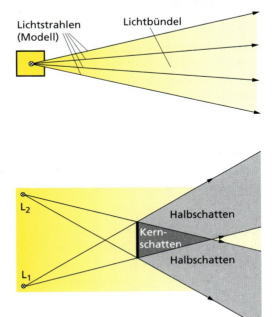

Für die **Reflexion von Licht** an Oberflächen gilt das **Reflexionsgesetz.**

Einfallswinkel α und Reflexionswinkel α' sind gleich groß.

$$\alpha = \alpha'$$

Dabei liegen einfallender Strahl, Einfallswinkel und reflektierter Strahl in einer Ebene.

Das Reflexionsgesetz wird bei ebenen Spiegeln genutzt.

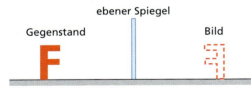

Für die **Brechung von Licht** an Grenzflächen gilt das **Brechungsgesetz.**

Trifft Licht schräg von Luft auf Wasser oder Glas, so wird es an der Grenzfläche zum Lot hin gebrochen. Bei umgekehrter Richtung wird es vom Lot weg gebrochen.

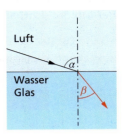

Das Brechungsgesetz wird bei Linsen oder Prismen genutzt.

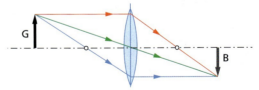

Licht und Farben

Mit einem Prisma oder einem optischen Gitter kann weißes Licht in seine farbigen Bestandteile zerlegt werden.

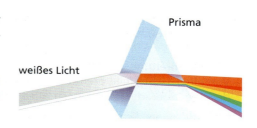

Weißes Licht besteht aus den Spektralfarben Rot, Orange, Gelb, Grün, Blau und Violett. Diese sind nicht weiter zerlegbar.

Wellencharakter und Teilchencharakter des Lichts

Bei Licht treten **Beugung** und **Interferenz** auf. Daraus folgt: Licht hat **Welleneigenschaften** und kann mit dem **Modell Lichtwelle** beschrieben werden.

Beugung
tritt an schmalen Spalten oder Kanten auf.

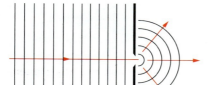

Interferenz
ist die Überlagerung von Licht mit Bereichen von Verstärkung und Auslöschung.

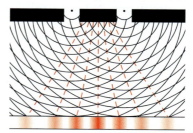

Für die Interferenzmaxima am Doppelspalt und am Gitter gilt: $\Delta s = k \cdot \lambda$ (k = 0, 1, 2, …)

Im Wellenmodell lässt sich jeder Farbe eine Frequenz bzw. Wellenlänge zuordnen. Für den Bereich des sichtbaren Lichts gilt:

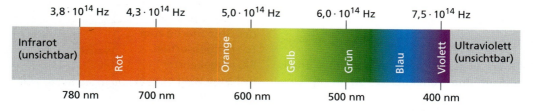

Die Erscheinung, dass Licht aus der Oberfläche eines Körpers Elektronen herauslösen kann, wird als äußerer **Fotoeffekt** bezeichnet. Der Fotoeffekt ist mit dem Wellenmodell nicht erklärbar, wohl aber mit dem **Photonenmodell**.

Photonen kann man sich als winzige Teilchen vorstellen, die sich stets mit Lichtgeschwindigkeit ausbreiten und die eine bestimmte Energie besitzen. Die Energie eines Photons ist von der Frequenz f des Lichts sowie von einer universellen Konstanten h (plancksche Konstante) abhängig.

Die Kausalität in der Physik

Unter der Kausalität, abgeleitet von *causa* (lat.) = Ursache, versteht man die Beziehung zwischen Ursache und Wirkung.
Für viele Bereiche der Physik, der Technik und auch des Alltags gilt die starke Kausalität. Sie kann aber auch verletzt sein.

Starke Kausalität	Verletzung der starken Kausalität
Ähnliche Ursachen führen zu ähnlichen Wirkungen.	Ähnliche Ursachen können zu unterschiedlichen Wirkungen führen.
Beispiel: Ein Stein wird losgelassen und fällt herab.	Beispiel: Ein Blatt Papier wird losgelassen und fällt herab.
Der Vorgang lässt sich gut mit der newtonschen Mechanik beschreiben. Es ist vorhersagbar, wie der Stein fällt und wo er auftrifft.	Der Vorgang ist nicht vorhersagbar. Das Blatt Papier fällt jedes Mal sehr unterschiedlich.

Systeme, bei denen kleinste Änderungen in den Anfangsbedingungen erhebliche Auswirkungen auf das weitere Verhalten des Systems haben, werden in der **Chaosforschung** untersucht.

Quantenobjekte – Elektronen, Photonen, Masseteilchen

Zu den Quantenobjekten gehören Elektronen, Photonen und weitere Teilchen (Neutronen, Protonen), aber auch Atome und Moleküle.
Im Unterschied zu den uns umgebenden makroskopischen Körpern gilt für die Quantenobjekte:
– Quantenobjekte bewegen sich nicht auf Bahnen.
– Quantenobjekte sind keine kleinen Kügelchen.
– Bei Quantenobjekten treten Teilchen- und Welleneigenschaften auf.

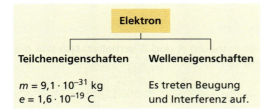
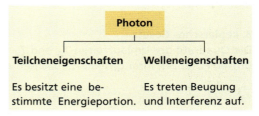

Quantenobjekte haben
– etwas **Welliges,** was ihre Ausbreitung bestimmt und z.B. auch Interferenz bewirkt.
– etwas **Körniges** oder **Teilchenhaftes,** was sich z.B. bei einer Ortsmessung zeigt.
– etwas **Stochastisches,** was keine Aussage über das Verhalten eines einzelnen Quantenobjekts erlaubt, wohl aber Wahrscheinlichkeitsaussagen für eine große Anzahl von Quantenobjekten.

Zum Beschreiben, Erklären und Voraussagen von Erscheinungen bei Quantenobjekten kann man das Teilchenmodell oder das Wellenmodell nutzen.

Entwicklung des astronomischen Weltbilds

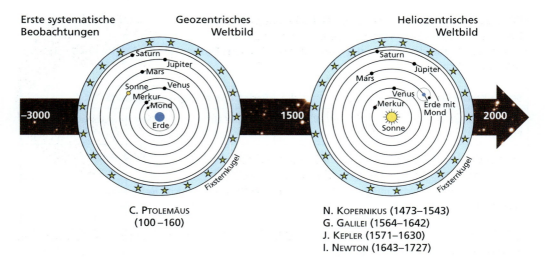

Erste systematische Beobachtungen

Geozentrisches Weltbild

Heliozentrisches Weltbild

−3000　1500　2000

C. Ptolemäus
(100 – 160)

N. Kopernikus (1473–1543)
G. Galilei (1564–1642)
J. Kepler (1571–1630)
I. Newton (1643–1727)

Die drei **keplerschen Gesetze** wurden für die Bewegung von Planeten formuliert. Sie gelten auch für andere Himmelskörper, die sich um einen Zentralkörper herum bewegen.

1. keplersches Gesetz
Die Bahnen von Planeten sind Ellipsen, in deren einem Brennpunkt die Sonne steht.

2. keplersches Gesetz
Die von der Sonne zum Planeten gezogene Strecke überstreicht in gleichen Zeitintervallen gleiche Flächeninhalte.

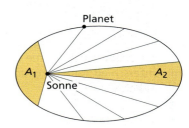

$$\frac{A_1}{\Delta t} = \frac{A_2}{\Delta t} = \text{konstant}$$

3. keplersches Gesetz
Die Quadrate der Umlaufzeiten T_A und T_B zweier Planeten A und B verhalten sich wie die dritten Potenzen ihrer großen Halbachsen a_A und a_B.

$$\frac{T_A^2}{T_B^2} = \frac{a_A^3}{a_B^3}$$

Die Ursache für die Bewegung der Planeten um die Sonne oder von Satelliten um die Erde ist die Gravitation. Die Gravitationskraft wirkt als die Kraft, die Planeten oder Satelliten auf ihrer Bahn hält. Das Gravitationsgesetz lautet:

$$F = G \cdot \frac{m \cdot M}{r^2}$$

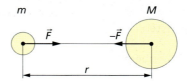

G ist die Gravitationskonstante, eine allgemeine Naturkonstante.

Aspekte der modernen Kosmologie

Sterne sind in Sternsystemen, den **Galaxien,** angeordnet. Das Sternsystem, in dem sich unsere Sonne und alle Planeten des Sonnensystems befinden, ist die **Milchstraße** oder **Galaxis.**

Die Sonne S mit den Planeten befindet sich in der Scheibenebene der Milchstraße. Als einer von Millionen Sternen rotiert sie um das Zentrum Z der Milchstraße.

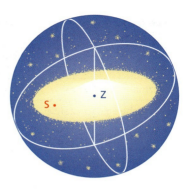

Im Universum gibt es eine Vielzahl von Galaxien und Galaxienhaufen. Es gilt das **kosmologische Prinzip:** Kein Punkt im Universum ist in einer besonderen Weise ausgezeichnet.

Die Entstehung und die zeitliche Entwicklung des Universums werden heute durch die **Theorie vom Urknall** beschrieben.
Die Entwicklung des Universums ist nicht abgeschlossen. Galaxien, Sterne und Planeten verändern sich im Laufe ihrer Entwicklung.

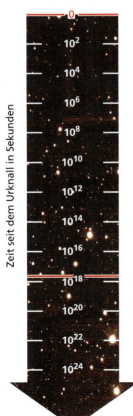

Zeit seit dem Urknall in Sekunden

0

10^2

10^4

10^6

10^8

10^{10}

10^{12}

10^{14}

10^{16}

10^{18}

10^{20}

10^{22}

10^{24}

Vor ca. 15 Milliarden Jahren explodierte sehr heiße und dichte Materie in einer gewaltigen Explosion, dem Urknall (Big Bang).

Entstehung erster Atome und Elemente

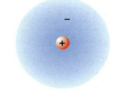

Bildung der ersten Sterne und Sternsysteme (Galaxien)

Entstehung des Sonnensystems mit den Planeten

Entstehung von Leben auf der Erde

Gegenwart ($5 \cdot 10^{17}$ s)

Das Universum entwickelt sich weiter.

Konstanten, Größen und Einheiten

Wichtige Konstanten aus der Physik und der Chemie	
Allgemeine (universelle) Gaskonstante	$R = k \cdot N_A = 8{,}3145$ $J \cdot mol^{-1} \cdot K^{-1}$
Avogadrozahl	$N_A = 6{,}0221 \cdot 10^{23} \cdot mol^{-1}$
Boltzmann-Konstante	$k = 1{,}3807 \cdot 10^{-23}$ $J \cdot K^{-1}$
Elektrische Feldkonstante	$\varepsilon_0 = \frac{\mu_0}{c^2} = 8{,}85418782 \cdot 10^{-12}$ $As \cdot V^{-1} \cdot m^{-1}$
Elementarladung	$e = 1{,}6022 \cdot 10^{-19}$ As
Fallbeschleunigung	$g = 9{,}81$ $m \cdot s^{-2}$ (Mitteleuropa) $g = 9{,}78$ $m \cdot s^{-2}$ (Äquator) $g = 9{,}83$ $m \cdot s^{-2}$ (Polnähe)
Faraday-Konstante	$F = e \cdot N_A = 9{,}6485 \cdot 10^4$ $As \cdot mol^{-1}$
Gravitationskonstante	$G = 6{,}6743 \cdot 10^{-11} \cdot m^3 \cdot kg^{-1} \cdot s^{-2}$
Hubble-Konstante	$H_0 = 74$ $km \cdot s^{-1} \cdot Mpc^{-1}$
Lichtgeschwindigkeit im Vakuum	$c = 2{,}99792458 \cdot 10^8$ $m \cdot s^{-1}$
Magnetische Feldkonstante	$\mu_0 = 4\pi \cdot 10^{-7}$ $Vs \cdot A^{-1} \cdot m^{-1}$
Molares Volumen idealer Gase	$V_{mn} = 22{,}414$ $l \cdot mol^{-1}$ (bei 0 °C und 1013 hPa)
Plancksches Wirkungsquantum	$h = 6{,}6261 \cdot 10^{-34}$ $J \cdot s = 4{,}1357 \cdot 10^{-15}$ $eV \cdot s$
Rydberg-Konstante für das Wasserstoffatom	$R_H = 1{,}0967758 \cdot 10^7 \cdot m^{-1}$
Solarkonstante	$S = 1{,}367$ $kW \cdot m^{-2}$
Stefan-Boltzmann-Konstante	$\sigma = 5{,}6704 \cdot 10^{-8}$ $W \cdot m^{-2} \cdot K^{-4}$
Wiensche Verschiebungskonstante	$b = 2{,}89777 \cdot 10^{-3}$ $m \cdot K$

Ausgewählte Größen und Einheiten   SI-Einheiten sind rot hervorgehoben.

Größe	Formel-zeichen	Einheiten		Beziehungen zwischen den Einheiten
Aktivität einer radio-aktiven Substanz	A	Bequerel	Bq	$1\ \text{Bq} = \frac{1}{s}$
Amplitude	A, y_{max}	Meter	m	↗ Länge
Äquivalentdosis	H	Sievert	Sv	$1\ \text{Sv} = 1\ \frac{J}{kg}$
Arbeit	W	Joule	J	$1\ \text{J} = 1\ \frac{kg \cdot m^2}{s^2}$
mechanische		Newtonmeter	Nm	$= 1\ \text{Nm}$
elektrische		Wattsekunde	Ws	$= 1\ \text{Ws}$
		Kilowattstunde	kWh	$1\ \text{kWh} = 3\,600\,000\ \text{Ws}$
Auslenkung	y	Meter	m	↗ Länge
Beschleunigung	a, g	Meter durch Quadratsekunde	$\frac{m}{s^2}$	$1\ \frac{m}{s^2} = 1\ \frac{N}{kg}$
Brennweite	f	Meter	m	↗ Länge
Dichte ✪	ϱ	Gramm durch Kubikzentimeter	$\frac{g}{cm^3}$	$1\ \frac{g}{cm^3} = 1\,000\ \frac{kg}{m^3}$
		Kilogramm durch Kubikmeter	$\frac{kg}{m^3}$	$1\ \frac{kg}{m^3} = \frac{1}{1\,000}\ \frac{g}{cm^3}$
Drehmoment ✪	M	Newtonmeter	Nm	$1\ \text{Nm} = 1\ \frac{kg \cdot m^2}{s^2}$
Drehzahl	n	durch Sekunde	$\frac{1}{s}$	$1\ \frac{1}{s} = 60\ \frac{1}{min}$
Druck ✪	p	Pascal	Pa	$1\ \text{Pa} = 1\ \frac{N}{m^2}$
		Bar	bar	$1\ \text{bar} = 100\,000\ \text{Pa}$
		Atmosphäre	at	$1\ \text{at} = 9{,}81 \cdot 10^4\ \text{Pa}$
		Torr (Millimeter-Quecksilbersäule)	mmHg	$1\ \text{Torr} = 133{,}32\ \text{Pa}$
		Meter Wassersäule	mWs	$1\ \text{mWs} = 9{,}81 \cdot 10^3\ \text{Pa}$
Energie	E	Joule	J	$1\ \text{J} = 1\ \frac{kg \cdot m^2}{s^2}$
		Newtonmeter	Nm	$= 1\ \text{Nm}$
		Wattsekunde	Ws	$= 1\ \text{Ws}$
		Elektronenvolt	eV	$1\ \text{eV} = 1{,}602 \cdot 10^{-19}\ \text{J}$
Energiedosis	D	Gray	Gy	$1\ \text{Gy} = 1\ \frac{J}{kg}$
Fallbeschleunigung, Ortsfaktor	g	Meter durch Quadratsekunde	$\frac{m}{s^2}$	$1\ \frac{m}{s^2} = 1\ \frac{N}{kg}$
Federkonstante	D	Newton durch Meter	$\frac{N}{m}$	$1\ \frac{N}{m} = \frac{1}{100}\ \frac{N}{cm}$

Feldstärke, elektrische	E	Volt durch Meter	$\frac{V}{m}$	$1\,\frac{V}{m}$	$= \frac{N}{C}$
Fläche, Flächeninhalt	A	Quadratmeter	m^2	$1\,m^2$	$= 100\,dm^2$
					$= 10\,000\,cm$
		Hektar	ha	$1\,ha$	$= 10\,000\,m^2$
Fluss, magnetischer	Φ	Weber	Wb	$1\,Wb$	$= 1\,V \cdot s$
Flussdichte, magnetische	B	Tesla	T	$1\,T$	$= 1\,\frac{Wb}{m^2}$
					$= 1\,\frac{V \cdot s}{m^2}$
Frequenz	f	Hertz	Hz	$1\,Hz$	$= \frac{1}{s}$
Geschwindigkeit	$v,\,c$	Meter durch Sekunde	$\frac{m}{s}$	$1\,\frac{m}{s}$	$= 3{,}6\,\frac{km}{h}$
		Kilometer durch Stunde	$\frac{km}{h}$	$1\,\frac{km}{h}$	$= \frac{1}{3{,}6}\,\frac{m}{s} \approx 0{,}28\,\frac{m}{s}$
Halbwertszeit	$T_{1/2}$	Sekunde	s	↗ Zeit	
Impuls	p	Kilogramm mal Meter durch Sekunde	$kg \cdot m \cdot s^{-1}$	$1\,kg \cdot m \cdot s^{-1} = 1\,N \cdot s$	
Induktivität	L	Henry		$1\,H$	$= 1\,Wb \cdot A^{-1}$
					$= 1\,\frac{V \cdot s}{A}$
Kapazität, elektrische	C	Farad	F	$1\,F$	$= 1\,A \cdot s \cdot V^{-1}$
					$= 1\,\frac{C}{V}$
Ladung, elektrische	Q	Coulomb	C	$1\,C$	$= 1\,As$
Länge	l	Meter	m		
Längenausdehnungskoeffizient	α	durch Kelvin	$\frac{1}{K}$	$\frac{1}{K}$	$= \frac{1}{°C}$
Lautstärke ✪ (Lautstärkepegel)	L_N	Phon	phon	$1\,phon = 1\,dB$ für 1 kHz	
		Dezibel	dB		
Leistung	P	Watt	W	$1\,W$	$= 1\,\frac{J}{s}$
					$= 1\,V \cdot A$
					$= 1\,\frac{kg \cdot m^2}{s^3}$
					$= 1\,\frac{Nm}{s}$
Masse	m	Kilogramm	kg	$1\,kg$	$= 1\,000\,g$
		Tonne	t	$1\,t$	$= 1\,000\,kg$
Potenzial, elektrisches	φ	Volt	V	$1\,V$	
Reibungszahl ✪	μ		1		
Schwingungsdauer, Periodendauer	T	Sekunde	s	↗ Zeit	

Spannung, elektrische	U	Volt	V	$1\,V \quad = \frac{J}{C}$
Spezifischer elektrischer Widerstand ✪	ϱ	Ohm mal Quadratmillimeter durch Meter	$\frac{\Omega \cdot mm^2}{m}$	$1\,\frac{\Omega \cdot mm^2}{m} \quad = \frac{1}{1\,000\,000}\,\Omega \cdot m$
Spezifische Wärmekapazität	c	Joule durch Kilogramm mal Kelvin	$\frac{J}{kg \cdot K}$	$1\,\frac{J}{kg \cdot K} \quad = 1\,\frac{Ws}{kg \cdot K}$
Stromstärke, elektrische	I	Ampere	A	$1\,A \quad = 1\,\frac{C}{s}$
Temperatur	T	Kelvin	K	$0\,K \quad = -273{,}15\,°C$
	ϑ	Grad Celsius	°C	$0\,°C \quad = 273{,}15\,K$
Volumen	V	Kubikmeter	m^3	
Volumenausdehnungskoeffizient	γ	durch Kelvin	$\frac{1}{K}$	$\frac{1}{K} \quad = \frac{1}{°C}$
Wärme	Q	Joule	J	$1\,J \quad = 1\,Nm$ $\quad\quad = 1\,\frac{kg \cdot m^2}{s^2}$ $\quad\quad = 1\,Ws$
Weg, Ort	s	Meter	m	↗ Länge
Wellenlänge	λ	Meter	m	↗ Länge
Widerstand, elektrischer	R	Ohm	Ω	$1\,\Omega \quad = 1\,\frac{V}{A}$
Wirkungsgrad	η		1 oder in %	
Winkelgeschwindigkeit	ω	durch Sekunde	$\frac{1}{s}$	$\frac{1}{s} \quad = \frac{1}{60}\,\frac{1}{min}$
Zeit	t	Sekunde	s	

Hinweise zur Abiturvorbereitung

In der Abiturprüfung gilt es, die in der Schulzeit erworbenen Kompetenzen bei der Lösung von Aufgaben im jeweiligen Fach nachzuweisen. Von den Ergebnissen der Prüfung hängt die Gesamtbeurteilung im Fach ab. Deshalb ist es sinnvoll, sich längerfristig auf diese Prüfung vorzubereiten und sich kurzfristig gut auf die Prüfungsbedingungen einzustellen.

Längerfristige Prüfungsvorbereitung

Was für Sie rechtzeitig heißt, können Sie nur selbst bestimmen. Ein längerer Zeitraum ist aber immer besser als ein zu kurzer Zeitraum.

– Beginnen Sie rechtzeitig mit der Prüfungsvorbereitung. Rechtzeitig bedeutet, mindestens einen Monat vor der Prüfung anzufangen.
– Informieren Sie sich über mögliche Prüfungsschwerpunkte dieses Jahres und über die Hilfsmittel, die Sie in der Prüfung verwenden dürfen.
– Machen Sie sich einen persönlichen Plan, in dem Sie erfassen:
  – einen Zeitplan für die Abiturvorbereitung,
  – inhaltliche Schwerpunkte, die zu wiederholen sind,
  – Aufgaben, die Sie trainieren wollen.
  Berücksichtigen Sie bei der Planung Ihre Stärken und Schwächen.
– Arbeit im Team kann die Prüfungsvorbereitung effektiver machen. Prüfen Sie diese Möglichkeit der Abiturvorbereitung.

Für die schriftliche Prüfung stehen Ihnen 180 Minuten, für eine mündliche Prüfung 30 Minuten zur Verfügung.

– Um ein „Gefühl" für die Anforderungen in der Abiturprüfung zu bekommen, ist es zweckmäßig, Abituraufgaben aus vorhergehenden Jahren zu lösen. Solche Aufgaben kann Ihnen Ihre Physiklehrkraft zu Verfügung stellen. Beispiele finden Sie auch auf den Seiten 165 bis 170.
– Beachten Sie beim „Trainieren" von Aufgaben, dass in der Abiturprüfung für die Bearbeitung der Aufgaben nur ein beschränkter Zeitraum zur Verfügung steht. Versuchen Sie also, die Aufgaben in einer vorgegebenen Zeit vollständig zu lösen.

Herangehen an die Lösung der Abituraufgaben

Die entscheidenden Tipps sind:
– gut vorbereitet
– ausgeruht
– konzentriert

Es hat sich bewährt, an die Lösung der Abituraufgaben folgendermaßen heranzugehen:
– Verschaffen Sie sich zunächst einen Überblick, indem Sie das Material für den Prüfungsteilnehmer durchlesen.
– Überlegen Sie sich anhand des Umfangs der Aufgaben, des Schwierigkeitsgrads und der angegebenen Bewertung eine für Sie zweckmäßige Reihenfolge der Bearbeitung.
– Lesen Sie jede einzelne Aufgabe vor der Bearbeitung gründlich durch. Skizzieren Sie für sich – falls erforderlich – den Lösungsweg. Formulieren Sie das Ergebnis der Lösung möglichst klar und eindeutig.

Nicht an schwierigen Aufgaben „festbeißen". Später nochmal versuchen.

– Legen Sie kurze Pausen ein. Kontrollieren Sie dabei Ihre Zeitbilanz im Vergleich zu der zur Verfügung stehenden Gesamtzeit.
– Planen Sie Zeit ein, um Ihre Ergebnisse insgesamt nochmal zu kontrollieren und, wenn notwendig, zu korrigieren.

Festlegungen für das Abitur im G8 für das Fach Physik

1. Schriftliche Prüfung (3. Fach nach Deutsch und Mathematik)
2. Mündliche Prüfung (4. oder 5. Abiturprüfungsfach; Kolloquium)

Die schriftliche Prüfung

Es werden insgesamt 6 Aufgaben für Physik vom Ministerium zur Verfügung gestellt: zwei Aufgaben zur Physik der Klasse 11, zwei Aufgaben zur Physik der Klasse 12 und zwei Aufgaben der Lehrplanalternative (Astronomie) der Klasse 12. Die Aufgaben gehen jeweils über das gesamte Jahr. Der Lehrer sucht je nach Kurs eine Aufgabe zur 11. Klasse und eine Aufgabe zur 12. Klasse aus.

Als Hilfsmittel zur Prüfung sind ein nicht programmierbarer Taschenrechner sowie die physikalische Formelsammlung und die mathematische Merkhilfe erlaubt. Die Prüfungszeit beträgt 180 Minuten.

Als Formelsammlung zugelassen ist die „Naturwissenschaftliche Formelsammlung" des Duden Schulbuchverlags.

Die mündliche Prüfung

Das erste Stadium der Prüfung ist die Vorbereitung der Prüfung im Verlauf der Q-Phase:
- Die Kursleiterin bzw. der Kursleiter weist im Lauf von 11/1 bis 12/2 auf mögliche Themenbereiche hin und
- der Prüfungsausschuss benennt rechtzeitig vor der Kolloquiumsprüfung mindestens drei Themenbereiche für jeden der vier Ausbildungsabschnitte.

Vor der Prüfung erfolgt eine Schwerpunktsetzung durch den Schüler:

- Die Schülerin bzw. der Schüler schließt entweder den 1. oder den 2. Ausbildungsabschnitt als Prüfungsstoff aus (bei eventuell geänderter Lehrplanreihenfolge sind die tatsächlich unterrichteten Inhalte maßgeblich).

- Aus den vorgeschlagenen Themenbereichen der verbleibenden drei Ausbildungsabschnitte erklärt sie/er einen Themenbereich aus einem Ausbildungsabschnitt zum Prüfungsschwerpunkt.

- Daneben ist der Lehrstoff aus den nunmehr verbleibenden zwei Ausbildungsabschnitten Prüfungsstoff für den 2. Prüfungsteil.

- Das gewählte Schwerpunktthema sowie die zwei weiteren Ausbildungsabschnitte, deren Lerninhalte Prüfungsgegenstand sind, werden der Kursleiterin/dem Kursleiter unter Verwendung des entsprechenden Formblatts schriftlich termingerecht mitgeteilt.

Der Prüfungsablauf

– Jeder Prüfling erhält ca. 30 Minuten vor dem für ihn anberaum-
ten Prüfungstermin das Thema
des Kurzreferats und bereitet
sich im Vorbereitungsraum unter Aufsicht auf das Referat (ein
Prüfungsteil) vor. Für Hilfsmittel
gilt dieselbe Regelung wie beim
schriftlichen Abitur.
– Gegebenenfalls ist aus organisatorischen Gründen eine War-
tezeit vorher erforderlich. Die
genauen Zeiten sind dem Prü-
fungsplan zu entnehmen, der durch Aushang bekannt gegeben wird.
Pünktliches Eintreffen ist unbedingt erforderlich.
– Nach der Vorbereitungszeit folgt die 30-minütige Prüfung, die von mindestens zwei Lehrkräften abgenommen wird, wobei in der Regel die
Kursleiterin/der Kursleiter das Prüfungsgespräch führt.
– Nach der Prüfung kann es aus organisatorischen Gründen notwendig
sein, dass der Prüfling für eine gewisse Zeit noch einmal in den Vorbereitungsraum zurückkehren muss (sog. „Kontaktsperre"). Auch diesbezüg-
lich ist eine genaue Beachtung des Zeitplans erforderlich.

Gesamtdauer der Prüfung: 30 Minuten

1. Teil: 10 Minuten Kurzreferat zum gestellten Thema aus dem gewählten
Prüfungsschwerpunkt
5 Minuten Gespräch über das Referat
2. Teil: 15 Minuten Gespräch über die Lerninhalte der beiden verbleibenden Ausbildungsabschnitte

Bewertung der Prüfung

Der Prüfungsausschuss legt eine Notenpunktzahl fest (zwischen 0 und
15). Dabei ist neben den fachlichen Kenntnissen und Fähigkeiten die Ge-
sprächsfähigkeit angemessen zu berücksichtigen (GSO § 82 (3) Satz 3).

Im Kolloquium sind maximal 60 Punkte erreichbar. Diese ergeben sich aus
der 4-fachen Gewichtung der maximal erreichbaren Zahl von 15 Punkten.
Das Endergebnis ist also immer eine durch 4 teilbare Zahl (ohne Rest).

Weitere Informationen zu den Regelungen im Abitur, auch eventuelle
Neuerungen, finden Sie unter:
http://www.gymnasium.bayern.de/gymnasialnetz/oberstufe/

Beispiele für Aufgaben

Die nachfolgenden Beispiele geben einen Einblick in das Niveau der Aufgaben, die im schriftlichen Abitur gestellt werden. Es handelt sich dabei teilweise um Aufgaben aus dem Musterabitur Physik G8, teilweise um Aufgaben des schriftlichen Abiturs aus den Vorjahren und teilweise um prüfungsähnliche Aufgaben. Die Lösung der Aufgaben hilft Ihnen, ein „Gefühl" für die Anforderungen im schriftlichen Abitur zu bekommen.

1. **Neutron** (Abituraufgabe für das Kursjahr 12. Klasse)
   Im Jahr 1930 bestrahlten WALTHER BOTHE und sein Assistent HERBERT BECKER Beryllium mit α-Teilchen der Energie 4,5 MeV. Neben einem Restkern entstand dabei eine damals noch unbekannte Art von Strahlung. Zwei Jahre später fand CHADWICK heraus, dass diese Strahlung aus elektrisch neutralen Teilchen besteht, die etwa die gleiche Masse wie Protonen besitzen – den Neutronen.
   a) Geben Sie die Reaktionsgleichung zu obigem Experiment an. Gehen Sie vereinfachend davon aus, dass Beryllium ausschließlich aus dem Isotop ^{9}Be besteht.   BE: 3
   b) Zeigen Sie durch Berechnung der frei werdenden Bindungsenergie, dass diese Reaktion prinzipiell möglich ist.   BE: 7
      Zur Kontrolle:
   c) Wenn man α-Teilchen verwendet, deren kinetische Energie erheblich kleiner ist, dann tritt diese Reaktion nicht mehr auf, obwohl sie nach dem Energieerhaltungssatz immer noch ablaufen könnte. Warum ist das so? $E = 5{,}7$ MeV > 0

      BE: 3

   Wie alle Quantenobjekte besitzen auch Neutronen Welleneigenschaften und sind deshalb für die Untersuchung einiger Eigenschaften von Festkörpern geeignet, zum Beispiel für die Analyse der Kristallstruktur. Die Wellenlänge der verwendeten Neutronen muss dabei in der Größenordnung der Abmessung der zu untersuchenden Struktur liegen. Andernfalls erhält man keine verwertbaren Ergebnisse.
   d) Leiten Sie aus der Formel von DE BROGLIE her, dass für nichtrelativistische Neutronen folgender Zusammenhang zwischen der kinetischen Energie E und der Wellenlänge λ gilt:

   $$E = \frac{h^2}{2\,m \cdot \lambda^2}$$ BE: 7

   e) Die kinetische Energie der in obigem Versuch erzeugten Neutronen liegt über 4,5 MeV. Zeigen Sie, dass diese Neutronen zu energiereich sind, um Strukturen von Atomgröße, also etwa 10^{-10} m, untersuchen zu können.   BE: 5
      Zur Kontrolle:
   f) Die Neutronen müssen daher vor ihrer Verwendung erheblich abgebremst werden. Zur Verfügung stehen folgende drei Möglichkeiten: $\lambda = 1{,}3 \cdot 10^{-14}$ m
      1. Die Neutronen werden durch einige Bleiplatten geleitet.
      2. Die Neutronen werden durch Wasser geleitet.
      3. Die Neutronen werden durch ein starkes Magnetfeld geleitet.
      Begründen Sie, welche der drei Varianten hierfür gut geeignet sind und welche nicht.   BE: 7

g) Von der Neutronenquelle bis zum Experimentierlabor legen die Neutronen einen 250 m langen Weg zurück. Freie Neutronen zerfallen mit einer Halbwertszeit von 11,7 Minuten.
Begründen Sie, dass für die Strahlungsintensität bei Neutronen der Wellenlänge 0,1 nm der Zerfall auf diesem Weg keine nennenswerte Rolle spielt.

BE: 6

2. **Wellenfunktion** (Abituraufgabe für das Kursjahr 12. Klasse)
Im Diagramm ist der Verlauf eines eindimensionalen, endlich tiefen Potenzialtopfs skizziert; darunter sind die Wellenfunktionen des Grundzustands und der ersten drei angeregten Zustände für ein gebundenes Elektron gezeichnet.

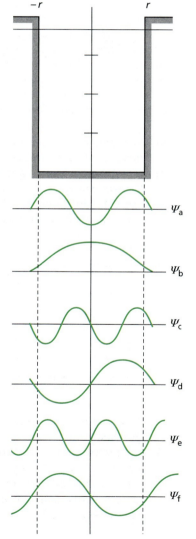

a) Begründen Sie, dass die Funktionen Ψ_e und Ψ_f keine Wellenfunktionen eines gebundenen Elektrons sein können.

BE: 3

b) Die Werte der Wellenfunktionen Ψ_a, Ψ_b, Ψ_c und Ψ_d am Rand und außerhalb des Potenzialtopfs sind nicht null. Was bedeutet das für das betreffende Elektron?
Inwiefern unterscheidet sich hier das quantenmechanische Weltbild von unserer klassischen Vorstellung?

BE: 5

c) Nun wird das Potenzial so verändert, dass der Potenzialtopf tiefer ist. Wie verändern sich dadurch die Werte der Wellenfunktionen außerhalb des Potenzialtopfs?
Begründen Sie Ihre Antwort!

BE: 4

d) Sortieren Sie die Wellenfunktionen Ψ_a, Ψ_b, Ψ_c und Ψ_d nach der zugehörigen Energie.
Begründen Sie die Wahl Ihrer Reihenfolge.

BE: 5

e) Das Elektron befinde sich in dem Zustand, der durch Ψ_a beschrieben wird. Kennzeichnen Sie in der Zeichnung die Stellen zwischen $-r$ und r eindeutig, an denen die Wahrscheinlichkeit, das Elektron anzutreffen, am größten bzw. am kleinsten ist.
Begründen Sie jeweils kurz.

BE: 5

Weitere Aufgaben

1. Bewegung im Magnetfeld

Auf einem Laborwagen aus Kunststoff liegt eine quaderförmige Spule. Der Wagen rollt eine schiefe Ebene hinunter und durchquert dabei ein Magnetfeld, das senkrecht zur schiefen Ebene gerichtet ist. Für die folgenden Betrachtungen kann davon ausgegangen werden, dass das Magnetfeld ausschließlich zwischen den beiden Polen existiert und homogen ist. Die Reibung kann vernachlässigt werden.

Aus dem Musterabitur Bayern G8; Ph 11-1

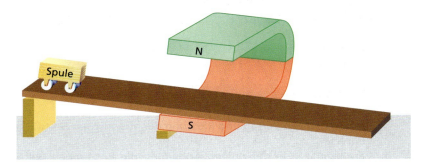

a) Begründen Sie kurz, bei welcher Orientierung der Spule sich Induktionseffekte ergeben.

b) Die Anschlüsse der Spule sind nicht verbunden. Die folgenden Diagramme zeigen die Geschwindigkeit v des Wagens bzw. die induzierte Spannung U, die an den Anschlüssen abgegriffen werden kann, in Abhängigkeit von der Zeit t.

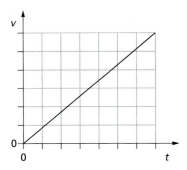

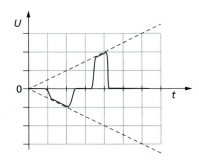

Beschreiben und erklären Sie das Zustandekommen der Diagramme!

c) Jetzt wird an die Anschlüsse der Spule ein Strommessgerät angeschlossen und der Vorgang wiederholt. Beschreiben Sie qualitativ, was sich an der Bewegung des Wagens gegenüber Teilaufgabe b ändert. Für welche Zeitbereiche erwarten Sie einen Ausschlag des Strommessgeräts?

2.   Elektrische Feldstrukturen

Aus dem Muster-
abitur Bayern G8;
Ph 11-2

Zwei geladene Kugeln ① und ② sind 20 cm voneinander entfernt. Der Punkt A befindet sich genau in der Mitte zwischen den beiden Kugeln. Kugel ① trägt die Ladung $Q_1 = + 3{,}2 \cdot 10^{-9}$ As, der Betrag der Ladung auf Kugel ② ist halb so groß.

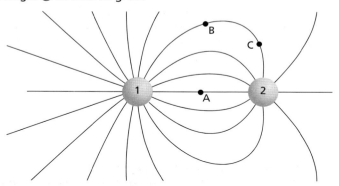

Zur Kontrolle:
$E = 4{,}3 \ \frac{kV}{m}$

a)   Bestimmen Sie Betrag und Richtung der elektrischen Feldstärke im Punkt A.

b)   Ergänzen Sie in der obigen Abbildung die Richtungen der Feldlinien. Zeichnen Sie Äquipotenziallinien durch die Punkte A, B und C ein.

c)   Wie stellt sich das elektrische Feld für einen Beobachter in sehr großer Entfernung dar?

d)   Beschreiben Sie ein selbst gewähltes Phänomen aus der Natur oder aus der Technik (z.B. Gewitterentstehung oder Funktionsprinzip der Xerografie), bei dem elektrische Felder eine entscheidende Rolle spielen.

3.   Spektren

Aus dem Muster-
abitur Bayern G8;
Ph 12-2

Für die Identifikation der chemischen Zusammensetzung unterschiedlicher Objekte werden seit über 150 Jahren Absorptions- und Emissionsspektren verwendet. Jedes Element und jedes Molekül hat sein charakteristisches Spektrum, an dem es eindeutig identifiziert werden kann. In der Abbildung ist ein Ausschnitt aus dem Spektrum von atomarem Wasserstoff skizziert.

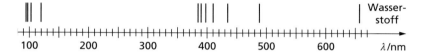

a)   Beschreiben Sie ein Experiment, mit dem man den Teil des Spektrums eines Gases darstellen kann, der im Bereich des sichtbaren Lichts liegt. Wie kann durch geeignete Messungen die Wellenlänge einer Spektrallinie bestimmt werden? Für die Energiewerte E_n der einzelnen Energieniveaus eines Wasserstoffatoms gilt:

$$E_n = -13{,}6 \text{ eV} \cdot \frac{1}{n^2} \quad \text{mit} \quad n = 1, 2, 3, 4, 5, \ldots$$

b) Berechnen Sie die Energiewerte der fünf niedrigsten Niveaus und geben Sie die Ionisierungsenergie an. Zeichnen Sie damit ein Energieniveauschema.

c) Die folgenden Bilder zeigen Querschnitte durch die Orbitale zu den drei niedrigsten Energieniveaus. Die Dichte der Punkte (Grad der Schwärzung) ist ein Maß für den Betrag des Wertes der Wellenfunktion am jeweiligen Ort. Ordnen Sie jedem dieser Bilder das entsprechende Energieniveau zu. Geben Sie eine kurze Begründung für Ihre Entscheidung an.

Zur Kontrolle:
$E_1 = -13{,}6$ eV
$E_2 = -3{,}40$ eV
$E_3 = -1{,}51$ eV
$E_4 = -0{,}85$ eV
$E_5 = -0{,}54$ eV
Ionisierungsenergie:
13,6 V

d) Ein Elektron der kinetischen Energie 2,7 eV trifft auf ein Wasserstoffatom im ersten angeregten Zustand. Welche Übergänge in einen Zustand höherer Anregung können dabei auftreten? Zeichnen Sie diese Übergänge in das bei Teilaufgabe b gezeichnete Energieniveauschema ein.

e) Beurteilen Sie, welche der in Teilaufgabe d ermittelten Übergänge möglich sind, wenn das angeregte Wasserstoffatom von einem Photon der Energie 2,7 eV und nicht von einem Elektron getroffen wird.

f) Zeigen Sie, dass ein angeregtes Wasserstoffatom, das sich im Zustand n = 3 befindet, sichtbares Licht beliebiger Wellenlänge absorbieren kann.

4. Atomkerne

Die „Energiegewinnung" aus Atomkernen ist durch zwei verschiedene Prozesse möglich – durch Kernspaltung und durch Kernfusion. Im nachfolgenden Diagramm ist die mittlere Bindungsenergie pro Nukleon über der Nukleonenzahl angetragen.

Aus dem Musterabitur Bayern G8;
Ph 12-2

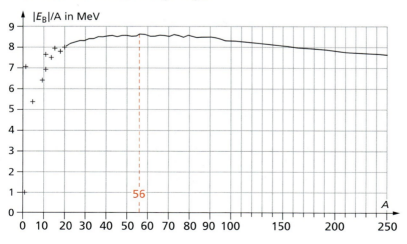

a) Erklären Sie anhand dieses Diagramms, warum Energiegewinnung sowohl durch Kernspaltung als auch durch Kernfusion möglich ist.
b) Schätzen Sie mithilfe des Diagramms ab, wie viel Energie aus der Spaltung eines Gramms ^{235}U gewonnen werden kann. Gehen Sie vereinfachend davon aus, dass der Urankern in zwei etwa gleich große Bruchstücke gespalten wird.

Bei dem Reaktorunfall von Tschernobyl wurden große Mengen radioaktiven Materials freigesetzt und zum Teil durch den Wind auch nach Deutschland transportiert, wo sie sich durch Regenfälle auf die Oberfläche niederschlugen. Zur radioaktiven Kontamination trug unter anderem der Betastrahler ^{137}Cs ($T_{1/2}$ = 30 a) bei.

c) Bei vielen Atomkernen, die „zu viele" Neutronen enthalten, wird dieses Missverhältnis durch einen Betazerfall korrigiert. Beschreiben Sie diesen Vorgang im Quarkmodell.
d) Beschreiben Sie die Wirkung von radioaktiver Strahlung auf die Zellen des menschlichen Körpers. Gehen Sie dabei auch auf mögliche Spätfolgen ein.
e) Der ^{137}Cs-Kern zerfällt in einen stabilen ^{137}Ba-Kern, der aus 56 Protonen und 81 Neutronen besteht. Begründen Sie unter Verwendung eines Potenzialmodells für Atomkerne, warum ein solcher Kern stabil sein kann, obwohl er immer noch erheblich mehr Neutronen als Protonen enthält.
f) Geben Sie für jede der folgenden Aussagen an, ob sie richtig oder falsch ist, und begründen Sie jeweils kurz Ihre Antwort.
   (1) Eine einige Meter entfernte radioaktive Quelle, die nur α-Strahlung abgibt, ruft keine körperlichen Schäden hervor.
   (2) Bei radioaktiv belasteten Lebensmitteln kann durch starkes Erhitzen die radioaktive Strahlung auf ein unbedenkliches Maß reduziert werden.
   (3) Bei jedem radioaktiven Zerfall entsteht ein Neutrino.
   (4) Radioaktivität hat an der Evolution einen maßgeblichen Beitrag.

5. Der fotoelektrische Effekt

Aufgabe zu 12-1

Um aus einer reinen Zinkoberfläche Fotoelektronen herauszulösen, ist Licht erforderlich, das mindestens die Grenzfrequenz besitzt.
a) Berechnen Sie diese Grenzfrequenz und die zugeordnete Grenzwellenlänge und erklären Sie anhand einer Energiebilanz, warum sich bei der Verwendung von sichtbarem Licht (zwischen 400 nm und 800 nm) kein Fotoeffekt einstellt.
b) Auf die Zinkoberfläche fällt nun aus einer Quecksilberdampflampe stammendes Licht der Vakuumwellenlänge 254 nm. Berechnen Sie die maximale Geschwindigkeit der emittierten Elektronen.

Beispiele für das 10-minütige Referat im Kolloquium

Themen aus 11/1:
1. Mit welcher Modellvorstellung beschreibt man in der Physik Felder? Stellen Sie die Ideen am Beispiel vom magnetischen und elektrischen Feld dar!
2. Beschreiben Sie Bewegungsbahnen von Ladungen in elektrischen und magnetischen Feldern. Arbeiten Sie dabei die Unterschiede heraus.

Themen aus 11/2:
1. Erläutern Sie, ausgehend vom Induktionsgesetz, mithilfe von selbst gewählten Beispielen, wie man elektrische Spannungen erzeugen kann.
2. Vergleichen Sie einen elektromagnetischen Schwingkreis mit einem entsprechenden mechanischen Schwinger. Stellen Sie Vorgänge und Größen gegenüber!

Themen aus 12/1:
1. Erläutern Sie die Vorgehensweise, mit der de BROGLIE, ausgehend von den Wellengrößen bei Licht, Materiewellen abgeleitet hat.
2. Beschreiben Sie ein quantenmechanisches Atommodell und erklären Sie damit kurz ein Phänomen der Atomphysik (z. B. Vergleich mit Spektren).

Themen aus 12/2:
1. Erklären Sie anhand eines einfachen Kernmodells grundlegende Begriffe der Kernphysik wie Bindungsenergie, Stabilität der Atomkerne, radioaktive Strahlung.
2. Geben Sie einen Überblick über die radioaktive Strahlung. Erläutern Sie dazu, welche Strahlungsarten auftreten, wie man sie unterscheiden und nachweisen kann.

Natürliche Zerfallsreihen

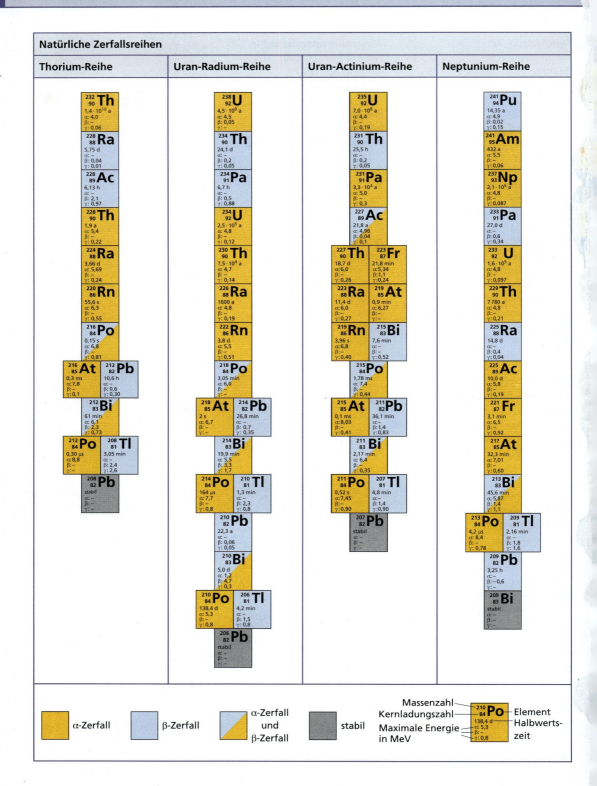

| Thorium-Reihe | Uran-Radium-Reihe | Uran-Actinium-Reihe | Neptunium-Reihe |

Thorium-Reihe

$^{232}_{90}$Th — 1,4·10¹⁰ a — α: 4,0 — β: − — γ: 0,06
$^{228}_{88}$Ra — 5,75 d — α: − — β: 0,04 — γ: 0,01
$^{228}_{89}$Ac — 6,13 h — α: − — β: 2,1 — γ: 0,97
$^{228}_{90}$Th — 1,9 a — α: 5,4 — β: − — γ: 0,22
$^{224}_{88}$Ra — 3,66 d — α: 5,69 — β: − — γ: 0,24
$^{220}_{86}$Rn — 55,6 s — α: 6,3 — β: − — γ: 0,55
$^{216}_{84}$Po — 0,15 s — α: 6,8 — β: − — γ: 0,81
$^{216}_{85}$At — 0,3 ms — α: 7,8 — β: − — γ: 0,1
$^{212}_{82}$Pb — 10,6 h — α: − — β: 0,6 — γ: 0,30
$^{212}_{83}$Bi — 61 min — α: 6,1 — β: 2,3 — γ: 0,73
$^{212}_{84}$Po — 0,30 µs — α: 8,8 — β: − — γ: −
$^{208}_{81}$Tl — 3,05 min — α: − — β: 2,4 — γ: 2,6
$^{208}_{82}$Pb — stabil — α: − — β: − — γ: −

Uran-Radium-Reihe

$^{238}_{92}$U — 4,5·10⁹ a — α: 4,5 — β: − — γ: 0,05
$^{234}_{90}$Th — 24,1 d — α: − — β: 0,2 — γ: 0,05
$^{234}_{91}$Pa — 6,7 h — α: − — β: 0,5 — γ: 0,88
$^{234}_{92}$U — 2,5·10⁵ a — α: 4,8 — β: − — γ: 0,12
$^{230}_{90}$Th — 7,5·10⁴ a — α: 4,7 — β: − — γ: 0,14
$^{226}_{88}$Ra — 1600 a — α: 4,8 — β: − — γ: 0,19
$^{222}_{86}$Rn — 3,8 d — α: 5,5 — β: − — γ: 0,51
$^{218}_{84}$Po — 3,05 min — α: 6,0 — β: − — γ: −
$^{218}_{85}$At — 2 s — α: 6,7 — β: − — γ: −
$^{214}_{82}$Pb — 26,8 min — α: − — β: 0,7 — γ: 0,35
$^{214}_{83}$Bi — 19,9 min — α: 5,5 — β: 3,3 — γ: 1,7
$^{214}_{84}$Po — 164 µs — α: 7,45 — β: − — γ: 0,8
$^{210}_{81}$Tl — 1,3 min — α: − — β: 2,3 — γ: 0,8
$^{210}_{82}$Pb — 22,3 a — α: − — β: 0,06 — γ: 0,05
$^{210}_{83}$Bi — 5,0 d — α: 1,2 — β: 4,7 — γ: 0,3
$^{210}_{84}$Po — 138,4 d — α: 5,3 — β: − — γ: 0,8
$^{206}_{81}$Tl — 4,2 min — α: − — β: 1,5 — γ: 0,8
$^{206}_{82}$Pb — stabil — α: − — β: − — γ: −

Uran-Actinium-Reihe

$^{235}_{92}$U — 7,0·10⁸ a — α: 4,4 — β: − — γ: 0,19
$^{231}_{90}$Th — 25,5 h — α: − — β: 0,2 — γ: 0,05
$^{231}_{91}$Pa — 3,3·10⁴ a — α: 5,0 — β: − — γ: 0,3
$^{227}_{89}$Ac — 21,8 a — α: 4,96 — β: 0,04 — γ: 0,1
$^{227}_{90}$Th — 18,7 d — α: 6,0 — β: − — γ: 0,26
$^{223}_{87}$Fr — 21,8 min — α: 5,34 — β: 1,1 — γ: 0,24
$^{223}_{88}$Ra — 11,4 d — α: 6,0 — β: − — γ: 0,27
$^{219}_{85}$At — 0,9 min — α: 6,27 — β: − — γ: −
$^{219}_{86}$Rn — 3,96 s — α: 6,8 — β: − — γ: 0,40
$^{215}_{83}$Bi — 7,6 min — α: − — β: 1,4 — γ: 0,52
$^{215}_{84}$Po — 1,78 ms — α: 7,4 — β: − — γ: 0,44
$^{215}_{85}$At — 0,1 ms — α: 8,03 — β: − — γ: 0,41
$^{211}_{82}$Pb — 36,1 min — α: − — β: 1,4 — γ: 0,83
$^{211}_{83}$Bi — 2,17 min — α: 6,4 — β: − — γ: 0,35
$^{211}_{84}$Po — 0,52 s — α: 7,45 — β: − — γ: 0,90
$^{207}_{81}$Tl — 4,8 min — α: − — β: 1,4 — γ: 0,90
$^{207}_{82}$Pb — stabil — α: − — β: − — γ: −

Neptunium-Reihe

$^{241}_{94}$Pu — 14,35 a — α: 4,9 — β: 0,02 — γ: 0,15
$^{241}_{95}$Am — 432 a — α: 5,5 — β: − — γ: 0,06
$^{237}_{93}$Np — 2,1·10⁶ a — α: 4,8 — β: − — γ: 0,087
$^{233}_{91}$Pa — 27,0 d — α: − — β: 0,6 — γ: 0,34
$^{233}_{92}$U — 1,6·10⁵ a — α: 4,8 — β: − — γ: 0,097
$^{229}_{90}$Th — 7 780 a — α: 4,8 — β: − — γ: 0,21
$^{225}_{88}$Ra — 14,8 d — α: − — β: 0,4 — γ: 0,04
$^{225}_{89}$Ac — 10,0 d — α: 5,8 — β: − — γ: 0,19
$^{221}_{87}$Fr — 3,1 min — α: 6,5 — β: − — γ: 0,92
$^{217}_{85}$At — 32,3 min — α: 7,01 — β: − — γ: 0,60
$^{213}_{83}$Bi — 45,6 min — α: 5,87 — β: 1,4 — γ: 1,1
$^{213}_{84}$Po — 4,2 µs — α: 8,4 — β: − — γ: 0,78
$^{209}_{81}$Tl — 2,16 min — α: − — β: 1,8 — γ: 1,6
$^{209}_{82}$Pb — 3,25 h — α: − — β: 0,6 — γ: −
$^{209}_{83}$Bi — stabil — α: − — β: − — γ: −

Legende:
α-Zerfall | β-Zerfall | α-Zerfall und β-Zerfall | stabil

Massenzahl — Kernladungszahl — Maximale Energie in MeV — $^{210}_{84}$Po — 138,4 d — α: 5,3 — β: − — γ: 0,8 — Element — Halbwertszeit